山东大学主办
山东大学国际问题研究院承办

主　　　编：张蕴岭
副 主　 编：张景全
执行副主编：徐海娜
编　　　辑：崔明旭
编　　　务：边　宁

编委（按姓氏音序排列）

毕颖达　董向荣　方浩范　黄大慧　刘　文　罗　洁　李　文
苗　威　牛林杰　邵滨鸿　时殷弘　杨鲁慧　佟家栋　郑　羽
张景全　张慧智　张丽娟　赵玉璞　张蕴岭

编辑部联系方式：

地　　址：山东省威海市文化西路180号山东大学国际问题研究院
邮　　编：264209
投稿邮箱：dongyapinglun@163.com
电　　话：0631-5680812

山东大学主办
山东大学国际问题研究院承办

东亚评论

第33辑

张蕴岭 ◎ 主编

图书在版编目（CIP）数据

东亚评论. 第33辑 / 张蕴岭主编. --北京：世界知识出版社，2020. 11

ISBN 978-7-5012-6330-1

Ⅰ. ①东… Ⅱ. ①张… Ⅲ. ①政治—东亚—丛刊 Ⅳ. ①D731-55

中国版本图书馆 CIP 数据核字（2020）第 232007 号

责任编辑	刘豫徽
责任出版	王勇刚
责任校对	陈可望
书　　名	东亚评论（第33辑） Dongya Pinglun（Di Sanshisan Ji）
主　　编	张蕴岭
出版发行	世界知识出版社
地址邮编	北京市东城区干面胡同 51 号（100010）
经　　销	新华书店
网　　址	www.ishizhi.cn
投稿信箱	lyhbbi@163.com
印　　刷	北京虎彩文化传播有限公司
开本印张	787 毫米×1092 毫米　1/16　16 印张
字　　数	184 千字
版次印次	2020 年 12 月第一版　2020 年 12 月第一次印刷
标准书号	ISBN 978-7-5012-6330-1
定　　价	68.00 元

版权所有　侵权必究

目录

主编笔记

关于权势转移的思考　　　　　　　　张蕴岭 / 1

国际关系

乔治·凯南的日本观
　　与战后美国对日政策的逆转　　　张小明 / 9

国际政治

大战略选择与军事思维创新　　　　　唐永胜 / 27
地区秩序重构中的南海问题
　　与中国的应对方略　　　　　　　张　洁 / 59
全球海洋安全治理：
　　机遇、挑战与行动　　　　　张景全　吴昊 / 83
东北亚海洋圈的构想与构建　　　　　李雪威 / 108

区域与国别

大格局："东亚奇迹"再造　　　　　　江瑞平 / 133

经济与合作

互联互通的地缘政治思想导向下的
 东北亚区域北极合作研究
        李振福 丁超君 / 168

俄属北极地区经济社会发展态势
 与中俄北极合作新机遇
       白佳玉 王琳祥 李玉达 / 189

思想与社会

当代俄罗斯社会的系统性危机及其解决之道
 ［俄］彼得·雅科夫列维奇·崔特基洛夫
          李振文 译 / 218

学术信息   崔明旭 / 244

主编笔记

关于权势转移的思考

张蕴岭*

世界在变，变化很大，很快，有些跟不上，很多问题一时也难有结论，需要进一步观察。面对变化的形势，人们都会有许多思考，这里我就权势转移问题写一点思考性看法。本来我也不是国际政治和国际关系领域的专家，因此，可以"随心所欲"，放开一些想，把想到的写出来供大家讨论。

权势对应的常用英文是power，有的表述为权力、力量等，就国际关系与秩序而言，还是表述为权势更贴切些。权势，有多种界定，就国家而言，可以指对外的综合影响力，影响的范围可以是地区，也可以是世界。这里，所论及的权势，主要是指一国对世界具有主导性或居霸权地位的实力和能力。因而，权势转移也就是主要指由一国向另一国转移。

按照这样的界定，百年大变局，涉及权势转移就有两个大的问题值得思考：一是转移什么，二是如何转移，这两个问题也正是当前最热门的话题。

回顾一下历史，真正能称得上世界霸权的国家很少。历史上的罗

---

* 张蕴岭，中国社会科学院学部委员，山东大学国际问题研究院院长。

马帝国、中国都曾称雄于世，但也都是地区性的，其权势没有扩展到世界范围。德国、日本曾发起挑战，试图称霸，但也只是发生在一定的地区范围内，前者主要是欧洲，后者主要是亚洲，像荷兰、西班牙、法国等作为殖民宗主国，势力远及美洲、非洲，但难称得上具有世界主导权势的大国。权势扩展到世界的只有大英帝国，其权势曾远扩至全世界，被称为"日不落帝国"。大英帝国权势的衰落经历了比较长的时间，被认为是自己从帝国的神坛上跌落下来，进行了"和平的权势转移"，并且通过英联邦实现了"软着陆"。所称"和平转移"，主要是指英国的权势由美国接替，英美之间并没有掉进"修昔底德陷阱"而为此发生大战。美国也不是马上从英国那里接过权势的接力棒成为世界霸权。

按说，二战后，美国具备了这样的实力，利用自己所拥有的权势推动了战后国际体系的建立，但美苏争霸，各组集团，在很大程度上限制了美国的权势能力。实际上，只是在苏联解体后，美国才真正成为世界霸权国家。同时，由于二战后建立的世界体系及规则是美国所主导的国际体系和规则，因而，人们往往把美国对世界的主导性权势追溯到二战结束以后。

如今，美国的权势衰落，出现了权势转移的问题。几乎所有有关权势转移的话题都聚焦在中美两国。美国是当今世界的霸权国家，特别是冷战之后，一家独霸，而中国被认为是继美国之后综合实力最强、最有潜力成为对世界拥有主导性权势的国家。因此，中美对决就成了权势转移的主战场，成为影响世界格局和秩序走向的主线。

大变局的世界就是这样的吗？乍一看，也确实如此。明显的表现是中美关系急转直下。在奥巴马当政时，中美关系就出现了权势转移引起的紧张，突出的表现就是美国的亚太再平衡战略和把中国排除在外的《跨太平洋伙伴关系协定》（TPP）。特朗普当选总统后，把中国列为头号威胁，从贸易制裁到技术封堵和军事施压，使两国关系急剧恶化，呈对抗之势。对于这种畸变，主流的解释是权势转移，即美国极力阻止中国替代美国。按照所谓"修昔底德陷阱"理论，权势守成者绝不会容许挑战者上位，因此，美国压制中国是美国的必然之举。由此，不少人认为，中美陷入了"新冷战"，也许会发生热战。在此情况下，世界其他国家面临选边站的现实，而美国国务卿蓬佩奥每到一处也是力劝人家必须站在美国一边。

在这样的困境面前，我们不妨换一个思路来思考。首先需要思考的是新时代权势转移的含义。从世界发展的未来大趋势看，由一个大国主导世界的时代难以再现。权势转移的新含义并不是由一个大国再传给另一个大国，因为权势会分化和分解，体现为多个层次：基于国家的权势分化，走向"多向化"，一是更多国家参与，这种参与，有些是通过自身的能力，有些则是通过制度性的参与；二是非国家实体权势提升，这里的非国家实体主要是指国际与区域组织、大公司集团，以及有影响的社团。同时，传统权势的体现主要是国家的硬实力和与之相应的软实力，在权势分化与分解的情况下，国家也许不能集权势于一身。

就美国而言，其实，美国所体现的不主要是自身的衰落，而是其权势主导地位和控制力的衰落。一则，美国付不起维持霸权的代价，同时也没有能力继续号令天下；二则，"历史没有终结"，世界将朝着多样性、多中心发展，美国面临的是群体崛起的竞争。"让美国再次伟大"可能不是重塑霸权，而是重整分裂的社会和处理自身累积已久的问题。从这个意义上说，特朗普的退群或许是一种面对这种现实的无奈选择。现实地看，被认为是挑战者的中国所拥有的权势肯定增大，但中国没有替代美国做霸主的打算，中国也承担不了这个代价，也没有能力做到，他者也许不会接受。面对中美加剧的冲撞，理性者劝美国要接受中国权势上升的事实，劝中国不要试图替代美国，世界其他国家也不要选边站。其实这还是一种基于权势转移的传统理性思维。

新时代，权势转移不等同于权势替代，而是结构的改变，权势由过度集中向分散化转移。在此情况下，如果美国所关注的主要是由其领导创建的规则和体系不被颠覆，那么它与竞争者就有更多的共同话语权，因为捍卫体系的稳定、遵守基本规则也是后者所同意的，并且符合其基本利益，后者所要求的主要是调整与改革，能够反映其基本利益，这样的调整，一是必要，二是对大家可能都有利。在此情况下，正如不少人建议的，美国应该承认他者力量提升和诉求增加的现实，放下霸权的思维和架子。对美国来说，痛快地接受这个现实并不容易，做起来也不舒服，但存在达成国内政治共识的空间，也符合美国公众希望把资源更多用于国内发展的诉求。这样，也可以为中国提供更大、更多的空间，对中国来说，一是通过自己的行为证明没有称霸的图谋，二是通过参与和推动多边、地区合作，缓释作为唯一挑战者角色所带来的压力与对抗性。

世界由一个大国权势主导或者称霸的时代回不去了，世界需要新秩序。中国倡导构建基于"共商共建共享"全球治理观的人类命运共同体，也许符合这样的大势。但就像任何一个历史大势的转变一样，这需要时间，也需要把握。在历史的过渡期，新旧交替，矛盾多发，充满风险，最关键的是避免发生由大国权势争夺引发的大战，维护世界总体和平的局面。

大国不同于中小国家，可动用的资源和人才多，可以成为先进技术、强大军事的领先者，因此，凭借实力扩张与称雄的欲望往往很强。从历史上看，大战实际上都是大国之战。但是，当今和未来，大国之间发生大战的代价越来越大，因此，发生的概率也可能会越来越小，因为任何一方都承受不了相互毁灭的代价。

如今，我们看到，战争都是发生在小国之间，或者国内对抗势力之间，尽管背后往往都有大国介入的影子，但与历史上不同的是，大国之间尽可能避开直接的冲突。像美国入侵伊拉克、占领阿富汗那样的案例也许今后不多见了，因为高达数万亿美元的开支，没有哪个国家可以付得起和愿意付。当然，大国的国际干预不会消失，可能会更倾向于用"聪明干预"（smart intervention）的方式。

如果按照上述新型权势转移的逻辑，即权势转移的典型特征不是权势替代，而是权势的分解和分散，那么，核心的问题是如何实现权势的有序与和平转移。按照这样的逻辑，国际社会，包括守成大国和被认定为挑战者的大国，就可以寻求共同话语、协调利益，容许和支持更多的角色参与，助推竞争与合作并行，而不是仅仅聚焦在两个大国你死我活的对抗。为此，在理论上、舆论上要建立新的话语体系，推动国际共识。事实上，各方角色参与新格局、新秩序构建的积极性是很高的，比如，一些国家组建中等国家联盟，发挥特殊的参与和平衡作用，对于中美两国对决，或者所谓的"G2"主导世界并不满意，也不想选边站，这就为权势转移提供了运作空间与缓冲地带。

美国和中国需要进行自我调整，既要调整认识、理念，也要调整行为。据观察，美国国内政治正在趋向以"孤立主义"为导向的保守主义，认识到美国的问题主要出在内部，而不是外部因素所导致。这也许会为美国营造逐步接受权势衰落现实的一种国内环境，逐步理解并接受以分解与分散为特征的权势转移新趋势。正如最近有的美国专家所说，美国人也要明白，"美国并不理所当然地领导世界"，"美国必须接受其全球地位的根本性转变"。当然，对于美国来说，理性地接受权势衰落和转移也难，一些极端的行为也会发生，重要的是防止引发集团性对抗。对于中国来说，需要考虑崛起的综合影响，增加自身战略与目标设定的透明度和相融性。比如，实现民族复兴是中国之梦，对这个目标需要表述得更为清楚，让他者可以理解和接受，避免引起战略误解与误判。作为一个复兴的大国，中国期待立于世界舞台中央，但也要清楚，届时立于舞台中央的不会只有中国，还会有其他者，这是新时代权势转移的一个突出特征，不能认为中国引领世界理所当然。

尽管如此，面对过渡期的不确定性，人们还是担心，如何应对权势分解与分散出现的乱局和没有大国霸权的"无序世界"。其实，如今的世界还是有基础秩序根基的。联合国的建立是人类社会的一大进步，所有国家都参与其中，其主要功能是规定了国家间相处的基本原则，建构了维护世界基本秩序与和平的治理机制。联合国体系是维护二战后世界70多年无大战的基石。

我们看到，尽管美国政府把中国说成是最大的威胁，不遗余力地拉拢其他国家组织围堵中国的联盟，实际上真心跟随者寥寥无几。很多国家也许在担心中国挑战、防止中国一家独大方面存在一定的共识,但在与中国对抗,甚至与中国发生军事冲突方面还是慎之又慎的。当然,美国还有军事同盟体系,以往,盟国也以各种方式协同美国的行动,但是,在新时代权势转移上,愿意为美国称霸而战者恐怕不多。至于中国,为了自己的发展,不会为获取主导权势而发起对抗。不争霸、不称霸,誓做新型大国,是中国对自己和对世界的庄严承诺。

尽管新时代权势转移的内涵和方式发生变化,出于维护权势的惯性,在实力对比发生转变的情况下,基于维护各自利益的考虑,各方也会形成激烈的竞争,为了维护自己的竞争优势,特别是原来拥有优势的一方,可能会采取一些极端的措施,特别是为了维护高技术的竞争优势,可能会对竞争对手进行打压与遏制。但是,与势不两立的对抗不同,只要不关闭大门,竞争下的联系与合作空间还是存在的。就技术而言,以智能、数字技术为代表的新科技,本质上是互联的、是抵制封闭的。

在思考权势转移问题时不能不看到,当今和今后,涉及全球共性利益的问题越来越多,对全球治理的要求越来越高,其中,气候变化排在首位。气候变暖加速已是一个不争的事实,人类生存和地球生态可持续所面临的威胁日益严重。这是传统大国权势主导所无法应对的,必须依靠全球制度构建和国际社会集体参与。这是新时代国际秩序构建的中心议题,美国现政府在这个领域不仅不愿发挥领导作用,反而开倒车,竟然退出本该承担义务的《巴黎协定》。还有以智能技术为代表的新技术革命引发的一系列问题,也不是传统权势所能应对的。因此,从这个角度来认识权势的转移,可能有助于摆脱传统权势观的寨臼。

总之,在这个大变局的时代,不能仅用传统的思维方式和基于历史经验的认定来看待和对待当今权势的转移,新时代呼唤新的理论、共识、行动和角色。

国际关系

乔治·凯南的日本观与战后美国对日政策的逆转[*]

张小明[**]

摘 要 第二次世界大战以后，美国的对日政策发生了重大逆转，即从惩罚日本转变为扶持日本，美国与日本结成军事同盟，该同盟一直延续到今天。战后美国对日政策的逆转，主要是东西方冷战的产物。但是，冷战爆发和在东亚扩展，并非影响战后美国对日政策调整的唯一因素。战后美国对日政策的逆转，在一定程度上说，与19世纪末、20世纪初开始美国东亚政策发展的基本逻辑相吻合，即在中国和日本之间选择伙伴或盟友以追求自己在本地区的利益，美国除了在1941—1945年太平洋战争期间与中国结盟之外，都是选择日本作为自己的伙伴或盟友。其主要原因在于大多数美国精英认为日本比中国更具实力，也更像美国。美国的"苏联通"和遏制战略的提出者乔治·凯南的日本观实际上就是此种认知的一种表现，他本人在导致战后美国对日政策发生逆

---

[*] 本文系国家社会科学基金重大专项（批准号19VMG042）的阶段性成果。
[**] 张小明，北京大学国际关系学院教授。

转的过程中扮演了至关重要的角色。

关键词 乔治·凯南　日本观　美日关系

19世纪末、20世纪初，美国成为东亚地区国际体系主要行为体后，在处理与东亚国家关系时，常在该地区的两个国家中国和日本之间选择一方为伙伴或盟友（在冷战后期是例外，美国同时与中日两国保持密切关系），以追求自己在本地区的利益，包括阻止所谓地区霸权国家的崛起等。然而，美国除了在1941—1945年的太平洋战争中与中国结盟以抵抗日本的侵略之外，都是选择日本作为自己的伙伴或者盟友。特别是第二次世界大战结束不久后，美国对日政策开始发生逆转，两国最终结盟，且美日同盟持续至今，并不断得到强化。战后初期美国对日政策的逆转，无疑和冷战的爆发与扩展有很大关联性，或者说它主要是由东西方冷战导致。但除此之外，战后美国对日政策的逆转，是否也和历史上美国精英大多数时候都认为日本比中国更重要、比中国更像美国这一基本认知有一定关联性呢？本文试图通过分析曾推动美国对日政策发生逆转的乔治·凯南（George F. Kennan, 1904—2005）之日本观，从一个侧面回答这个问题。

一、美国惩罚和改造日本

美国和日本在19世纪末、20世纪初崛起为东亚国际体系的主要行为体，前者崛起的标志是1898年的美西战争，后者崛起的标志是1894—1895年的中日甲午战争以及1904—1905年的日俄战争。此后，这两个国家成为东亚地区国际舞台上的两个主角。用日本学者的话来说,"美国经过 19 世纪末的美西战争、日本经过 20 世纪初的日俄战争,成为在各自地区及太平洋问题上举足轻重的两支力量"。① 美日在东亚既有合作,也有竞争,两国之间的矛盾和冲突(如日本人移民美国、日本侵略中国、日本针对东南亚的"南进"政策等)不断发展的结果是 1941 年 12 月美日太平洋战争的爆发,两国互为死敌,中美结成同盟。这场战争最后以日本彻底失败告终。

1945 年太平洋战争结束之后,美国开始对日本实施单独的军事占领,并且成为日本政治发展的塑造者。1945 年 9 月,美国军队进驻此前历史上从未被外国占领的日本本土,对日军事占领一直持续到 1952 年 4 月对日和约生效。战后初期的美日关系可以说是胜者和败者的关系。② 美国在对日本实施军事占领、惩罚日本军国主义者以及推进日本"非军事化"的同时,也对日本实施政治改造,试图按美国模式塑造一个新的、民主化的日本,重建日本的政治、社会、文化和经济结构。美国在 1946 年用新宪法(1947 年生效)取代 1890 年施行的《明治宪法》,该宪法的基本原则是保存天皇制、尊重基本的民主和人权原则以及通过放弃战争建设和平国家。因此,太平洋战争结束后,美国将领道格拉斯·麦克阿瑟领导下的盟军司令部成为日本"变革的塑造者",而战败的日本也把美国看作是自己走向美好未来的"指路者"。③ 战后最初几年,麦克阿瑟实际上成为左右日本政治发展方向、

---

① [日] 五百旗头真编著:《日美关系史》(周永生译),北京:世界知识出版社 2012 年版,第 56 页。

② 刘世龙:《美日关系(1791—2001)》,北京:世界知识出版社 2003 年版,第 374 页。

③ Edwin O. Reischauer, Marius B. Jansen, *The Japanese Today: Change and Continuity*, enlarged edition (Cambridge, MA: The Belknap Press of Harvard University Press, 1995), pp. 104-105.

权力极大并独断专行的"太上皇"。① 正如有日本学者所称,"作为日本占领军最高统帅的麦克阿瑟权力不仅在首相之上,甚至拥有超过天皇的权威,成为日本重生的指挥官"。② 麦克阿瑟在1947年3月声称,美国对日占领和改造任务已经基本完成,随着日本实现非军事化与民主化,成为一个和平和民主的国家,美国应该考虑从日本撤军,并与日本谈判、签订和约。③ 于是,战后美国对日政策到了需要进行调整的历史关头。

与此同时,太平洋战争也大大改变了美国和东亚另外一个国家——中国的关系。这场战争提高了中国在地区国际舞台上的地位,美国政府一度决定帮助国民党统治下的中国,使之成为协助美国维持其主导的东亚地区秩序的主要帮手,并采取了一系列措施支持中国,除了和中国结成抗日军事同盟、向中国提供军事和经济援助之外,还废除了与中国签订的不平等条约和美国国会通过的《排华法案》,使中国跻身安理会五大常任理事国行列,战后又极力调停国共之间的关系,希望国民党统一中国。但是,1946年国共内战爆发,国民党政权的腐败,战场上形势的发展越来越不利于国民党,导致美国政府对国民党政权日益失望。另外,东西方冷战也在1947年春天全面爆发,并使得遏制苏联成为战后美国对外关系的核心,美国重新审视自己的对华和对日政策,以便与其遏制苏联的战略相协调。在此背景下,麦克

---

① [美]约翰·W. 道尔:《拥抱战败:第二次世界大战后的日本》(胡博译),北京:生活·读书·新知三联书店2008年版,第178—186页。

② [日]五百旗头真编著:《日美关系史》(周永生译),北京:世界知识出版社2012年版,第158页。

③ Wilson D. Miscamble, *George F. Kennan and the Making of American Foreign Policy, 1947–1950* (Princeton, NJ: Princeton University Press, 1992), pp. 248–250.

阿瑟在1947年3月提出的对日政策调整建议，开始让美国国务院认真研究调整对日政策问题。此后，美国对东亚政策发生了重大变化，即从扶持中国转向扶持日本，这通常也被称为战后美国对日政策的逆转。而"遏制之父"乔治·凯南在这一政策逆转过程中发挥了重要作用。

二、美国扶持和借力日本

1947年初，被誉为美国外交界头号苏联通的乔治·凯南受命筹建美国国务院政策规划室（Policy Planning Staff, PPS），并在当年4月底被正式任命为该机构的首任负责人。凯南深受国务卿乔治·马歇尔的信任，因而成为冷战初期美国一系列重要对外决策（如杜鲁门主义演说、马歇尔计划、美国从中国"脱身"政策等）的参与者和美国对苏联遏制战略的表述者之一。值得指出的是，在重新评估日本的地位和调整美国对日政策方面，乔治·凯南也是一个关键人物，被称为美日关系史上"扭转政策方向之父"。① 正因如此，凯南后来在回忆录中对自己在美国对日政策调整上所起的作用着墨甚多，认为他在这方面所付出的努力，是自己对美国政策所做出的仅次于马歇尔计划的最重要贡献。②

如上所述，美国对日军事占领机构负责人麦克阿瑟在1947年3月提出美国对日占领和改造的任务已经完成，并建议美国政府同日本缔

---

① Wilson D. Miscamble, *George F. Kennan and the Making of American Foreign Policy, 1947–1950* (Princeton, NJ: Princeton University Press, 1992), p. 267.

② George F. Kennan, *Memoirs 1925–1950* (Boston, MA: Little, Brown, and Company, 1967), p. 393.

结和平条约并从日本撤军。此后，美国国务院开始研究对日和约问题。1947年8月，日本问题专家、美国国务院远东司东北亚处处长给国务院和军方高级领导人散发了一份对日和约草案，提出要努力防止日本军国主义复兴，要求盟国对日本的军事潜力、工业能力以及原料储备进行长期控制与监督。凯南收到这份文件后，把它转给了政策规划室的中国通约翰·戴维斯（John Paton Davies）。戴维斯看完后认为，这样的和约不利于美国实现建立起一个稳定并对美友好的日本之基本目标，并可能让苏联有机会插手日本事务。凯南旋即将戴维斯的意见转给了副国务卿洛维特，并附上了自己的想法，凯南认为美国在提出对日和平条约之前，应该先想好本国对日政策的具体目标。洛维特于是否决了上述和约草案，并指示政策规划室研究美国对日政策问题。① 凯南和戴维斯从美国对苏战略的角度思考了美国的对日政策，他们认为不能指望日本在美苏冲突中保持中立，日本要么落入苏联的轨道，要么留在美国的影响范围内，华盛顿应当致力于阻止前者的出现，并积极确保后者的实现。在凯南看来，日本相对于中国，具有更大的战略重要性，是东亚地区唯一适用遏制原则的地方，对遏制原则的实施具有至关重要的意义。② 这样一来，凯南及其领导的政策规划室便介入了美国对日政策的研究与制定过程之中，并在其中发挥了关键性作用。

从1947年8月开始，政策规划室开始了对日政策的研究工作（比

---

① Wilson D. Miscamble, *George F. Kennan and the Making of American Foreign Policy, 1947–1950* (Princeton, NJ: Princeton University Press, 1992), pp. 250-251；[日] 五百旗头真编著：《日美关系史》（周永生译），北京：世界知识出版社2012年版，第57页。

② [日] 五百旗头真编著：《日美关系史》（周永生译），北京：世界知识出版社2012年版，第58页。

介入对华政策更早），征询了国务院远东司多位东亚和日本问题专家、美国前驻日本大使和参赞、美国陆军和海军相关人员等多方意见。凯南自己则更多地从美国对苏战略的角度来思考对日政策。经过约两个月的研究，政策规划室于1947年10月给国务卿马歇尔提交了一份题为《政策规划室有关日本问题解决方案的讨论结果》的研究报告（PPS 10）。这份报告指出，过早终止盟国对日本的控制将带来极大的风险，因为没有足够证据表明日本社会在政治和经济上会因此保持稳定。一旦签署和平条约，假如日本面临政治和经济动荡局面，那么它将难以防止共产主义渗透。因此，该报告建议，美国没有必要急于缔结对日和约，而应该帮助日本实现政治和经济稳定，包括让解除武装后的日本保持一支警察力量和海上防卫力量，重新调整压制日本财阀的政策，转而促进日本经济复兴，以防止莫斯科控制下的共产主义者向日本进行渗透。凯南在报告的前言部分还建议国务卿派遣一位高级官员去东京同麦克阿瑟进行商讨。① 这份报告实际上是建议美国政府在遏制苏联的大战略框架内，把对日政策的当务之急从缔结对日和约转到重新调整美国的对日占领政策上来，改变麦克阿瑟积极推进日本非军事化和民主化的做法。

马歇尔国务卿认可了政策规划室的报告并接受凯南的建议，同意派一位国务院高级官员赴东京见麦克阿瑟，但是他希望凯南本人去完成这项使命。于是，凯南在1948年2月底启程前往日本，开始了他一生中的首次东亚之旅，他也是自日本投降后访问日本的最高级别的美

---

① PPS 10, "Results of Planning Staff Study of Questions Involved in the Japanese Peace Settlement," October 14, 1947, Anna Kasten Nelson, ed., *The State Department Policy Planning Staff Papers, 1947–1949* (New York: Garland Publishing, 1983), Vol. I, pp. 108–114.

国国务院官员。身负重任的凯南努力寻找机会向麦克阿瑟本人及其下属表达自己的想法,最终,麦克阿瑟在3月5日与他单独进行了一次长谈。凯南向麦克阿瑟明确表明,华盛顿决策者认为未来美国对日占领政策的核心以实现日本社会最大限度的稳定为目标,并强调恢复日本经济、放宽占领政策的重要性。① 通过这次长谈,凯南虽然没能完全说服麦克阿瑟调整对日占领政策,但是让这位将军认可了自己的部分想法,比如麦克阿瑟同意恢复日本经济应该是占领政策的主要目标。与此同时,凯南还走访了美国在日本占领当局的其他人士,并且到京都和大阪等地进行了实地考察。

从东京回到华盛顿后,凯南于3月25日向国务卿提交了一份长篇报告,全面、系统地阐述了美国调整对日政策的思路和建议。凯南在报告中指出,美国对日政策的目标不是在日本推行社会改革和尽快缔结和平条约,而是提高日本的自主能力和维护日本社会稳定,防止共产主义者对该国社会的渗透。由此出发,凯南提出了一系列对日政策建议。其中包括:美国要继续在日本保持驻军和长期使用日本的军事基地;加强日本的警察和海上巡逻力量;减少美军占领机构的权限和人员,让日本政府承担更多的行政管理责任;纠正惩治军国主义者行动扩大化倾向,让那些对美国友好、有能力的人士(包括曾经受到惩治的人)重新回到政府、媒体和企业管理岗位;美国向日本提供长期的援助,帮助日本恢复经济。② 凯南的这份报告后来成为政策规划室

---

① George F. Kennan, "Conversation between General of the Army MacArthur and Mr. George F. Kennan," March 5, 1948, Anna Kasten Nelson, ed., *The State Department Policy Planning Staff Papers, 1947-1949* (New York: Garland Publishing, 1983) , Vol. Ⅱ, 1948, pp. 187-196.

② George F. Kennan, "Observations," March 25, 1948, Anna Kasten Nelson, ed., *The State Department Policy Planning Staff Papers, 1947-1949* (New York: Garland Publishing, 1983) , Vol. Ⅱ, 1948, pp. 203-243.

的两个政策报告（PPS 28 和 PPS 28/1）的基本内容，而这两份报告又是1948年6月2日被提交到国家安全委员会的政策规划室第28/2号文件（PPS 28/2）较早的两个版本。① 9月30日，PPS 28/2以国家安全委员会第13/1号文件（NSC 13/1）形式被提交给国家安全委员会成员审议，该委员会对这个文件稍作修改后，于10月7日通过了一个正式的政策文件，即国家安全委员会第13/2号（NSC 13/2）文件，它经杜鲁门总统的批准（10月9日），成为美国政府对日的政策表述。这样一来，战后美国对日政策发生了逆转。

此后，美国停止了战后在日本实施的以惩治和改造日本为中心的"非军事化"、解散财阀和民主化等政策，而开始实施以扶持日本为中心的有限武装或有限军事化、维护社会稳定、恢复经济、把管理日本的权利与责任从美国占领当局逐步转移到日本政府和镇压日本左翼力量等政策。日本因此逐步建立起了海上警察力量，陆上警察力量也得到增强，在此基础上后来还建立起了日本陆、海、空自卫队。值得注意的是，美国在终止非军事化政策的同时，也从过去的主要以非军事化为手段惩罚日本，改变为以减轻日本的赔偿负担为手段来重建日本。② 与此同时，美国还向日本提供巨额的经济援助，帮助日本尽快实现战后经济复兴。美国对日本政策的变化，实际上主要是因为冷战的需要而对日本进行了全面扶植，旨在使日本成为冷战时期美国在东亚的主要盟友。这种政策转变的明显标志是1948年10月的国家安全委员会第13/2号（NSC 13/2号）文件，而后来的新中国成立（1949

---

① PPS 28/2, "Recommendations with Respect to U. S. Policy toward Japan," Anna Kasten Nelson, ed., *The State Department Policy Planning Staff Papers, 1947-1949*, Vol. II, 1948, pp. 175-183.

② 刘世龙：《美日关系（1791—2001）》，北京：世界知识出版社2003年版，第400页。

年）和朝鲜战爆发（1950年），加快了美国对日政策调整的步伐，最后导致美日在1951年缔结军事同盟条约。1951年9月签订的《旧金山和约》《美日安全保障条约》，从法律上结束了美国对日本军事占领，实现了美国和日本关系性质的根本转变。尽管冷战期间美日关系中曾经历过20世纪70年代尼克松总统访华的"越顶外交"和"轻视日本"、20世纪80年代美国"敲打日本"所造成的冲击，但是美日同盟关系一直是冷战时期美国东亚政策的基石，并且维持到冷战结束后的今天，并不断得到强化。

三、凯南的日本观

毫无疑问，战后初期美国对日政策的逆转，主要是东西方冷战导致的。正如有日本学者所指出的，"发生在冷战激化时期的对日媾和，将日本迎入了西方自由主义阵营，使日本开始在美国的安全保障下寻求和平地发展。"① 又如一位美国学者所说的，美国对日政策逆转，是"重新武装他们昔日的敌人，使之成为从属的冷战伙伴"。② 但冷战并不是导致此种政策变化的唯一因素。如果跳出冷战框架，从更长的历史时段来考察美国对东亚政策演变，我们其实可以发现战后美国对日政策逆转符合19世纪末、20世纪初开始美国东亚政策的基本逻辑，即在中国和日本之间选择一个伙伴或盟国，以追求美国在该地区的利益。除了太平洋战争时期，美国都倾向于选择日本，认为日本比中国

---

① ［日］五百旗头真编著：《日美关系史》（周永生译），北京：世界知识出版社2012年版，第144页。
② ［美］约翰·W.道尔：《拥抱战败：第二次世界大战后的日本》（胡博译），北京：生活·读书·新知三联书店2008年版，第5页。

更重要、更像美国。这是美国精英的普遍看法，乔治·凯南的日本观便是此种看法的表现。

众所周知，日本在19世纪50年代，在美国海军将领马修·佩里率领舰队的武力威胁之下被迫打开国门、沦为半殖民地。但是，日本经过1868年的明治维新，走向了学习西方统治艺术、战争技术和生存法则，以富国强兵为目标的现代化道路，并快速跻身现代"文明国家"行列，成为最早加入了发源于欧洲的、由主权国家所组成的现代国际社会的非西方国家。经过1894—1895年的中日甲午战争和1904—1905年的日俄战争，日本崛起成为东亚地区国际舞台上的主要角色之一，并成为美国在东亚的主要竞争对手。日本表现出的军事和工业潜力以及对西方的模仿和学习能力，让美国人刮目相看。这也是凯南对日本的基本认知。相反，比日本更早被西方国家（英国）以武力打开国门的另外一个东亚国家——中国，其走向现代化和摆脱半殖民地状态的进程比日本要艰难、曲折和漫长得多，并且还成为日本侵略扩张的受害者。中国当时在美国精英心目中的形象只是一个值得同情的、缺少军事和工业潜力的"东亚病夫"，与日本不可同日而语。凯南虽然不是日本通，而且在1948年以前也从来没有到访过包括日本在内的任何一个东亚国家，但是他始终对日本怀有好感，认为日本是东亚地区唯一一个拥有重要军事和工业潜力的国家。

凯南日本观的形成，不仅与其家族传统、外交界同事的影响有关，也与其地缘政治思想密不可分。

第一，凯南对日本的认知与其家族传统有一些关系。凯南家族中有一位与凯南同名同姓并且同月同日生的老凯南（George Kennan, 1845—1924），他是凯南祖父的堂弟，也一直是凯南的人生样板，凯南正是因为老凯南曾观察和抨击沙皇俄国的流放制度,而选择学习俄语和研究苏联问题。老凯南也曾经作为美国战地记者,在1904—1905年的日俄战争期间,见证了新崛起的东亚国家——日本最终战胜一个欧洲大国的战事。凯南后来在回忆录说,他和自己的这位远亲有很多相同的地方,其中包括"在各自时代都在敦促美国人更多地理解日本及其与亚洲大陆的地缘政治问题"。①

第二,凯南对日本的认知也受美国国务院东亚问题专家,特别是其前辈和伯乐约瑟夫·格鲁(Joseph Grew)的影响。② 凯南1925年从普林斯顿大学毕业后报考职业外交官并被录用,主考官正是推动美国外交官职业化的关键人物、时任副国务卿约瑟夫·格鲁。格鲁年轻时游历过中国和日本,其妻爱丽丝·佩里(Alice de Vermandois Perry)是打开日本国门的美国海军准将马修·佩里(Commodore Matthew Perry)家族的后人,她在日本生活多年并会讲流利的日语。格鲁于1932年开始担任驻日大使,直到1941年12月美日交战和被日本拘禁在美国驻日使馆为止,次年被遣送回美国,然后于1944年再度出任副国务卿,直到1945年8月退休。格鲁是美国政府中一位著名的知日派和亲日派,在太平洋战争期间的1944年出版了题为《使日十年》的驻日日记。③ 格鲁认为美国和日本是政治和经济上日益强盛的两个大国,它们之间的关系将决定太平洋地区未来的命运。④ 他称赞日本是

---

① George F. Kennan, *Memoirs 1925-1950* (Boston, MA: Little, Brown, and Company, 1967), p. 8.
② 有关格鲁和美国外交官职业化的关系,参见 Waldo H. Heinrichs, Jr., *American Ambassador: Joseph C. Grew and the Development of the United States Diplomatic Tradition* (New York: Oxford University Press, 1966), pp. 95-99。
③ [美]约瑟夫·C. 格鲁:《使日十年》(蒋湘泽译),北京:商务印书馆1992年版。
④ [美]约瑟夫·C. 格鲁:《使日十年》(蒋湘泽译),北京:商务印书馆1992年版,第102页。

一个把东西方文明结合得很好的典范。① 格鲁一直认为日本军方应该对发动战争负主要责任，美国对日战争的目的是在战场上彻底击败日本军队，而不是摧毁日本。与此同时，他也极力主张保留日本的天皇制，以便减弱日本的抵抗意志和减少美军伤亡，并且认为美国在战后可以通过这个制度控制和利用日本。② 事实上，美国也贯彻了这个主张，美国政府后来并没有坚持日本必须废除天皇制，把日本皇宫排除在美军战略轰炸目标之外，也没有追究天皇的战争责任，战后日本和平宪法把天皇定义为国家象征。但是，格鲁质疑推动日本民主化做法的有效性，认为过去的经验表明民主在日本不会成功，美国在日本最好的期望是该国发展君主立宪制。③ 1947 年，凯南领导美国国务院政策规划室在研究美国对日政策调整时，曾专门咨询过格鲁，格鲁的看法对凯南的日本观有所影响。当然，与凯南在美国驻莫斯科使馆以及国务院政策规划室共事多年的中国通约翰·戴维斯也影响了凯南对日本和中国的认知。

第三，作为一名现实主义外交家和战略家，凯南主要是从地缘政治的角度来判断日本的实力地位，并得出日本比中国对于美国更具有重要意义的结论。凯南对日本的重视，在很大程度上源于他对日本实力地位的判断，即把日本视为世界上的五大军事—工业力量中心之一。凯南所说的五大军事—工业力量中心分别是美国、苏联、英国、德国以及日本。在他看来，位于太平洋上的岛国日本，在东亚的地位

---

① ［美］约瑟夫·C. 格鲁：《使日十年》（蒋湘泽译），北京：商务印书馆1992年版，第511页。
② Waldo H. Heinrichs, Jr., *American Ambassador: Joseph C. Grew and the Development of the United States Diplomatic Tradition* (New York: Oxford University Press, 1966), pp. 362–380, p. 384.
③ ［美］约翰·W. 道尔：《拥抱战败：第二次世界大战后的日本》（胡博译），北京：生活·读书·新知三联书店2008年版，第190页。

类似于英国在欧洲的地位，与英国同属于海洋国家，在应对地区强国的时候具有共同利益，可以成为捍卫美国利益的太平洋安全体系中的基石。① 凯南一再表明自己非常看好日本的发展潜力，认为其实力地位远远高于中国。他指出："日本在世界政治发展过程中，是一个比中国更重要的潜在因素。它是我所说的几个具有极大军事—工业潜力的力量中心中唯一的远东国家。美国人有一种奇怪的迷恋中国的情结，好像中国总是在影响着美国的舆论，美国人倾向于夸大中国实际的重要地位，而低估日本的重要地位"②。凯南在冷战时期始终坚信，西德和日本分别是欧洲和东亚最大的工业综合体（industrial complex），这两个国家的经济复兴对于恢复欧洲和东亚的稳定局面是至关重要的。它们不落入共产主义者手中，有助于建立起一个有利的均势格局。它们所拥有的强大资源也可以用于建设性的目的。他因此声称，德国和日本都是美国"在世界政治棋局中可以动用的、最重要的两个棋子"。③ 凯南虽然曾经主张日本的非军事化和中立化应该是美国对日政策的长远目标，但是他并不反对美日同盟本身，且承认美日同盟是美国东亚政策的基石。比如在1977年，他这样写道，"美国在远东政策的基石是日本"。④ 值得注意的是，即便在冷战结束以后，凯南依然看好日本。他在2001年指出，美国"在整个北太平洋地区的战略利

---

① George F. Kennan, *Memoirs 1925-1950* (Boston, MA: Little, Brown, and Company, 1967), p. 381; George F. Kennan, *Realities of American Foreign Policy* (Princeton, NJ: Princeton University Press, 1954), p. 65.

② George F. Kennan, *Memoirs 1925-1950* (Boston, MA: Little, Brown, and Company, 1967), p. 374.

③ George F. Kennan, *Memoirs 1925-1950* (Boston, MA: Little, Brown, and Company, 1967), pp. 368-369.

④ [美]保罗·希尔:《乔治·凯南与美国东亚政策》(小毛线译，夏小贵校)，北京：金城出版社2020年版，第244页。

益——我们在二战期间为之奋勇战斗——据我看来，取决于能否维护互相信任的对日关系和美日同盟"。①

与此同时，凯南和很多美国精英一样，倾向于认为日本比中国更接近美国或者更像美国。虽然凯南的思想中具有明显的西方中心主义和盎格鲁-撒克逊种族主义色彩，总体上对东亚国家不感兴趣，但是他唯独欣赏和重视日本。凯南在1967年出版的第一部回忆录中，除了苏联和欧洲，谈得最多的就是日本。日本也是凯南访问两次的国家中的唯一一个东亚国家（1948年和1964年）。这与日本是东亚地区唯一一个由美国人打开国门并且最早主动学习西方和成功实现现代化的国家这一事实有关。战后麦克阿瑟领导的美国在日本占领军当局以美国为样板对日本进行改造，也让很多美国人认为日本已经"美国化"了。用一位美国学者的话来说，"突然之间，敌人被变形了，从一个残忍野蛮的民族，弱化成了易于操纵和以备享用的外来民族"②。战后的日本拥抱非军事化和民主化，被美国按自己的形象改造成为一个和平民主的国家，并在冷战爆发后成为美国的盟友。这无疑让很多美国人兴奋不已，相信美国在日本完成了自己的伟大使命。虽然昭和天皇晚年曾经强调，日本的价值观没有变化，不认为战前和战后有任何变化，③但战后日本天皇被免除战争责任，并被穿上新衣，转换成为和

---

① ［美］保罗·希尔：《乔治·凯南与美国东亚政策》（小毛线译，夏小贵校），北京：金城出版社2020年版，第244页。

② ［美］约翰·W.道尔：《拥抱战败：第二次世界大战后的日本》（胡博译），北京：生活·读书·新知三联书店2008年版，第108页。

③ ［美］约翰·W.道尔：《拥抱战败：第二次世界大战后的日本》（胡博译），北京：生活·读书·新知三联书店2008年版，第254页，第545页。

平与民主之象征。①

相反，对于现代化之路极其艰难、曲折和漫长的中国，美国人虽然也有按自己的样板引导中国变革的理想和冲动，但是更多的是对这个"沉睡雄狮"或"东亚病夫"的同情②，美国改造中国的梦想也因中国的政治变革而多次破灭。1949 中国共产党取得政权和建立的新中国，取代日本成为美国在东亚的主要敌人。在凯南看来，中国不仅实力地位远远低于日本，而且在文化上也更具有非我族类的特性。比如，他在 1972 年写道："中国人极其排外和自傲"，而且，"尽管他们平常外表行为表现出高度文明性，但当他们相信自己被冒犯的时候，会表现出极其的残酷。他们固然有很多令人尊敬的品质，比如勤奋工作、诚信经商、务实灵活和政治敏感，但是在我看来，他们缺少西方基督徒心灵中的两样东西，即同情心和罪恶感"③。他在 1996 年 11 月写的一则日记中，表达了类似的对中国的负面看法："就中国而言，我认为这个国家凭借其伟大文明，值得我们怀着最崇高的敬意来对待。据我眼见耳闻，她的人民非常智慧，我认为他们比我们更聪明。但是他们在被冒犯的时候也非常无情和十分排外。对于后一种属性，我并没有责备之意。他们有权那样做，而且我认为移民到美国的华人发挥了积极的作用，而且这种作用在未来会越来越大，尽管不一定始终是积极的。但是，我看不到加强中美政府间关系会给我们带来什么

---

① ［美］约翰·W. 道尔：《拥抱战败：第二次世界大战后的日本》（胡博译），北京：生活·读书·新知三联书店 2008 年版，第 282 页。

② 格鲁在日记里写道："美国人对中国有天生的同情感，而且一直是这样，对受压迫者几乎是永抱同情态度。"［美］约瑟夫·C. 格鲁：《使日十年》（蒋湘泽译），北京：商务印书馆 1992 年版，第 223 页。

③ George F. Kennan, *Memoirs 1950–1963* (Boston: Little, Brown, and Company, 1972), pp. 55–56.

好处。我认为,我们只需要在外交上给予他们最无可挑剔的礼节即可。除此之外,我们要尽量少与他们接触,在不得不打交道的领域,坚定地——和他们习惯在中美关系中的做法一样——对待他们。这同样适用于贸易问题以及其他领域。我们应该防止我们的企业在商业问题上全面依赖中国,即便这会迫使企业家们减弱在他们所坚信的在'巨大的中国市场'中占据显著位置的渴望。"① 凯南对中国一直没有像对日本那样的亲近感。凯南虽然于1980年10月到访中国,但是这次由官方安排的、兼具旅游性质的中国之行并没有给他留下很深刻的印象,几十年间一直坚持写日记的凯南,只是在中国写下一篇不足200字有关杭州西湖的日记。②

四、结论

战后美国对日政策的逆转主要是东西方冷战的产物,美国的"苏联通"和遏制战略的提出者乔治·凯南在此过程中扮演了重要角色。但是,冷战爆发和在东亚扩展,并非影响战后美国对日政策调整的唯一因素。战后美国对日政策的逆转,在一定程度上说,与19世纪末、20世纪初开始,美国东亚政策发展的基本逻辑相吻合,即在中国和日本之间选择伙伴或盟友以追求自己在本地区的利益,美国除了在1941—1945年太平洋战争期间与中国结盟之外,都是选择日本作为自己的伙伴或盟友。其主要原因在于大多数美国精英认为日本比中国更具实力,也更像美国。乔治·凯南的日本观实际上就是此种认知的一

---

① Frank Costigliola, ed., *The Kennan Diaries* (New York: W. W. Norton, 2014), pp. 653-654.
② George F. Kennan, *Sketches from a Life* (New York: Pantheon Books, 1989), pp. 302-303.

种表现。进入 21 世纪之后，随着中国在国际舞台上快速崛起，中国显然已经不再是凯南当初所说的不具有军事和工业潜力的国家了。但是，在中美竞争关系不断发展和加剧的背景下，中国的崛起被视为对美国在东亚地区优势地位的一种重大挑战，日本对于美国的重要性以及美日同盟在美国的东亚政策中的地位，因为中国的崛起而得到提高，凯南在冷战初期所主张的美国扶日政策在新的历史时代以新的形式得以延续。

国际政治

大战略选择与军事思维创新

唐永胜*

摘　要　世界变局正深度展开，国际关系中不确定增强，尽管各种病态和乱象日趋显现，矛盾深化难题增多，但国际社会对和平与发展的需求不仅没有减少，反而更加显著而迫切，国际安全治理在遭遇重大挑战的同时也面临新机遇。新的历史条件下，必须准确认识军事安全在总体整个国家安全体系中的地位作用，及其内涵发生的重大变化，在国家安全的综合统筹中充分发挥有效作用。国家安全局势的发展演变要求拓宽军事战略视野，创新军事战略思维。走出一条不同于历史上"武力争霸""权力争霸"、具有中国特色的安全道路，才能为民族复兴提供坚实支撑。超越军事领域本身思考和筹划国家的长治久安，已经成为大战略选择的历史使命，这是由战争形态发展变化带来的必然结果，也是国家安全需求多样化的客观要求。

关键词　大战略　军事思维　国家安全　军事革命　战争形态

---

* 唐永胜，国防大学国家安全学院副院长、教授。

引　言

进入 21 世纪，尤其 2008 年爆发全球性金融危机以来，世界局势发生了深刻变化，国际体系进入一个重大变迁的进程。新冠疫情肆虐全球，构成了全球政治的重大事变，并将极大加快世界变局的历史进程。比起一个世纪甚至更长时间以来发生的重大国际事变，当前变局虽然不一定带来更直观的剧烈震荡，但是，其内涵更为深刻，影响也将更为持久而广泛，有人甚至认为结构性失衡无处不在，① 亦即体系的根基已经开始动摇，世界进入一个百年未有之大变局。由此带来的广泛影响，涉及权力结构、国际秩序、全球治理、发展模式、社会结构、文化理念以及价值观等，全球政治的诸多方面都面临深刻演变。当然，不论未来如何发展，都不能与过去的历史割裂开来。由于自 20 世纪尤其是第二次世界大战结束之后，在世界范围里基本的国际关系原则得以规范和确认，制约世界大战的力量总体上在增长，更多国家致力于推进有效的全球治理和广泛的多边合作，所以在今天的世界变局中并不意味一定会爆发大规模剧烈的军事冲突，但变化的深度和广度都将是空前的，过程曲折漫长并伴随着巨大的不确定性，国际军事安全领域充满日益增多的风险和挑战。

大国战略竞争加剧，经济增长缺乏长期动力，局部动荡和冲突频繁发生，传统安全风险与非传统安全风险错综交织，国际安全中不确定性有所增强。与此同时，在动荡的局势中，大国安全竞争尽管趋向

---

① 陈国平、赵远良主编：《国际体系变迁与中国战略选择》，北京：中国社会科学出版社 2017 年版，第 74 页。

激烈，但相互之间必要的战略稳定仍然得以保持，并没有因为国际关系背景的深刻变化而偏离大的方向。利益错综交织、合作与竞争并存已经成为大国关系发展的现实基础。实际上，在国际变局中，大国之间的战略稳定已经变得更加重要。面对地区和全球性挑战不断增多的现实，面对日渐明显的"权势扩散"，① 大国关系如果不能保持基本稳定，世界就会变得更加危险，甚至失去控制。

中国的发展与变革本身既构成世界变局的重要影响变量，也是世界变局的重要结果之一，迅速变化的世界也需要中国更多的贡献。② 中国与外部世界关系的调整已进入深度互动的关键时期。一方面，世界变局带来重大机遇，在顺应国际大势进而发挥自身优势的基础上，中国更有条件拓展国际影响，进而推动与外部世界积极的战略互动。另一方面，中国国内利益和国际联系利益都在迅速增加，国内安全问题国际化和国际安全问题国内化趋势将继续并行发展，内忧与外患的互动性、渗透性不断增强。各种矛盾问题相互累积、相互作用，使发生动荡和危机的可能性空前集中，并突出表现在传统与非传统安全威胁复杂交织、相互转化，内部威胁与外部威胁联动增强、相互叠加，发展崛起带来的安全压力将有所增强等诸多方面。世界变局可为中国的和平崛起提供新的有利条件，同时也可能构成巨大挑战。要实现民族复兴并为世界的和平和进步做出应有贡献，在根本上须避免急功近利，而是要审时度势扎实积累，顺应国际政治的发展变化，在历史演进大势之下谋求国家的长治久安。其中的关键则在于，能够及时消除

---

① 权势扩散是世界局势发展变化的一个重要特征，许多研究揭示了这样的发展趋势，美国国家情报委员会近年出版的系列报告具有代表性，如《全球趋势2030：变换的世界》及《全球趋势2035：进步的悖论》等，都有明确的结论。

② 唐永胜：《解析世界变局》，《现代国际关系》2020年第2期，第1页。

自身存在的不适合未来发展发展的种种惰性和弊端，谋求社会全面协调发展，有效维护国家安全，并以自身的进步推动国际体系的演进，在自主与融合、适应与塑造中求得必要的平衡，有效维护国家安全，实现国家长治久安。

一、国际安全治理的挑战与机遇

新冠疫情发生在世界变局深度展开的特定历史时期，并以其空前的渗透性、扩散性蔓延到世界的每一个角落，也是以极端的形式推动着世界变局的进程。国际安全治理在遭遇重大挑战的同时也面临新的更大机遇。

经济全球化的发展大势难以根本逆转，但其进程中诸多负面效应开始集中显现，并且向军事安全领域扩散，需要各国加强协调、共同努力创新经济增长方式，为世界经济注入新的持久动力。经济全球化是人类社会发展、生产力水平提高的必然途径，也是科技进步的客观结果，发展到今天已经取得了丰硕成果。世界总体财富不断积累扩大，各国人民联系日益紧密一体，人类文明达到了历史最高水平。而伴随巨大进展，经济全球化带来的负面效应也逐步积累并显露出来，国家之间地区之间发展不平衡、全球治理滞后、全球增长动力不足等问题日益凸显，如今已到了难以为继的地步。曾在全球化进程中占据主导地位的自由资本主义经济增长方式触及天花板，源于"冷战红利"已经失效，金融资本扩张逻辑难以持续，甚至已经饱和，世界经济陷入普遍低迷。不仅发展中国家甚至也包括主要的发达国家都感受到冲击和压力。美欧国家内部贫富鸿沟加深，社会撕裂严重，形形色色的保护主义、民粹主义、极端民族主义抬头，各种反全球化呼声高涨。本来在一体化建设中领先其他地区的欧盟，也遇到了困难，英国脱欧将产生冲击效应，甚至在可预见的将来，欧洲政治一体化进程也将处于总体守势。① 然而也应该看到，经济全球化不可能再退回到闭关自守的相互分割状态，用去全球化和逆全球化的办法不可能解决全球经济发展的根本问题，某些国家采取以邻为壑的政策无疑是饮鸩止渴，出路只能在于国际社会更广泛的协作，针对经济增长和发展模式中的根本缺陷，找到有效的变革途径和解决问题的办法。而在根本上，全球化中的问题要靠进一步全球化才能得到解决。②

全球格局显示出明显的多极化、多元化发展势头，权力趋于分散，国际关系民主化需求随之增加，但霸权主导与多方制衡的矛盾仍将在较长时期里得以展开和持续。国际格局进入加速调整和演变期。一是以美国为首的主要发达国家出现明显颓势，实力趋于相对衰落，内部社会张力凸显，不论是控制能力和主导世界的意愿都在下降。二是一些非西方国家在几十年里保持了较快发展势头，新兴市场国家和发展中大国力量趋于上升，正在打破几百年来一直由西方少数国家垄断世界的历史，导致国际权力结构发生重要调整。三是一些中小国家的发展虽然难有颠覆性的改观，但自主性不断增强，且掌握了更多的威慑手段，针对强权形成了一定的反制能力，也日益成为国际事务中不可忽视的力量。四是非国家行为体大量涌现，开始在国际事务中发挥重要作用，甚至形成了足以抗衡国家的能力。上述因素共同促成了

---

① Philip Stevens, "The Lesson of the German Elections," *Financial Times*, September 28, 2017.
② 庞中英主编：《全球化、反全球化与中国——理解全球化的复杂性与多样性》，上海：上海人民出版社2002年，第345页。

几百年来霸权主导的国际体系出现结构松动,最终必将加快演变走向变革。新的权力结构正在形成当中,影响世界的力量增多、角色增多、途径增多。在一个日趋多极和多元的世界里,任何强权都不再拥有足够资源和国际条件去决定其他国家和人民的命运,更逆转不了世界历史的发展进程。国际社会需要努力形成开放包容的多元治理模式,① 才能适应局势的变化,有效应对人类面临的日益复杂多样的威胁。

在世界变局中乱象增多、难题加重,国际社会对和平与发展的需求更加突出,需要凝聚广泛国际共识,强化全球治理,才能逐步加以解决。尽管世界乱象日趋显现,矛盾深化难题增多,国际社会对和平与发展的需求不仅没有减少,反而更加显著而迫切。历史教训揭示,依靠对外军事扩张、殖民掠夺,依靠战争来获取利益的方式应该为今日世界所淘汰,特别是在战略武器威慑高悬、全球性问题积聚增多、相互依存程度加深等诸多现实条件的限制下,依靠战争已经解决不了根本问题,战争所带来的深重代价,使得走向战场很容易导致共输的结果,战争越来越不会有最后的赢家。② 然而世界并不太平,此起彼伏的冲突和危机一再警示,当今世界不仅要反向主动地避免战争,更要正向积极地构筑和平,人类的未来才会更加光明。而发展对于世界任何国家来说都是生存和进步的重要基础,尤其在一段时期以来各国普遍遭受挫折的情况下,发展任务更加突出,发展难题更加棘手,世界各国人民期盼美好生活的愿望更加强烈。对此,国际社会需要凝聚

---

① 秦亚青提出了多元治理模式,包括三个基本的秩序理念:多元主义、伙伴关系和实践参与。参见秦亚青:《全球治理:多元世界的秩序重建》,北京:世界知识出版社2019年版,第123—127页。

② 即使对于美国,军事上的胜利也许容易取得,但要依此收获政治、经济效益就变得难上加难,近年中东局势的发展充分证明了这一点。

广泛共识，积极推进全球治理进程，逐步在根本上找到化解矛盾纠纷、消弭战乱冲突的途径办法，以便更好地整合全球资源、聚焦发展难题，从而实现可持续发展和可持续安全。可以认为，各种跨国性问题的不断出现，无疑对国际社会的治理能力提出了强劲挑战。推动全球治理的改革和创新，实现制度供给与现实需求达成有益平衡，应该是大国之间具有潜力的合作领域。

国际秩序进入变革的重要阶段，未来发展具有较强的不确定性，几乎所有国家都需要在变局中重新确立自己的定位，围绕国际规则及制度安排的博弈也必然趋于激烈。随着国际形势急剧变化，原来由西方所主导的国际秩序越来越难以为全球提供公共安全的有效供给和繁荣稳定的增长空间。过去由西方几个国家凑在一起就能决定世界大事的时代已一去不复返。世界秩序转换不可能像以往曾反复发生过的那样，通过战争方式在短时期内急剧完成，而是要经历新旧因素并存，同时旧秩序影响逐步消解、新秩序逐步构建的一个较长过程。在此期间，随着国际力量结构发生变化，各国的地位在变、角色在变、影响也在变，旧有的霸权逻辑、强权手段不会自动退出历史舞台，而有关构建新秩序的主张仍未得到充分确认和适用，新旧秩序交织、多种规则并存、双重标准盛行未来一定时期仍可能是一种常态，世界面临更多的不确定性。也正是由于如此，一些国家的战略忧虑将趋于增加，这也就是布热津斯基所指出的"动荡时代的战略不安全感"[①]，由此，大国权利及利益再分配的斗争将变得十分激烈，而其中围绕国际规则及制度安排的博弈将成为重中之重。而新的国际秩序只有具备更大的

---

① ［美］布热津斯基：《动荡年代的战略不安全感》，《环球时报》2017年1月3日。

包容性和必备的公正性，才能引导国际关系朝着可持续和可预期方向发展。"目前出现的反全球化和逆全球化思潮和政策，恰恰说明国际社会需要对现有制度不合理、不充分的内容进行有效的改革。"①

大国关系性质已经发生重要改变，历史将证明非合作即对抗的零和博弈越来越不合时宜，过于强调本国优先既贻害世界也会伤及自身，竞争不掩合作、合作中充满竞争将在全球治理中更多显现出来。大国之间逐渐超越单纯权力争夺和冲突对抗的历史老路，国家间关系已经不再是简单的零和，而是非零和，具有两重性和复杂性。谋求国家生存与发展需要综合运用战略途径和手段，不能一味地强调矛盾和冲突，还必须谋求合作和协调，并以合作协调来制约矛盾冲突。竞争与合作错综交织已经成为大国关系的基本特征及限制条件。要实现国家利益，就要跟上时代的发展步伐，就不能身体已进入21世纪，而大脑还停留在旧时代，停留在殖民主义和地缘争夺的框架里，停留在冷战思维、零和博弈的束缚之中。在新的历史条件下，任何大国单打独斗已经行不通，迷信武力也会适得其反，那种以邻为壑、转嫁危机、损人利己的做法毕竟难以持久，人类比以往任何时候都更迫切也有条件构建合作共赢的大国关系。当然，更广泛的大国协调不可能轻易到来，过程中甚至还会出现波折，但即使是中美关系也并非只有通向冲突的一条独木桥，在哈里·哈丁看来，中美关系未来最有可能出现的是以竞争为主，夹杂合作与不和的混合状态，"这种混合状态的性质仍要由双方的行为所决定"。② 也就是讲，中美关系的未来取决于互动

---

① 秦亚青：《世界秩序刍议》，《世界经济与政治》2017年第6期，第13页。
② ［美］哈里·哈丁：《美国对中美关系未来的展望》，载［美］沈大伟主编：《纠缠的大国——中美关系的未来》（丁超等译），北京：新华出版社2015年版，第291页。

及其进程，并不能简单地归于某种宿命。

面对世界变局，各国普遍遭遇困顿与迷茫，发展模式和治理体系的改革与创新已经成为大国竞争的核心，而国家治理能力的提升必将为全球治理的变革和创新提供必要的基础和动力。谁能在发展道路和发展模式和治理体系上取得突破和领先，谁就能在未来的国际竞争中占据主动地位。金融危机发生以后，以美国为首的西方资本主义世界陷入停滞甚至衰退，金融资本的贪婪无度再次深刻暴露了资本主义发展模式中的固有缺陷。至今西方国家都还没有找到有效的办法来克服这一制度顽疾，自由主义学者所鼓吹的"历史的终结"没有实现，自由资本主义经济模式反而遭遇深刻危机。相比资本主义陷入困境，社会主义总体上仍处于低潮。虽然中国依然保持了持续发展的势头，但当前阶段增长速度放缓，在中国经济总量不断增大的同时，外部环境存在更多不确定性，加上市场发育不充分、竞争仍然激烈、产能积累过剩、环境代价增大、发展不可持续等问题也越来越突出，经济开始进入新常态，总体面临较大下行压力。世界经济进入低迷期是当前和今后一个时期的基本态势，各国普遍遭遇发展的困顿与迷茫。这种情况下，发展道路及发展模式的改革创新已经成为国际竞争的核心和主要问题。没有某种一成不变的道路或模式可以长盛不衰，关键是各国尤其是主要国家能够适应形势的变化，不断提升国家治理能力、不断推进制度创新，为发展提供源源不竭的动力。若如此，既可以服务和惠及本国人民，也将为世界发展提供必要的动力和支持，进而才能实现国家之间的共同进化，谋求更广泛的可持续安全，带动和引领全球治理的发展方向。

虽然到处充满动荡和冲突，但国际局势又能够保持基本稳定，未来可预见时期，国际安全这一基本态势在很大程度上将可能得以维持。世界变局虽然为国际安全形势带来更多变数，但全球战略稳定的基础难以受到根本动摇。与此同时，国际军事竞争领域增多、空间拓展，影响国际安全局势发展的要素显著增多，多维的世界更需要多维综合的视角才能认识和理解得更好一些。

地区和全球性挑战不断增多的严峻现实，对国际安全治理提出了更迫切需求，其中加强各国之间的协调已变得日益重要。大国关系如果不能保持基本稳定，世界就会变得更加危险，甚至失去控制。近年来的局势发展证明，一些基础性要素仍在发挥作用，且有进一步强化之势，有利于维护全球战略稳定。第一，以热核武器恐怖平衡为基础的大国战略稳定继续发挥作用。而且，防扩散实际已经成为更多国家的共同关切，大国协调的空间仍有条件进一步拓展。第二，新的安全空间和领域的双重效应。一方面，国际竞争向网络空间、太空及深海等领域延伸；另一方面，这些空间和领域具有特殊性，并不是哪一个国家能够完全控制得了的，这也将成为国际合作的新空间和国际安全治理的新领域。第三，非传统安全威胁复杂严峻，没有更为广泛的国际协作，就不可能有效应对和化解。预防和应对恐怖主义网络的扩散就是各国共同的安全需要。第四，技术创新为经济社会发展提供重要推力。这是一种利益增量，也是国际竞争中取得优势的关键，主要依赖国家治理水平的提升才能获得。第五，难以被根本削弱且仍有条件继续强化的跨国、跨区域联系，无疑也制约着大国关系出现严重失衡和冲突。

全球战略稳定在国际体系变迁过程中的积极效应不可替代，对维护国际安全意义重大。但不可忽视，维持战略稳定也面临一些严峻挑战。威胁主要来自以下两个方面：一是在国际变局中大国可能出现的战略失向及战略盲动；二是国际体系在变迁过程中可能出现的系统性失效。而一些国际安全关键节点的失控有可能引发和放大这两种倾向，如中东局势发展中潜藏着巨大安全风险，朝鲜半岛局势虽得以缓和但仍可能出现重大危机。半岛问题在本质上，是从持续至今的停战协定确立的安全结构向一个新的更具包容性和持续性的安全架构过渡和转变，涉及半岛国家、大国博弈、中美竞争等诸多方面，是东北亚地区安全治理的结构性难题。如何能使东北亚局势发展纳入可预期轨道和进程，考验着相关国家，也构成国际安全局势发展一个重要风向标。

二、国家安全需要创新军事战略思维

作为世界变局的一个不可或缺的重要变量、紧密的利益攸关方和国际地位不断上升的大国，中国有必要更深入参与到全球治理和国际安全合作之中，在促进与维护世界和平与发展的同时，也为民族复兴营造良好的外部环境。这也同时意味着需要提供更多的国际公共产品、承担更多的国际责任和义务，以及更多介入国际事务，甚至包括一些地区的争端和冲突，由此面临的风险挑战也会上升。经济全球化的大势仍将为中国所用，尽管其发展所面临的阶段性挫折，给中国经济带来严重负面影响，但同时也为加快推进产业结构转型升级、加强中国与世界的深度互动提供了契机。一方面，中国适应国内外形势发展，变压力为动力，以适应国际经济环境变化的倒逼机制推动进一步的改革开放，注重通过创新驱动实现产业结构转型升级；另一方面，在美国、英国等西方国家纷纷转向保护主义、孤立主义的背景下，中国主动顺应世界发展潮流，大力倡导、坚定支持经济全球化和自由贸易，特别是中国的一些主张得到了越来越多的理解和赞同，被认为"中国仍将坚定地支持经济全球化，尽使它不接受与西方领导的全球化相关的自由主义价值观"。①

世界局势深度演变，国际秩序和全球治理进入变革和重塑期，原有权力结构出现松动，在变化的世界中可利用的矛盾显著增多，为中国因势利导谋求发展，在国际事务中提升制度性和结构性权力提供了有利条件，但如果应对出现严重失误，也可能在变局中错失机遇。一方面，国际关系复杂化发展总体上有利于维持国际局势总体平稳的局面，也有利于牵制强权政治的发展，有助于发展新型大国关系，为中国和平发展以及提升国际影响力提供了新的条件；另一方面，在世界变局中，实力的迅速提升也容易引起惯性反制。在当前及未来较长时期里，应力避成为国际体系变革过程中矛盾聚集的焦点，在此前提下才有可能成功破解"修昔底德陷阱"，化解安全难题，有效维护国家安全，并担当起大国责任。在大国关系层面上，未来较长时期中国的战略任务仍将十分艰巨，尽管中国坚持和平发展道路，在国际政治安全事务中努力追求合作和共赢，但美国对外政策中固有的权力政治逻辑难有实质改变，对中国的战略顾虑将随着中国综合国力的持续提高而不断加深，将中国确定为最大"挑战者"和"现实对手"的错误认知难以简单消除，其利用周边热点问题牵制中国的做法不会轻易收手，甚至在特定情况下还可能挑起严重事端。如何有效防范和慑止美

---

① Amitav Acharya, "Emerging Powers Can Be Saviours of the Global Liberal Order," *The Financial Times*, January 19, 2017.

国或以美国为首的国家集团挑起直接的严重冲突，并更有效地运用国家实力和地区影响力破解周边安全困局、推动地区合作，仍将是未来较长时期里的重要工作。然而从长远看，时和势毕竟在中国一边，14亿人的发展进步任何力量都阻挡不了。中华民族伟大复兴本身就构成世界变局的重要组成部分，日益强大且与时俱进的中国是维护国际安全和促进世界繁荣不可或缺的重要力量，而迅速变化的世界也需要中国更多的创新和贡献。

随着改革开放不断深化发展，中国综合实力显著增强，国际影响力也不断提升。但国际安全环境也变得越来越复杂，维护国家安全面临的阻力和挑战趋于增多，传统安全威胁和非传统安全威胁复杂交织。"我国国家安全的内涵和外延比历史上任何时候都要丰富，时空领域比历史上任何时候都要宽广，内外因素比历史上任何时候都要复杂"，① 在这样的背景下，如果仍然采用过去习惯的方法，坚持旧有的理念，已经不可能有效维护国家安全。也正是在这样的背景下，国家安全理念得到更新和拓展，总体国家安全观成为国家安全工作指导思想就具有了历史必然性，并作为发展中国特色社会主义的一个基本方略在党的十九大上被确立下来。所以，总体国家安全观既是国家安全思想历史积淀以及国家安全工作实践经验的产物，也被普遍视为中国国家安全理论的最新成果。②

在整个国家安全系统中，军事安全的重要性依然十分关键和不可替代，军事手段也始终是维护国家安全的保底手段。对此，必须准确

---

① 《习近平谈治国理政》，北京：外文出版社 2014 年版，第 200 页。
② 《总体国家安全观干部读本》编委会：《总体国家安全观干部读本》，北京：人民出版社 2016 年版，第 29 页

认识军事安全在总体安全体系中的地位作用及其内涵发生的重大变化,在国家安全的综合统筹中充分发挥有效作用。新时代军事力量的发展和运用,就是要在总体国家安全观的指导下,拓展战略思维,不断积累和提高对国家安全的综合保障能力,目前阶段尤其须着眼加快推进国防和军队现代化建设,切实提升备战打赢能力,坚决维护军事安全,进而可为国家的长治久安和实现民族伟大复兴的中国梦提供强有力的支撑和保障。

中国推进现代化进程世人瞩目,与之相伴随的是中国与外部世界关系的深度调整,这一进程不可能一蹴而就,需要战略上的创新和长期艰苦卓绝的努力,期间还可能出现曲折乃至动荡。军事手段仍具有无可替代的重要乃至决定作用,中国的战略筹划及其相应的军事理论研究既要为这一进程提供有效持续的战略支持,也必将在这个进程中得到检验和评估。

伴随国家经济社会的持续发展和深刻变革,各种矛盾各种问题相互作用、相互叠加,内外因素相互影响、相互渗透,国家安全可能遭遇诸多风险,有些可以预料,而有些则难以预料。"我国面临对外维护国家主权、安全、发展利益,对内维护政治安全和社会稳定的双重压力,各种可以预见和难以预见的风险因素明显增多。"① 国家安全在较长时期所面临的这种严峻复杂态势,充分反映了我国仍处于社会主义初级阶段以及社会变革攻坚阶段的突出特征,也充分反映了中国与

---

① 习近平:《关于〈中共中央关于全面深化改革若干重大问题的决定〉的说明》,《〈中共中央关于全面深化改革若干重大问题的决定〉辅导读本》,北京:人民出版社2013年版,第82页。

外部世界进入关系深度磨合期和调整期的突出特征。①

今天的大战略思考必须在如何适应和服务国家安全和发展大局上多下功夫，为维护和巩固国家发展所必需的重要战略机遇提供依据创造条件。需要强调的是，在信息时代，军事因素与政治因素之间的相互联系和相互作用日趋紧密，政治因素对军事安全的影响和约束变得更为重要，尤其在战略层面的关联性明显增强。由此而来，军事筹划必须服从政治的需要，服从国家安全大局的需要。② 维护今天的军事安全，更需要开阔的视野，只有立足国家安全和发展全局，才能搞好军事筹划，做好科学评估和前瞻设计，努力把战略能力转化为有利的军事态势。其中尤其需要依据国家核心安全关切，深入探讨军事领域战略性全局性问题，保持战略清醒，增强战略定力，避免出现严重偏差和战略性失误。③

国家安全局势的新发展要求拓宽军事战略视野，创新军事战略思维。为此，需要准确把握国家安全内涵和外延不断扩大的趋势及特点，准确认识和把握安全观念的发展趋向，拓展军事战略指导的范围和领域和特点，统筹应对国家面临的多种安全威胁。其中，军事创新的重要任务之一，就是紧紧围绕在新的历史条件下在应该建设一支什

---

① 秦天认为，中国面临的潜在军事安全风险，从外部看，主要来自大国对中国的敌性判断和敌对的战略政策，如在中国周边挑动和制造摩擦，鼓励和支持一些周边国家与中国的冲突，消耗中国的战略资源，恶化中国安全环境；伺机利用各种分裂势力进行分裂活动，制造紧张局势；加快针对中国的军事布局和准备，为必要时的武力"摊牌"创造条件。参见秦天：《中国和平发展进程中的军事安全分析及对策思考》，《中国军事科学》2013年第2期

② 唐永胜：《维护军事安全为国家长治久安提供坚强支撑》，《光明日报》2016年4月15日。

③ 塞缪尔·亨廷顿曾系统研究了美国军政关系的复杂性及其对美国政治产生的重要影响，具有借鉴启发意义。参见［美］塞缪尔·亨廷顿：《军人与国家：军政关系的理论与政治》（李晟译），北京：中国政法大学出版社2017年版。

么样的军事力量、怎样建设这样的军事力量以及未来打什么仗、怎样才能打胜仗等具有基础性的重大战略问题上不断取得进展,创新和发展战略战术,努力构建具有中国特色的现代军事力量体系。

推进具有时代性、引领性军事安全战略创新需要下大气力才行。在目前军事理论研究中,能够支撑我军进行现实军事斗争的理论成果还比较少,[①] 先进的军事理论,构成军队建设发展的必要条件。世界军事发展历史揭示,"真正创造战争奇迹的是在技术进步基础上,对军事体系或作战体系升华与重塑,而首要的在于有反映战争和作战本质及发展规律的理论指导"[②]。针对当前的军事斗争实际需求,战略筹划须关注的重点之一应是如何将战略指导的重心进一步前移,更加注重运用军事力量和军事手段营造有利战略态势,预防化解危机、遏制武装冲突和战争爆发。这也要求将备战和止战、威慑和实战、战争行动和非战争军事力量运用等问题作为一个完整的体系来认识和运筹,有效发挥军事力量的战略功能。其中包括如何综合运用战场建设、战略预置、部队演练、军事外交、军事合作等诸多手段,在各战略方向努力塑造有利的军事态势和外交态势,及时消除潜在安全威胁,维护整体战略环境的稳定。也要进一步突出战略指导的积极性和主动性,深入研究和评估预防风险和塑造态势的可能途径和方法,做好有关行动预案,科学有效配置力量,确保形成结构性优势。

优化和完善现代军事力量体系也应是战略优化的重点。国家安全与发展需要强大的实力支撑,为此,要求大力推进军队组织形态现代化进程,加快形成联合、精干、多能、高效的具有中国特色的现代化

[①] 《下大气力抓理论创新》,《解放军报》评论,2016年3月14日。
[②] 任天佑:《问道改革强军》,北京:国防大学出版社2015年版,第193页。

军事力量体系。比如，如何调整优化作战力量结构，加强陆军、海军、空军、火箭军部队建设，加快信息作战、军事航天等新型作战力量发展，调整优化军兵种结构和部队编程，根据当代战争特点变化和现实军事斗争需要，有针对性地建设和发展相关兵种和部队，如陆军航空兵、轻型装甲部队、特种作战部队和快速反应部队等。再比如，如何健全完善有利于联合作战的体制机制，如何根据提高信息化条件下联合作战能力的需要，建立健全联合作战指挥体制、联合训练体制、联合保障体制。联合训练体制建设的重点应是建立完善联合训练机构，完善联合训练制度，加强联合训练保障，配套联合训练法规。而联合保障体制建设应着力健全联合保障机构，整合保障资源，优化保障关系，确保联合保障顺畅运行。如何推进作战要素融合集成也需要受到高度重视。作战要素是构成和支撑作战体系的构成基础，主要包括信息情报、指挥管理、打击火力、防护保障等诸多方面。加强要素之间集成，应考虑如何以有效的信息系统为支撑，充分利用信息要素的全域性和渗透性，对各军种之间和军种内部功能相似的有关要素实施重组融合，按体系作战要求构成和强化作战力量，使得各种要素有机融合在一起，最大限度发挥作战效能。在优化力量体系方面，美军在探索，俄军在探索，我军的改革实践已经逐步得到落实，军事思考也应该顺势而上，在前期探索的基础上进一步深化提高，并在实践中试错和检验。

"原定的思想、理论、计划、方案，部分地或全部地不合于实际，部分错了或全部错了的事，都是有的。许多时候须反复失败过多次，才能纠正错误的认识，才能到达于和客观过程的规律性相符合，因而才能够变主观的东西为客观的东西,即在实践中得到预想的结果。"①认识必须接受实践的检验,才能进一步指导实践。维护新形势下的国家安全,迫切要求深化探讨军事力量运用的新形式,切实强化处置和应对复杂事态的能力,进一步扩大战略选择的空间,而在实践中深化认识检验理论就成为可行的途径。比如,如何加强军事力量的非战争运用。新形势下非战争运用将是中国军事力量运用的主要形式,也是应对多样化安全威胁的主要手段。对此,就要在反复实践基础上不断深化对非战争军事行动特点及其规律的认识,推动加强相关力量建设和提高军事训练水平,切实强化遂行非战争军事行动的能力。再比如,如何加强军事力量海外运用,是伴随海外利益拓展日渐突出的课题,迫切需要在探索中得到理论回答。只有进一步解放思想更新观念,一切以国家利益的需求及其变化为指引,积极探索军事力量海外运用的新方式新途径,需要在战略规划、方案制定、编制结构、装备发展、指挥体制、信息情报以及国际法运用等各个方面得到反映,扩大我军海外行动的领域和范围,其中尤其需要规划的指导和牵引,主动创造条件,带动海外行动成为我军战斗力生成和提升的重要实验场。还要研究如何加强与国家外交、经贸、金融、文化等各领域的协调配合,为军事力量海外运用提供更充分保障,加强领域和部门协调配合,提升国家利益拓展的保障水平和履行国际责任的战略能力。

---

① 《毛泽东选集》第 1 卷,北京:人民出版社 1991 年版,第 294 页。

三、新军事革命与军事战略

在国际变局中,军事领域的发展变化广泛而深刻,并构成世界大变革大调整的重要内容之一。当前世界范围正在发生的军事革命,其基本特征和发展走向已经逐渐显现出来,那就是以信息化为核心推动力,以军事战略、军事思想、军事技术、作战力量、组织结构和军事管理创新为基本内容,以重塑军事体系为主要指向,构成整个军事体系的全方位复合式的重大变革,并必将对未来国际安全形势发展和大国竞争走向带来根本影响。战略思考必须突破传统思维,才有可能顺应从传统机械化战争形态向信息化战争形态加速转变的新趋势新要求。当前正在发生的广泛而深刻的军事革命,"不仅反映在军事科技突飞猛进上,也反映在军事理论不断创新上,还反映在军事制度深刻变革上"[1]。为此,尤其要深入研究信息化战争乃至智能化的特点和规律,敢于创新敢于突破,努力跟踪军事革命发展潮流,推动国防和军队建设理论和实践的改革与发展,在诸如积极防御的国防政策、军事外交、海外军事存在、军事力量的非战争运用等诸多领域实现理论及观念的创新发展。[2]

新的作战领域和作战样式也应该是军事发展的重点。叙利亚战争

---

[1] 《习近平:准确把握世界军事发展新趋势 与时俱进大力推进军事创新》,新华网,2014 年 8 月 30 日,http://www.xinhuanet.com/politics/2014-08/30/c_1112294869.htm。

[2] 美国有研究认为,必须接受使技术尽其所能的理论创新成果,因为赢得战争的并不是技术,而是技术的使用方法,并强调应大胆设想颠覆传统观念、但能保持美国独特优势的作战方法。See Shawn Brimly, "Building the Future Force," CNAS, March 28, 2018。

进一步显示所谓的"混合战争"正在走向前台,① 也印证了较早时间国内外有关"混合战争"的讨论,② 显示出军事斗争向更宽阔空间发展的重要趋势,这也包括那些新型安全领域。外层空间和网络空间已经成为主要大国军事竞争的新疆域,在国际竞争中的地位不断提高,网络攻防和太空攻防很可能成为未来战争的重要作战样式。如美国智库"新美国安全中心"在 2016 年就发布了一份题为《从庇护所到战场:美国太空防御与威慑战略构想》,提出了"太空有限战"构想,并可能对美国太空安全战略产生持久影响。③ 军事指导思想必须涵盖太空、网络等这些全新领域,准确认识把握其所能带来的风险的多样性、颠覆性和扩散性,必须密切关注主要大国在太空和网络空间的布局态势,将传统的军事指导与新的技术条件和作战条件紧密地结合在一起,不断完善太空战略和网络战略的理论支撑,为新型力量发展和军事运用提供有效指导。

世界历史上每一次重大的技术创新与突破,都曾经极大拓展了人类实践活动的领域和空间,同时也不断丰富着国家安全的内涵和外延。军事思维应该更好地适应社会发展进程,并做出超越以往的深入探讨,才能跟上并进而引领军事革命潮流。毛泽东的论述给人以穿越时空的启示:"军事家不能超越物质条件许可的范围外企图战争的胜利,然而军事家可以而且必须在物质条件许可的范围内争取战争的胜利。"④ 战略思考一方面要敢于迎接科技进步,尤其是颠覆性技术的涌

---

① 马建光:《叙利亚战争启示录》,武汉:长江出版传媒 2017 年版,第 20 页。
② 王宝付:《混合战争:战争演进的新形态》,《光明日报》2016 年 4 月 6 日。
③ 张凤坡、李晶:《美国"有限太空战"述评》,光明网,2016 年 4 月 14 日,http://epaper.gmw.cn/gmrb/html/2016-05/11/nw.D110000gmrb_20160511_4-11.htm?div=-1。
④ 《毛泽东选集》第 1 卷,北京:人民出版社 1991 年版,第 182 页。

现所带来的现实挑战，又必须勇于引导科技创新，才能实现军事理论与科技进步的互相促进。① 太空、网络、深海、生物等诸多新型领域高新技术的迅速发展和重大突破，将使人类实践活动达到远超以往的深度和广度。网络、太空技术使人类进入虚拟边疆、高边疆，深海、极地和生物技术使人类进入深边疆、远边疆、微边疆，进而带来全球政治和国际军事形势的深刻变化，也必将引起战争形态发生重大转变以及思想观念的更新。只有适应战争形态正在发生的重要变化，才能绸缪在先，使军事斗争更具针对性、更为高效，否则就会出现偏差，甚至可能导致南辕北辙的结果。这是因为，"适应一种战争形态的作战行动并不一定是适合另一种作战形态的最佳行动。"② 这一点已经为中外军事历史发展反复证明。围绕新型领域的开发利用和竞争博弈，对国家生存与发展将产生至关重要的影响，甚至在很大程度上会决定一个国家的前途命运。

一方面，新型领域已发展成为国家生存与发展新的战略支撑。目前，网络、太空等领域空间已成为国家经济、政治、军事和社会生活有效运转的重要基础。尤其是互联网的普遍运用，使网络空间成为社会进步的新支撑新条件，也成为国家安全新的重要领域。太空可提供的通信、导航、气象等数据支持，已成为社会生活正常运转的前提和基础。海洋越来越成为国家可持续发展不可或缺的重要依托，也是中国实现民族复兴的必经之路。而在未来相当长的时间里，中国外部安全威胁仍将主要来自海上。另一方面，新型领域往往也容易成为国家

---

① 曾华峰、石海明等著：《科技兴军的逻辑》，北京：国防科技大学出版社2018年版，第320页。
② ［英］朱利安·S. 科贝特：《海上战略的若干原则》（仇昊译），上海：上海人民出版社2012年版，第5页。

安全的软肋。国家越发展，对新型领域的依赖越趋向增强，这些领域安全的脆弱性也会越突出表现出来。目前，各国的经济、政治和军事活动都离不开网络，而网络领域又具有高度开放性，容易受到攻击，成为国家安全的短板。太空难以设防，脆弱性明显，但具备太空攻击手段和能力的国家却不断在增多。

社会发展和战争实践反复证明，新型安全领域制权往往居于主导地位，其影响超越了传统领域制权，谁控制了新领域、新空间，谁就能取得竞争优势，进而占据战略主动。面对国际军事竞争形势趋紧，"需要我们正视战场制权新变化、确立夺控制权新观念"[①]。随着信息时代的深化发展，制网权、制天权成为夺取信息优势、赢得信息化战争的关键。从近年几场局部战争看，作战行动都是首先从信息网络领域展开，目的就是要削弱甚至剥夺对手的信息能力。在2008年俄格冲突中，俄罗斯首先对格鲁吉亚实施了网络攻击，有效瘫痪了格军信息网络系统。2011年的利比亚战争，美军也是首先利用"舒特"系统，[②] 对利比亚军队指挥控制和防空预警系统发动了网络攻击，致使利军指挥失灵、不堪一击。近年来，美军提出的有关作战构想，往往也非常强调致盲行动，通过攻击卫星、网络系统等体系节点，达到瘫痪对手预警与指挥网络体系的目的。

随着深海、极地、生物以及智能等领域新兴技术持续取得突破，国家安全空间将进一步向这些新型领域延展，军事斗争领域由三维向多维、由有形向无形拓展，制深海权、制生物权以及智能领域的主导

---

① 张占军：《树立夺控制权新观念》，《解放军报》2016年11月8日。
② 关于"舒特"网络攻击系统的功能，可参考邱洪云等：《进攻性赛博武器——舒特系统与网络支撑环境》，《空间电子技术》2014年第1期。

地位将成为战争制胜的新关键。军事探索须关注新型力量将使军事力量体系发生革命性变化。新型领域是新质战斗力的主要载体，是军事力量实现跨越发展新的增长空间，也是传统军事力量发挥作用的倍增器，在未来战争中将发挥十分关键的引导作用。网络攻防能力已成为军事体系对抗的基础性决定性要素；无人作战系统将提升作战行动的智能化水平；高超音速武器将作为未来实施战略打击的撒手锏；定向能武器有望成为防空反导新型作战手段；等等。随着新型领域重要性上升和新型力量发展，新的军兵种将不断涌现，并融入军事力量体系。例如，天军、网军甚至将发展成为比传统军种更为关键和重要的军种，由战略支援力量成长为主体作战力量；无人机部队、机器人部队、深海部队等力量形式也将应运而生。

军队组织形态的体系重塑也需要理论牵引。适应新型领域引发的战争形态、作战样式的革命性变化，军队的规模结构、体制编制、指挥体制和保障机制都将发生根本性变革。改革新型领域力量发展须聚焦提高作战效能，部队规模总体上将趋于小型化。美国军事理论家约翰·阿尔奎拉提出的蜂群作战构想，有其借鉴意义。[①] 随着新型作战力量比重大幅增加，某些传统军兵种将进一步缩小规模，甚至可能退出历史舞台。同时，随着作战指挥体系的网络化、智能化水平上升，指挥体制将向扁平化、一体化方向发展；物资、技术、信息和人力等重要资源与军事力量的融合程度变得日趋紧密，战争保障也将向基地化、精细化，甚至无人化发展。

军事实力对的评估方法也需要深化认识乃至重新审视。机械化战

---

① "蜂群"作战古已有之，13世纪蒙古人远征作战就采用过相似战术。在当前人工智能和大数据技术快速发展的背景下，无人机蜂群作战又一次被重视起来。

争时代，分析评估一国军事实力强弱，往往需要依据其所拥有的飞机、坦克、舰艇等主战武器的数量和质量。而信息化战争时代，衡量一国军事实力水平，就必须主要考虑武器装备数字化、网络化的程度和水平。随着新型力量研制成功并不断得到运用，战争形态进一步向信息化战争和智能化战争演进，那么衡量军事实力就必须主要依据新型力量所占比重以及与之相伴随的智能化、微纳化、生物化的程度和水平。一旦相关新机理武器研制成功并投入使用，所带来的冲击将不亚于核武器，并必将深刻影响和改变军事实力的对比，进而带来战斗力生成模式和评估标准发生根本改变。当前智能技术向军事领域的全面渗透趋势日益显现，智能在战斗力要素构成中的地位作用将大幅跃升，战斗力生成模式将会从物质、能量要素主导，向信息乃至智能要素主导发生倾斜和转变，不久的将来很可能出现智能主导的战争形态。军事理论研究需要对这种可能的前景做出预判。

新军事革命浪潮越是汹涌澎湃，战略理论越不能迷失方向。尤其应充分意识到，当军事实践偏离惯常的方向时，有效的理论会发出警告，"使我们能够以宽广的视野判断出这种背离常规的做法是否必要和是否正确"。[①] 理论创新需要不拘一格，但总是要在历史、现实和未来之间架起有益的桥梁，深刻认识变与不变的时空条件，这样才有可能理解战争形态的演变逻辑，认识战争制胜机理，进而把握战争现代战争的特点和规律，深化对重大军事问题的理解和认识，提出具有引领性的军事思想，指导军事斗争实践，使军事斗争准备真正反映现代战争的本质要求，进而在塑造安全态势中更充分发挥作用。

---

① ［英］朱利安·S.科贝特：《海上战略的若干原则》（仇昊译），上海：上海人民出版社2012年版，第6页。

四、走中国特色的国家安全道路

在国际体系深度变迁且不确定性显著增强的世界里,战略选择对国家的意义不是被削弱,而是变得更为显著。在很大意义上可以认为,战略选择决定国家的命运。一方面,新的历史条件对军事能力建设和运用提出了更为严苛的限制和要求,需要军事实践和理论的有力支撑;另一方面,历史条件变化也成为理论研究的重要动力来源,也迫切需要理论研究取得重大进展。如果理论长期滞后于实践发展,必然带来战略筹划难以摆脱经验决策的局面。[①] 应对复杂严峻的安全威胁,离不开具有穿透力的安全理论作为指导,否则难免会退回到应急式反应或就事论事的被动境地。

大战略思考尤其要适应国家安全的现实关切,如安全途径选择意义十分重大。习近平强调:"当今世界,殖民主义、霸权主义的老路不仅走不通,而且一定会碰得头破血流。所以中国坚定不移走和平发展道路,多次公开宣示,中国反对各种形式的霸权主义和强权政治,不干涉别国内政,永远不称霸,永远不搞扩张。"[②] 这种思想上的清醒和自觉,来源于对深刻演变中的全球政治的深刻理解和认识,中国走和平发展道路的决心坚定不移,并一直致力于积极推动国家安全与国际安全的良性互动。在国内安全上,突出表现为推动经济可持续发

[①] 早在2002年,金钿就提出建立独立的国家安全学,积极促进国家安全理论和有关重大现实问题的学术研究,培养从事国家安全研究和筹划所需要的人才队伍。参见金钿主编:《国家安全论》,北京:中国友谊出版公司2002年版,第457页。

[②] 中共中央宣传部:《习近平总书记系列重要讲话读本》,北京:学习出版社、人民出版社2014年版,第149页。

展、实现国家治理进步、谋求社会稳定，努力打造平安中国；而在国际安全上，则突出表现在开展广泛的地区和国际合作，寻求更具建设性地介入国际事务，以共同利益为牵引强化共识，破解安全难题。

  国际上尤其在美国总有一种观点，认为中国军事力量的增长必然导致中美军事冲突，国内也有人持有所谓的"中美摊牌论"。其中有代表性的认识是："中国崛起后将在经济、军事和国际规则主导权等诸多领域挑战美国的领导地位，因此，美国对华政策的主要目标应该从融入既有国际体系，转变为应对中国带来的挑战。防范中国崛起应该是未来美国主要的战略选择。"① 兰德公司早些时候更也有分析认为："当前及未来，西太平洋将是世界上最强大的两个国家相互视为对手的地区。"② 甚至出台了研究报告《与中国的战争——认真想象不可想象之事》。③ 美国特朗普政府强调美中战略竞争，也在一定程度上反映了美国战略界形成了某种程度的共识。实际上，中国的和平发展并不是向美国提出挑战。中国坚定奉行积极防御的军事战略，这既是发展中国特色社会主义的内在的和本质的要求，实际上也适应当今世界局势发展变化提出的客观要求，和平发展合作的基本潮流难以根本逆转。积极防御与中国传统和合战略文化一脉相承，但是其内涵需要拓展并赋予时代意义，没有深入系统的理论探讨不可能回答宏大的时代命题。而坚持积极防御，既是中国的政治优势，也是国家软实力的

---

  ① Robert D. Blackwill and Ashley Jrellis, "Revising U. S. Grand Strategy Toward China," CFR, March 2015.

  ② David. C. Gompert, *Sea Power and America Interests in the Western Pacific*, Rand Corporation, 2013, p. 11.

  ③ ［美］大卫·C. 冈珀特等著：《与中国的战争——认真想象不可想象之事》（张辉等译），中国国防科技信息中心 2017 年版。

重要表现和标志。从长远看，也将进一步增强中国维护国家利益的正义性与合法性，并增强中国走和平发展道路的坚定性和可信性。而在这样的国家安全大局下，军事力量的运用必然服从于特定的约束条件，并要为和平发展提供坚实保障。然而，积极防御并不意味着一味退缩，对于必须维护的国家核心关切，既要敢于斗争也要敢于胜利，只有做到义利并举奖惩有别，才能承担起大国的历史责任，在地区和国际事务中发挥更大更积极作用。

"中国坚持走和平发展道路，不是权宜之计，更不是外交辞令，而是从历史、现实、未来的客观判断中得出的结论，是思想自信和实践自觉的有机统一。"① 中国正在发生的社会变革，虽然与开放政策紧密相关，但更多表现为社会活力的迸发和自身进步，体现在国家治理模式和维护安全模式的不断完善和自主创新，绝非属于排他性的扩张。实际上，改革开放使中国与外部世界的关系进入可预期的良性互动的长期进程，更多的国家和人民将会越来越真切地感受到由中国发展所带来的收益，感受到中国是维护国际安全和全球战略稳定的重要力量，也是促进地区和世界增长的重要推动力量。中国选择和平发展道路本身就是一种战略自觉，是尊重世界发展大势的自主选择。国际关系是一个共同进化的过程，越是在全球化进程遭遇阻碍和困难的时候，越是要把目光放得更远一些，把暂时的困难当作战略调整的契机，推动中国与世界更为积极的战略互动。

如何构筑牢固的国家安全依托，也是在开放条件下必须树立的战略思维。军事力量运用面临许多必须克服的现实课题，军事理论需要

---

① 中共中央宣传部：《习近平总书记系列重要讲话读本》，北京：学习出版社、人民出版社2014年版，第148页。

做出积极探索并引导实践的开展。理论和实践应当具有共同的指向，互为支持和检验，聚焦于如何经略广泛的安全网络，积极塑造可预期可持续的地区和国际安全框架。"中国不仅要在实践方面妥善处理好面临的各种安全挑战，而且要在理论观念方面为世界做出具有引领性的贡献。"①

构筑安全框架不可能排除美国因素的影响。中美两国之间存在不可回避的结构性矛盾，一个时期以来，美国政府国家安全战略突出强调大国战略竞争，其中对中国的敌性判断明显趋于增强。② 按照西方尤其是美国一些研究者的逻辑，中美两国面临掉入崛起大国和守成大国之间"修昔底德陷阱"的风险，并且由于存在明显的文化和制度差异，相互之间战略互信明显不足。然而，在多维的世界里，事情往往并不按单一逻辑简单发展。③ 一方面，近年中美两国在西太平洋持续开展政治外交博弈，美国挑拨纵容、挤压试探，两国军事摩擦持续不断，甚至出现某种升温迹象；另一方面，到目前为止，两国基本上能够做到处置有据，在涉及彼此核心利益上，总体上还是能够维持理性和克制，并留有必要的余地，避免发生正面军事对抗。应该看到，在当前世界变局中不确定性空前增加的背景下，国家之间必须保持更多沟通与协调，其中大国关系基本的战略稳定尤其显得重要，简单粗暴不顾及他人的限制措施无助于解决重大战略问题，甚至可能强化不信任感，严重恶化国际环境，反过来也会危及自身利

---

① 刘江永：《可持续安全真谛与战略构想》，载张蕴岭主编：《新安全观与新安全体系构建》，北京：社会科学文献出版社2015年版，第46页。

② The White House, *A New National Security Strategy for a New Era*, December 18, 2017.

③ 约瑟夫·奈就认识到中国并非要颠覆西方主导的国际体系，参见 Joseph S. Nye, Jr., "Will the liberal order survive? The history of an idea," *Foreign Affairs*, January/February 2017, p. 10.

益。面对难以逆转的"权势扩散",① 大国更充分更有效的协调已变得必不可少,如果不能做到这一点,国际安全局势只能变得更加危险,最终甚至可能失去控制。怎样理解和把握这其中蕴含的世界局势的发展走向及其对大国关系的约束,并能将其有效转化为中国对外关系的有力措施和政策杠杆,以构筑国家安全的牢固依托,并可有力制衡来自美国对华政策变化带来的紧张和冲击,也应成为中国军事战略拓展的方向。

军事战略关注胜负,但又要超越军事胜负。这是因为在国际联系日趋紧密的今天,"全面战争再也不是战争的基本形态,国家间的'零和游戏'向着'正和关系'转化"②。这是走和平发展道路的客观要求,也是适应国际政治发展演变的必然选择。中国的军事理论研究越来越需要更主动地适应大战略的要求和约束,③ 只有放在大战略背景下,理论研究才能得到系统深化,也才可能经受未来军事斗争的实践检验。正是在这样的背景下,军事斗争更多地被融入经济、政治、文化、科技、社会等多领域为一体的系统竞争和较量,因此,也可以更好理解为什么有研究者提出大战略时代的概念,并注重研究与大战略时代相呼应的战争形态演变。④

---

① 权势扩散是国际体系变迁的一个重要特征,许多研究揭示了这样的发展趋势,美国国家情报委员会近年出版的系列报告具有代表性,如《全球趋势2030:变换的世界》及《全球趋势2035:进步的悖论》等,都有明确的结论。
② 金钿主编:《国家安全论》,北京:中国友谊出版公司2002年版,第52—53页。
③ 在这个意义上可以更好地理解钮先钟的观点,即对于战略研究,军人的学识和经验已经不再是唯一的必要基础。参见钮先钟:《战略研究》,桂林:广西师范大学出版社2003年版,第39—40页。
④ "微战争"就被视为战争的新面貌,并具有作战规模可控、作战力量精干、作战主体复合、作战效果叠加等特点。参考曾华锋、石海明等著:《科技兴军的逻辑》,北京:国防科技大学出版社2018年版,第89页。

在大局下谋求主动，在限制中开动思维，这是军事创新必须遵守的时代条件。由此而来，军事战略创新也日益需要坚实的哲学基础作为其发展进步的前提条件，如果缺少战略哲学的高度，认识和思考就会失去方向，也支撑不了大国的国家安全。法国战略家博弗尔就曾讲过："战略的支配和引导力量必须是理想，但这也就把我们带入哲学境界。"① 目前有相当比例的军事理论成果，其根本缺陷就表现在缺少战略哲学底蕴，"一些著述看似深奥其中却不见得有深刻思想，有些作品以其思想活跃性和手段运用艺术性而著称，但并不蕴含价值理念和哲学眼光"②。

抗日战争初期，面对日本灭亡中国的嚣张气焰，毛泽东以他对中日两国国情及战争走势的洞察，作出了持久战的科学论断，为中国人民的最后胜利指明了方向和途径。其中所描述的"犬牙交错"的战争形态实际上早已超越了单纯军事领域的较量："长期而又广大的抗日战争，是军事、政治、经济、文化各方面犬牙交错的战争，这是战争史上的奇观，中华民族的壮举，惊天动地的伟业。"③ 而在今天，中国要赢得新的历史条件下的大国竞争，也要开展长期而广泛的博弈，并体现在军事、政治、经济、文化等更多方面的全面综合的博弈，也必将是一场持久战。其中尤其还要考虑到，国家影响力的提升不仅依赖武力，也越来越依赖思想的传播。

超越军事领域本身思考国家长治久安之路，是今天大战略筹划的历史使命，为此，必须极大拓展战略视野，这是由战争形态发展变化

---

① Andre Beaufre, *An Introduction to Strategy* (Praeger, 1965), p. 138.
② 唐永胜：《当代中国国际战略研究：进展与创新》，《国际政治研究》2015 年第 6 期，第 144 页。
③ 《毛泽东军事文集》第 2 卷，北京：军事科学出版社、中央文献出版社 1993 年版，第 1301 页。

带来的必然结果，也是国家安全需求多样化的客观要求。实际上，利德尔·哈特较早时候就有专门提醒："大战略虽然是指导军事战略的，但是它的某些原则又经常与军事战略所推行的原则相抵触。"① 不注重这一差异，理论研究就可能陷入坐井观天的困境。在机械化战争时代如此，在信息化战争时代就更是这样。军事实践不得不兼顾更广阔背景，不得不考虑更多层面的限制。约翰·柯林斯指出："军事战略是以使用暴力或以暴力相威胁为基础的，它力求通过武力来取得胜利。大战略如果运用成功的话，将减少使用暴力的可能性。同样重要的是，大战略寻求的远不是战争的胜利，而是持久的和平。军事战略主要是将军们的事情，而大战略主要是政治家们的事情。大战略支配军事战略，而军事战略只是大战略的一个组成部分。"② 只是在今天，军事行动与大战略行动联系空前密切，对军事理论研究的要求就更为苛刻，在更多时候需要将宏观和微观更有效结合起来，既能指引方向，又要提供具体的路径。

中国和平发展道路适应国际关系背景的深刻演变，也根植于传统和合文化和天下情怀的深厚土壤。中国军事思想中历来注重内修文德、外治武备，并注重积极防御、以战促和。先秦就有军事家反对穷兵黩武，其军事思想延续至今仍在闪烁智慧的光芒。吴起就认为："天下战国，五胜者祸，四胜者弊，三胜者霸，二胜者王，一胜者帝。是以数胜得天下者稀，以亡者众。"③ 实际上，这也正是当代世界潮流

---

① ［英］利德尔·哈特：《战略论》（中国人民解放军军事科学院译），北京：战士出版社1981年版，第494页。

② ［美］约翰·柯林斯：《大战略》，北京：中国人民解放军军事科学院出版社1978年版，第47页。

③ 《吴子·图国》。

所向，单纯靠军事手段越来越难以解决全球政治的重大问题。中国的发展不是也不应是大国权力竞争的延续，目的更不是企图替代原有的世界霸主，而是时代风云催生育化的民族复兴，这一进程在当前尤其需要大战略选择和军事理论的系统创新作为思想和智力保障。

地区秩序重构中的南海问题与中国的应对方略

张 洁[*]

摘 要 在美国的"印太战略"中,南海问题作为安全议程的核心,战略地位进一步被提升。这一新态势加剧了南海问题的国际化、军事化以及中美博弈的烈度,未来南海局势将更加错综复杂,其实质是中美两国关于地区规则制定权与地区秩序主导权的博弈。有鉴于此,本文拟梳理亚太地区秩序的演变历程以及美国"印太战略"的提出及其对南海问题的影响。在此基础上,以海洋命运共同体为指导理念,就中国如何推动建设南海合作机制进行分析。

关键词 印太战略 海洋命运共同体 地区秩序博弈

美国"印太战略"的提出始于亚太地区国家力量对比发生的根本性变化,目的是构建美国主导的地区新秩序。而南海问题是美国"印太战略"最核心、最重要的安全议题,它关系到中美两国海上实力的博弈、国际规则话语权的博弈以及地区秩序主导权的博弈。有鉴于

---

[*] 张洁,中国社会科学院亚太与全球战略研究院研究员,中国社会科学院地区安全研究中心副主任。

此，中国应对南海问题进行再定位，进一步完善、优化和清晰化地区秩序的"中国方案"。

一、亚太地区秩序的解构与美国"印太战略"的提出

2010年以来，亚太地区主要国家力量对比的变化推动了地区秩序的调整，其中又以中美两国最具影响力。2017年底，美国提出了"印太战略"，这是对中国构建新地区秩序的一种应激性反应。美国"印太战略"的根本目的是制衡中国地区影响力的扩大，维持和巩固自身的地区主导地位。

（一）亚太地区秩序的演变与重构

二战结束至今，美国一直是亚太地区秩序的重要塑造者和主导者。冷战时期，全球形成了以美苏争霸为主要特征的国际格局，在亚太地区，美国为巩固自身的霸权地位，建立了自身主导下的双边军事同盟体系。冷战结束后，美国同盟体系在亚太秩序中的地位进一步提升，从冷战时期的"轴辐"模式发展为"扇形"模式，即以美日同盟关系为核心，基于此巩固与韩国、澳大利亚等盟友的联系。美国的同盟关系不仅注重安全合作，而且着力加强彼此间的经济合作，并且试图拉拢其他东亚国家和地区构建一个紧密的亚太区域合作机制。但是东亚，特别是东盟、中国对美国的主导很担心，不支持建立一个内向的亚太区域市场与区域组织。最终，在"开放的地区主义"指导下，

亚太地区的合作呈现"多轮驱动"和"竞争性开放"。① 到21世纪初，美国的军事同盟仍然对亚太地区的安全秩序占有主导地位，而经济秩序则出现多元化的趋势，即中国、东南亚国家等新兴力量的崛起，并且这种趋势逐渐从经济领域开始向安全领域延展。

进入21世纪10年代，随着中国综合国力的显著提升、中日力量对比出现逆转以及中美实力对比差距缩小，美国在亚太秩序中的主导地位受到冲击。作为应对，奥巴马执政时期实施了"亚太再平衡"战略，试图通过加强自身在亚太的存在，巩固同盟关系、构建伙伴关系，更多利用地区多边合作机制等多层次的战略构建，向亚太盟友与安全伙伴展示美国提供安全承诺的决心与"可靠性"，同时"推回"中国在地区影响力的"扩张"。

2017年1月，特朗普就任美国总统，之后，他宣称全面放弃"亚太再平衡"战略，退出《跨太平洋伙伴关系协定》（TPP），重新平衡美国与亚太国家的经济关系，改变美国多年对亚太国家的贸易赤字状态，而且还要求日本、韩国等盟友分担更多的防务责任和成本。特朗普政府"弃旧而不立"，一方面，其新亚太政策"千呼万唤不出来"；另一方面，其对东亚峰会等地区合作机制漠然以对，这些做法极大消耗了盟友和伙伴关系国家对美国在亚太事务中的领导力和安全承诺的信心，使这些国家产生了极大的战略焦虑和不安。与美国形成鲜明对比的是，中国国家实力的上升，经营与塑造周边乃至亚太的能力不断强化，关于地区秩序的"中国方案"初步形成。这种变化使得日本、

---

① 相关论述可参见吴心伯：《奥巴马政府与亚太地区秩序》，《世界经济与政治》2013年第8期；吴心伯：《论亚太大变局》，《世界经济与政治》2017年第6期；张蕴岭：《转变中的亚太区域关系与机制》，《外交评论》2018年第3期；钟飞腾、张洁：《雁型安全模式与中国周边外交的战略选择》，《世界经济与政治》2011年第8期。

澳大利亚等美国盟国十分担忧,并促使它们在制定本国地区新战略的同时,通过重启"美日印澳"四边机制将美国"留在"亚太,共同应对中国的崛起。在上述因素的共同推动下,美国最终推出了"印太战略"。

(二)美国"印太战略"的提出与初步实践

2017年11月,美国总统特朗普在亚太之行期间高调宣布"印太战略"将成为美国的地区新战略。同年12月,美国白宫发布特朗普任内的第一份《国家安全战略报告》,列举了中国在印太地区对美国构成的三重威胁:"中国通过基础设施投资和对外贸易战略强化地缘政治野心";"通过修建和军事化在南海的前沿哨所,威胁自由贸易流动,威胁其他国家的主权,削弱地区稳定性";"通过快速的军事现代化限制美国进入印太地区,从而可以为所欲为"。① 2018年1月,美国国防部发布《美国国防战略报告》,将中国确定为"战略竞争对手",称中国"正利用军事现代化、影响力行动和掠夺式的经济活动威胁邻国,重构有利于自身的印太地区秩序……中国的近期目标是推行以获取印太地区霸权为目标的军事现代化方案,远期目标是取代美国掌握全球的主导权"。② 这两个重量级报告均正式使用了"印太"概念,并对中国的"威胁"进行了浓墨重彩的描述。

自2018年4月起,美国政府高官逐步对"自由与开放的印太"

---

① The White House, *National Security Strategy of the United States of America*, December 2017, p. 46, https://www.whitehouse.gov/wp-content/uploads/2017/12/NSS-Final-12-18-2017-0905-2.pdf. 转引自刘畅:《特朗普〈国家安全战略报告〉评析》,《和平与发展》2018年第1期,第56页。

② US Department of Defense, *Summary of the National Defense Strategy of the United States of America*, 2018, https://dod.defense.gov/Portals/1/Documents/pubs/2018-National-Defense-Strategy-Summary.pdf.

战略做出具体阐释,这一战略是在政治、经济与安全等领域同时多管齐下,鉴于篇幅所限,本文集中讨论其安全议程的主要内容、政策实施地区影响。2018年6月,美国防部长马蒂斯(James Mattis)在香格里拉安全会议上阐述了"印太战略"关注的四大安全问题:帮助伙伴国提升海军和海上执法能力,加强对海上公域的监控和保护;向盟友提供先进的防务装备以及加强安全合作,增强与盟友的互动性;强化法治与透明治理;推动由私营部门引领的经济发展。① 同年8月,美国国务院发表的"美国在印太区域的安全合作"情况说明书(fact sheet)详细列出了五大目标,即确保海上与空中自由、推进市场经济、支持良政与自由、保障主权国家免受外部威胁以及促进伙伴维护和推进基于规则的秩序。② 到同年12月31日,特朗普签署了参议院第2736号提案——《亚洲再保证倡议法案》(Asia Reassurance Initiative Act of 2018),以法案形式确立了加强美国在印太地区的安全、经济利益和价值的战略。按照美国传统基金会亚洲研究中心主任沃尔特·罗曼(Walter Lohman)的评价,该法案"强化了国会和政府的共识,让世界看到了美国政府在塑造印太地区关键政治议题上的高度一致"。③ 2019年6月,美国国防部发布了首份《印太战略报告》④,显示了美国

---

① "Remarks by Secretary Mattis at Plenary Session of the 2018 Shangri-La Dialogue Singapore," U. S. Department of Defense, June 2, 2018, https://dod.defense.gov/News/Transcripts/Transcript-View/Article/1538599/remarks-by-secretary-mattis-at-plenary-session-of-the-2018-shangri-la-dialogue/.

② 陈积敏:《美国印太战略及其对中国的挑战》,《学习时报》2018年10月22日,第2版。

③ Walter Lohman, "Congress is Standing United on the Indo-Pacific," The Heritage Foundation, December 6, 2018, https://www.heritage.org/asia/commentary/congress-standing-united-the-indo-pacific,转引自任远喆:《特朗普政府的东南亚政策解析》,《美国研究》2019年第1期,第65页。

④ Department of Defense, *Indo-Pacific Strategy Report: Preparedness, Partnerships, and Promoting a Networked Region*, June 1, 2019, https://media.defense.gov/2019/Jul/01/2002152311/-1/-1/1/DEPARTMENT-OF-DEFENSE-INDO-PACIFIC-STRATEGY-REPORT-2019.PDF.

军方在对华政策中的特殊角色,也阐明了美军未来推动"印太战略"安全议程的具体实施方案,即继续加大应对与中国爆发武装冲突的准备;通过构筑多层次的盟友与伙伴关系,推动"网络化"安全架构,巩固针对中国的军事制衡力量;采取"经济问题安全化"的策略,以"印太战略"制衡"一带一路"的地区影响;提升与盟友、伙伴之间的互操作性(interoperability),形成相互协调配合的局面。①

在实践层面,2018年5月底,美国太平洋司令部更名为印度洋—太平洋司令部,同时,继承并强化了奥巴马政府时期的"亚太再平衡"战略——加强美国在印太地区的军事存在,加大了与日本、澳大利亚、菲律宾、印度等国的双边安全合作以及美日澳、美日印等小三边的联合军事演习。截至2019年底,美国"印太战略"的愿景和路径基本清晰,实心化、机制化与多边化特征明显,并且以"全政府"方式加以落实。

二、美国"印太战略"的出台提升了南海问题的战略价值

近年来,经过与中国在南海问题上的多番较量,美国国内已经基本对南海问题形成共识,即南海问题是21世纪美中两国在亚太地区的大国博弈问题,是关系到地区秩序主导权之争的全球性安全问题。按照美国亚太安全问题专家帕特里克·克罗宁(Patrick Cronin)的解读,南海地区对美国利益的重要性主要表现在四个方面:第一,南海是中美作为崛起国与守成霸权国开展战略竞争的交汇点;第二,南海是塑

---

① 赵明昊:《美国推进"印太战略"的四个趋向》,《世界知识》2019年第13期,第34—35页。

造亚太地区国际关系与基于规则的地区秩序的场所；第三，南海是美国军事主导地位的试金石；第四，南海是地区经济中心以及全球航运的关键枢纽。① 因此，由上述利益关切所决定，美国在南海问题的一系列具体议题上展开与中国的博弈，包括中国在南海岛礁建设与军事设施部署，"南海仲裁案"及裁决结果的"落实"，美国在争议海域的军事活动以及所谓的"航行与飞越自由"问题，等等。

特朗普执政初期，南海问题在美国亚太安全议程中的排序一度下滑。即使如此，在南海海域，美国的军事活动不减反增，原因是美国国会与军队在实际中主导着美国的南海政策，较之经济和外交领域，受到政府更迭的影响较小。② 至美国"印太战略"逐步形成与出台，南海问题的战略重要性被进一步提升，突出表现为："印太"概念凸显了南海海域的地缘战略价值；"印太战略"对东盟"中心地位"的承认与南海问题的战略价值形成叠加效应；"印太战略"针对南海问题提出的"自由""开放"以及其他地区安全规则，成为凝聚盟友与伙伴关系共识的"黏合剂"。

第一，在地缘战略方面，"印太"取代"亚太"，南海海域的中心地理位置被进一步强化。按照美国国务卿蒂勒森（Rex Tillerson）2017年10月在美国战略与国际研究中心发表演讲时的界定，"印太"包括"整个印度洋、西太平洋以及周边国家……将是21世纪全球最重要的

---

① ［美］帕特里克·克罗宁：《南海地区的权力与秩序：美国南海政策的战略框架》，《亚太安全与海洋研究》2017年第1期，第35页。

② 张洁：《东盟版"印太"愿景：对地区秩序变化的认知与战略选择》，《太平洋学报》2019年第6期。

部分"。①"印太"概念将亚太和印度洋地区视为紧密融合与彼此连接的地区,塑造了一个单独的地缘战略舞台(a single geostrategic theatre),凸显了这一地区的战略价值。②而南海与东南亚海域正位于这一地区的中心,加之南海本来就是全球性海洋航线的聚集地与全球经贸往来的重要运输通道,这就使得南海海域更加成为各方利益的汇集点,各种力量博弈的焦点。近年来,就连法国、英国等国都开始高调重谈他们从殖民时期至今在南海乃至印太地区拥有的诸多国家利益,这反映出南海海域战略价值将会继续提升的趋势。

第二,美国"印太战略"对东盟"中心地位"的认可与南海问题形成叠加效应。东盟是世界上最具经济活力的区域,东盟搭建的多个对话平台具有广泛的地区影响力,这些特质决定了东盟是本地区无法被忽视的力量,是大国地缘政治竞争的核心地区。③自"印太战略"提出后,美国副总统彭斯、时任国防部长马蒂斯、印太司令部司令菲利普·戴维森等政要多次肯定东盟的中心地位,承诺继续支持东盟主导下的东盟地区论坛、东盟防长扩大会议、东亚峰会等地区机制的建设。在行动上,美国对印太地区的1.13亿美元新投资计划专门拨出1000万美元用于"美国—东盟联通行动计划"(US-ASEAN Connect)、"湄公河下游行动计划"(Lower Mekong Initiative)等有关东盟的地区

---

① Rex Tillerson, "Defining Our Relationship with India for the Next Century," CSIS, October 18, 2017, https://www.csis.org/events/defining-our-relationship-india-next-century-address-us-secretary-state-rex-tillerson.

② Evan Laksmana, "Indonesia's Indo-Pacific Vision Is a Call for ASEAN to Stick Together Instead of Picking Sides," *South China Morning Post*, November 20, 2018, https://www.scmp.com/week-asia/geopolitics/article/2173934/indonesias-indo-pacific-vision-call-asean-stick-together.

③ David Shambaugh, *U.S. Relations with Southeast Asia in 2018: More Continuity Than Change*, Singapore: ISEAS-Yusof Ishak Institute, No. 18, 2018, p. 4.

机制建设。①

为了拉拢东盟，更是为了能够直接介入南海问题，美国不断加大对菲律宾、越南等国的海上安全援助与军事合作，其中最为突出的一点是，2019年美国主动提出要将部分中菲南海争议海域纳入《美菲共同防御条约》，一改过去极力避免被卷入争议的立场。

第三，也是最重要的一点，美国力图使南海问题成为凝聚盟友与伙伴关系共识的"黏合剂"。

美国防部发布的《印太战略报告》指出，盟友和伙伴网络是实现和平、威慑和可互操作作战能力的关键一环，并将这一网络分为了四层。第一层是包括日本、韩国、澳大利亚、菲律宾和泰国的联盟；第二层是包括新加坡、中国台湾地区、印度、新西兰和蒙古的伙伴关系；第三层是寻求与斯里兰卡、马尔代夫、孟加拉国、尼泊尔、越南、印度尼西亚、马来西亚、文莱、老挝和柬埔寨加强安全关系。第四层是密切与英国、法国和加拿大等关键盟友的关系，目的是维护印太地区的自由与开放。②

对于美国的"印太战略"，日本、澳大利亚等美国盟友以及印度及多数东南亚国家的态度具有复杂性与摇摆性，这主要是由于他们对美国"印太战略"经济议程持有疑虑。这些国家一方面认为美国的单边主义与"美国优先"不符合本国、本地区经济发展的需求，另一方面担心美国心有余而资金不足，无法为地区基础设施提供"可替代性

---

① 张洁：《东盟版"印太"愿景：对地区秩序变化的认知与战略选择》，《太平洋学报》2019年第6期，第6页。

② Department of Defense, *Indo-Pacific Strategy Report: Preparedness, Partnerships, and Promoting a Networked Region*, June 1, 2019, https://media.defense.gov/2019/Jul/01/2002152311/-1/-1/1/DEPARTMENT-OF-DEFENSE-INDO-PACIFIC-STRATEGY-REPORT-2019.PDF.

的"投资。因此,它们更支持区域合作,例如,积极推进区域全面经济伙伴关系(Regional Comprehensive Economic Partnership, RCEP),日本重新调整对"一带一路"倡议的立场并逐步加强与中国在第三方市场的合作,等等。但是在安全领域,许多地区国家对美国"印太战略"的安全议程做出了程度不等的积极回应,认同美国强调以"和平解决国际争端;遵守国际准则和规范,包括航行自由与飞越自由"等"规则"作为构建地区秩序的主张,对于美国"印太战略"诬称中国使贸易伙伴面临着经济和国家安全的双重风险,并且把破坏或威胁上述"规则"的矛头指向中国时也给予了默许与支持,这是因为,这些国家对于中国地区影响力的上升及其海上力量的增长同样保持警惕与怀疑态度。

例如,在南海问题上,日本、澳大利亚、英国、法国等国一直是坚定的对华批评者,最显著的试金石是菲律宾单方面提起的"南海仲裁案"。2016年4月,在所谓的"南海仲裁案"的"裁决"公布之前,七国集团就单独发表了有关海洋安全的声明,试图迫使中国接受仲裁结果。尤其是美、日、澳三国,它们在同年7月仲裁案裁决公布后的24小时内发表了声明,要求中国遵守仲裁结果。[①] 此后,美、日、澳、英、法、印等国多次以双边、小多边的形式发表声明,呼吁南海相关国家在南海地区遵守《联合国海洋法公约》在内的国际法原则,不以武力或武力威胁解决海洋争端,保持南海地区的航行与飞越自由,等等。

从"印太"概念兴起到"印太战略"(或愿景)形成的过程中,

---

① 张洁:《南海争端:三轨框架下的博弈与合作》,载张洁主编:《中国周边安全形势评估(2017):大国关系与地区秩序》,北京:社会科学文献出版社2017年版,第148—149页。

这些国家仍然是急先锋，并在安全议程的设置上把中国作为制衡目标。例如，2012年底安倍第二次执政后，日本逐步将"印太"概念作为外交支柱并不断细化。2016年，安倍在第六届东京非洲发展国际会议上正式提出"自由、开放的印太战略"，标志着日本将"印太"概念发展为战略，并作为安倍外交的重点。① 2018年底，日本又将"印太战略"改为"印太构想"，在此框架下重点打造"美日印澳"四边机制。此外，日本强调要在"印太"地区做规则的倡导者、全球共同利益的捍卫者，要与美国、韩国、澳大利亚等民主家共同维护海洋这一全球公域。②

澳大利亚对"印太"概念的使用最为积极、系统和全面。2017年，澳大利亚的官方文件中"印太"概念对"亚太"概念的置换工作已经基本完成，"印太"成为其思考和处理国际问题的主要地区概念框架。③ 澳同年发布的《外交白皮书》再次就南海问题对中国点名批评，称"呼吁相关方停止填海造陆和建设活动，澳大利亚尤其对目前中国以前所未有的速度和规模行动而感到担忧"。④ 在美国"印太战略"推进中，特恩布尔（Malcolm Turnbull）和莫里森（Scott Morrison）政府积极深化美澳军事同盟，加强美澳、美日澳的军事合作，要求重返美日印三方的"马拉巴尔"（Malabar）海上军事演习，试图提升自身在印太区域的军事枢纽地位。

---

① 葛建华：《试析日本的"印太战略"》，《日本学刊》2018年第1期，第68页。
② 吴怀中：《安倍政府印太战略及中国的应对》，《现代国际关系》2018年第1期，第14页。
③ 周方银、王婉：《澳大利亚视角下的印太战略及中国的应对》，《现代国际关系》2018年第1期，第29—30页。
④ Australian Government, *2017 Foreign Policy White Paper*, November 2017, https://apo.org.au/sites/default/files/resource-files/2017-11/apo-nid120661.pdf. （2020年4月29日登录）

2019年6月美国国防部发布的《印太战略报告》将英国、法国也纳入其"印太"同盟体系,①而此前英、法两国已经先后出台了"印太战略"。法国声称自己本来就是"印太"国家,鉴于"印太"地区的战略竞争加剧,多边主义衰落,诸如主权平等、不干涉原则、尊重领土边界等地区核心价值观被削弱,法国要保护自身在印太地区的国家利益,也要加强与美、澳、印度以及马来西亚等国的军事与安全合作,共同维护自由与开放的海上通道。②英国从2016年以后,开始调整南海政策,在2018年发布的《国家安全实力评估》暨2015年《国家安全战略与战略防御安全评估》年度执行报告中,明确提出"在南亚和东亚,包括在南中国海,国家间的竞争带来了误判和冲突的风险"。这是英国历史上第一次在国家安全战略文件中点名南海争端。③

印度是美国"印太战略"的关键一环,同时也是最脆弱的一环。在美国"印太战略"出台之前,印度战略界和学界就已开始热捧"印太"概念,并推动印度官方逐渐接受"印太"概念并运用到了一系列政策文件中。对于美国"印太战略",印度的态度模棱两可,从最初

---

① Department of Defense, *Indo-Pacific Strategy Report: Preparedness, Partnerships, and Promoting a Networked Region*, June 1, 2019, https://media.defense.gov/2019/Jul/01/2002152311/-1/-1/1/DEPARTMENT-OF-DEFENSE-INDO-PACIFIC-STRATEGY-REPORT-2019.PDF.

② 参看法国防长在2019年香格里拉安全对话会议上的发言。Florence Parly, "Shangri-La Dialogue: Asia's Evolving Security Order and Its Challenges," June 1, 2019, https://www.defense-aerospace.com/articles-view/verbatim/4/203073/french-mod-on-asia's-evolving-security-order.html.

③ 参见张飚:《英国南海政策的变化、动因及走向》,《现代国际关系》2019年第7期,第32页。

的积极推动到后期的稳妥回调,从而淡化了"印太"概念对中国的针对性。① 但是,在南海问题上,印度很早就通过多种手段介入,尤其是与越南在军事、在非法开采南海争议海域的油气资源方面多有合作。

三、"印太战略"加大美国多途径介入南海问题的力度

"印太战略"的出台为美国利用多重力量、采取多样化手段塑造有利于自身的安全秩序提供了平台,美国在印太地区的军事部署、军力展现以及与盟友、伙伴关系的军事合作都是在南海附近海域展开的,南海海域成为中心"舞台",这极大地破坏了南海地区的和平与稳定,使南海问题更加复杂多变。

(一)美国加强自身在南海的实力存在

国内学者对近年来美国在对华海上安全竞争中采取的策略进行了系统梳理并指出,美国将南海作为制衡中国军事崛起的指标性海域,并采取了包括叙事战争、议题联系、民事介入、自由航行、前沿存在

---

① 2017年莫迪总理在访美期间表示,将致力于与美国建立密切伙伴关系,共同推动"印太"地区的和平与稳定。印度还在2017年11月和2018年6月两度参加美日印澳四边安全对话,表示支持建设"自由、开放、繁荣和包容的印太地区"。但是到2018年,印度的立场出现明显回调,在6月的香格里拉安全会议上,莫迪总理表示,"印度并不把印太视为一个战略,也不认为它是一个由优先成员构成的集团,或是为了谋求主导地位、针对某个国家的集团"。参见"PM Lee Hsien Loong at Joint Press Conference with Indian PM Narendra Modi," Prime Minister's Office Singapore, June 1, 2018, https://www.pmo.gov.sg/newsroom/pm-lee-hsien-loong-joint-press-conference-indian-pm-narendra-modi。

和军事联盟等六类"灰色地带"策略以应对中国的挑战。① 其中，最具代表性的是"航行自由行动"，美国的"航行自由行动"从一开始就是美国维护其全球霸权战略的重要组成部分，也是美军倚仗强势海空军事力量优势保障美军对全球海空域的"自由介入"的战略性需求。美国执行"航行自由行动"依据的不是以《联合国海洋法公约》为基础的海上航行规则与秩序，而是以其自创的"国际水域"为基础、曲解公约精神的规则。② 根据对公开资料的统计，美军在奥巴马政府任内共进行了四次"航行自由行动"，而在特朗普执政后，2017年美国进行了四次"航行自由行动"，2018年美国进行了五次"航行自由行动"，其中一次派出两艘舰艇，行动范围除了西沙和南沙以外，还首次进入黄岩岛海域附近。2019年美国进行了七次"航行自由行动"，其中四次派出两艘舰艇，并且出现连续性穿越西沙和南沙的行动。③ 其行动频率、挑衅烈度明显上升，选择目标与采取的行动更为精细化，活动范围也不断扩大。尤其是从2016年下半年后，美国试图将"航行自由行动"与所谓"南海仲裁案"裁决挂钩，以彰显裁决的效力，在法理上加大对中国的压力。

此外，美军在南海的舰机抵近侦察、军事演习和"例行行动"次数有增无减，通过"亲力亲为"，美国试图向地区国家展示其维护以规则为基础的地区秩序的承诺，但是这同时也极大地增加了南海海域

---

① "灰色地带"是指"国家间或国家与非国家行为体间介于传统战争与和平的两分法之间的竞争性互动，其特征是冲突性质模糊、参与者不透明和相关政策与法律不确定"。参见陈永：《精准修正主义与美国对华海上"灰色地带"策略》，《世界经济与政治》2019年第9期，第41—73页。

② 参见包毅楠：《美国"过度海洋主张"理论及实践的批判性分析》，《国际问题研究》2017年第5期，第127—128页。

③ 根据网上有关报道整理。

发生舰机意外冲突或摩擦的风险。

(二) 整合与东盟国家的军事合作，介入南海海上摩擦与"南海行为准则"磋商

"印太战略"为美国深度整合与东盟国家的军事合作提供了新平台。除了缅甸之外，其余九个东盟国家都被纳入"印太战略"之中，并被安排在不同的合作层级中。此外，美国在将"东南亚海事安全倡议"（Southeast Asia Maritime Security Initiative）更名为"印度洋—太平洋海事安全倡议"（Indo-Pacific Maritime Security Initiative）的同时，还将实施时间延长了五年（即延长至2023财年底），并把孟加拉国、斯里兰卡和印度等国纳入到倡议中，旨在加强对印太国家的海上安全能力建设的援助，对抗中国海军在西太平洋地区不断延伸的影响力。①

对于中国与南海相关国家发生的领土、领海争议，美国从最初的保持"相对中立"发展到了越来越多的主动发声与不请自来的"站台"。在所谓的"南海仲裁案"问题上，美国给予菲律宾多种"帮助"与资助，还主动提出将《美菲共同防御条约》适用范围覆盖到中菲南海争议海域。此外，对中国与菲律宾、越南、马来西亚等国之间发生的海上摩擦，美国越来越多地利用外交与军事手段，辅之以国际舆论对华施压。2020年4月，越南渔船与中国海警船发生碰撞事件后，美国国防部不顾越南船只非法闯入西沙海域并主动撞击中国海警船只的事实，一味批评中国不应借新冠疫情，在南海海域采取"欺

---

① "John S. McCain National Defense Authorization Act for Fiscal Year 2019," United States Congress, August 2018, https://www.congress.gov/115/bills/hr5515/BILLS-115hr5515enr.pdf.

凌"小国的行为。① 同月,中国"海洋地质 8 号"科考船与马来西亚船只在南沙形成对峙后,美国又偕同澳大利亚以军事演习为借口,在附近海域进行监视与施压。对于这些行动,美国打的旗号都是维护本地区的自由和开放、尊重所有国家的主权安全的"印太战略"的主张。②

对于中国—东盟关于"南海行为准则"(下文简称"准则")的磋商,美国从过去的多次敦促"准则"达成,转变为担心、忧虑与阻挠。这是因为中国在"准则"谈判中的主导性日益加强,美国担心按照这一态势发展,"准则"非但不能有效"约束"中国在南海的实力增长,而且还会向着符合中国海洋利益与战略目标的方向推进。美、日、澳等域外国家尤其呼吁"准则"不能损害"第三方关切",即不能损害美西方国家在南海开展军事演习的安全利益,以及在南海进行石油开采的经济利益。在 2018 年 8 月的东亚峰会和东盟地区论坛外长会议期间,美国务卿蓬佩奥表示,"第三方关切"应成为"准则"的一部分,试图通过游说影响磋商进程。③ 未来,美国会继续通过多种途径施压以影响"准则"磋商进程,而这在相当程度上需要倚仗某些东盟国家。

---

① John Grady, "Veneer of China's Charm Offensive Cracked by Vietnamese Fishing Boat Incident," April 9, 2020, https://news.usni.org/2020/04/09/veneer-of-chinas-charm-offensive-cracked-by-vietnamese-fishing-boat-incident.

② "Two U. S. warships in South China Sea amid China-Malaysia standoff," Reuters, April 21, 2020, https://www.reuters.com/article/us-china-security-malaysia/two-u-s-warships-in-south-china-sea-amid-china-malaysia-standoff-idUSKBN2230J9.

③ 闫岩:《美国对"南海行为准则"磋商进展感到焦虑》,《世界知识》2019 年第 20 期,第 34 页。

（三）借力盟友与伙伴关系的网络化，美国加大推动南海问题国际化的力度

从2018年开始，南海问题的国际化重新升温，这与美国"印太战略"有着密切关联。作为战略实施的重要途径，美国在南海问题上以"美日印澳"四边机制与七国集团为支柱，推动域外国家积极介入南海问题。

在美国的怂恿与本国战略利益需求的双重作用下，从2017年开始，七国集团成员国从过去集体对南海问题表达"外交关切"转向更多在南海实施军事活动。其中，英法两国的表现最为突出。英法防长多次利用香格里拉对话会（简称"香会"）平台对南海问题表示"关切"，英国宣称计划将军舰长期部署在新加坡，法国则宣布一年至少在南海进行两次"航行自由行动"。2018年8月，英国军舰在西沙群岛附近海域巡航，这是英军舰首次穿越西沙群岛领海；英军舰还与美日等国在南海举行多种军事演习。根据不完全统计，2017年，法国至少派遣了5艘军舰在南海航行，此外，加拿大在2018年也派遣派海军编队访问越南，与越方一起开展活动。[①] 未来，随着"印太"地区在全球战略地位的提升，上述域外国家回归印太、关注与干涉南海问题的态势将会继续加强。

[①] 《加拿大海军编队访问岘港，越南再迎来一国军舰》，来源：海外网—中国南海新闻网，2018年9月27日，http://m.haiwainet.cn/middle/3542185/2018/0927/content_31405216_1.html。

四、应对南海新态势：地区新秩序的"中国方案"

进入21世纪10年代后，中国版本的地区秩序新方案逐渐形成。尽管中国外交，尤其是周边外交在近年来体现了"积极进取"的精神，但是"中国方案"的形成并不是一个整体设计在先、逐层落实到位的过程，而是在政治、经济、外交、安全等领域多管齐下，通过提出新理念、新思想、新方案、新倡议等，并进一步通过实践积累成型。概括而言，这一方案以构建人类命运共同体为总的指导思想，在经济领域以"一带一路"倡议为主要实践，坚持共商共建共享；在安全领域以新安全观为主要特征，以处理海洋事务为主要实践。"中国方案"与现有的地区机制有融合、有对接，也有竞争甚至是冲突。在一定意义上，美国"印太战略"的出台是对"中国方案"的应激性反应，针对中国并制衡中国的意图明确。两者的较量与博弈首先体现在南海问题上。因此，中国应对南海问题的新态势，应"跳出"南海看南海，新形势下的南海战略既是"中国方案"的有机组成部分，更要服务于"中国方案"实现的总体需求。

中国在南海问题上始终坚持"搁置争议、共同开发"，主张把南海建设成为"和平之海、友谊之海、合作之海"，主张以新安全观处理南海争端，以经济合作促进政治与安全互信，实现南海的和平与稳定。在实践中，伴随着南海岛礁建设和军事设施部署，以及对2012年中菲黄岩岛对峙、2014年中越"981事件"以及2013—2016年的"南海仲裁案"的妥善应对，中国显著提升了塑造与掌控南海地区安全局势的能力。在维护南海航道安全、人道主义救援、海洋科研与环保、防灾减灾等方面，中国提供公共产品的能力也在明显提升。加之依托于"一带一路"倡议、澜湄合作、中国—东盟东部增长区等机制与平台，中国不断扩大同南海周边国家的经贸合作和人文交流，区域经济发展达到新高度。中国塑造南海形势和地区安全秩序的综合实力都在显著提升。①

当前，多种因素更为凸显了南海问题的重要性、复杂性与敏感性。除了美国"印太战略"之外，本地区中小国家战略自主性的提升也值得高度关注。相当多的地区国家已经接受了"印太"概念，并试图在新的地区格局中实现本国利益最大化。他们不愿意在中美之间"选边站"，也不愿意看到一个充满对抗的地区格局，这种出发点促使他们努力提升战略自主性并试图在中美之间保持大国平衡，或是促成中美战略方案在本地区的对接、共存，这就导致地区秩序重构的方向与进程具有更大的不确定性。对于中国来说，这既是挑战，也是机遇。此外，虑及全球正面临百年未有之大变局，新冠疫情的暴发更是加速了国际秩序的变革，增加了国际形势的复杂性，而周边地区是中国提供公共产品、促进双多边合作最有成效的区域。因此，中国应从应对中美博弈、稳定周边、构建地区新秩序出发，全面、综合实施有关南海问题的政策方略。

2019年4月23日，习近平主席在集体会见应邀出席中国人民解放军海军成立70周年多国海军活动的外方代表团团长时指出，"海洋孕育了生命、联通了世界、促进了发展。我们人类居住的这个蓝色星球，不是被海洋分割成了各个孤岛，而是被海洋连结成了命运共同

---

① 吴士存：《南海形势趋稳向好的大方向会逆转吗》，《世界知识》2019年第2期，第29页。

体，各国人民安危与共"①。这是中国领导人首次提出海洋命运共同体的理念，并对共同的海洋安全、共同的海洋福祉、共建海洋生态文明和共促海上互联互通等基本内涵进行了阐述。② 海洋命运共同体是人类命运共同体思想在海洋领域的具体实践，是制订南海战略，处理南海事务的指导思想。

首先，以新安全观作为维护南海安全与和平的基本原则，妥善处理中美关系、完成"南海行为准则"磋商，为构建中国版本的地区安全新秩序夯实基础。

习近平主席指出："中国坚定奉行防御性国防政策，倡导树立共同、综合、合作、可持续的新安全观……国家间要有事多商量、有事好商量，不能动辄就诉诸武力或以武力相威胁……大家应该相互尊重、平等相待、增进互信，加强海上对话交流，深化海军务实合作，走互利共赢的海上安全之路，携手应对各类海上共同威胁和挑战，合力维护海洋和平安宁"③。这阐明了中国以和平方式处理领土领海争端以及相关海洋权益的承诺，以合作方式维护地区安全与稳定的理念，这也是构建整个地区安全新架构的中国倡议。

关于新的地区安全格局，在 2013 年的第八届东亚峰会上李克强总理指出，建立一个符合地区实际、满足各方需要的区域安全架构势在

---

① 《习近平集体会见出席海军成立 70 周年多国海军活动外方代表团团长》，新华网，2019 年 4 月 23 日，http://www.xinhuanet.com/politics/leaders/2019-04/23/c_1124404136.htm。
② 付玉：《深刻领悟海洋命运共同体的时代意义与丰富内涵》，《中国海洋报》2019 年 9 月 24 日，第 2 版。
③ 《习近平集体会见出席海军成立 70 周年多国海军活动外方代表团团长》，新华网，2019 年 4 月 23 日，http://www.xinhuanet.com/politics/leaders/2019-04/23/c_1124404136.htm。

必行。① 在2019年，习近平主席再次强调，中国军队始终高举合作共赢旗帜，致力于营造平等互信、公平正义、共建共享的安全格局。当前，国际规则正处在推陈出新的历史拐点，中国应抓住战略机遇，积极主动构建稳定、可持续且行之有效的规则、机制和安全架构，并持之以恒地加以推进。② 周边作为中国外交的优先发展方向，南海问题则是中国周边最关键的安全事务之一，处理好中美在包括南海在内的西太平洋地区的海上博弈，积极推动"准则"的谈判，对于构建新型地区安全格局来说，是必需的，也是紧迫的。

与东盟磋商"准则"的先行先试，是中国与相关国家共同确立本地区安全新规则、新机制与新机构，进而构建地区安全新秩序的有益尝试。近几年，在继续落实好《南海各方行为宣言》的同时，"准则"磋商也在积极推进。2016年9月中国与东南亚国家发布《中国与东盟国家应对海上紧急事态外交高官热线平台指导方针》和《中国与东盟国家关于在南海适用〈海上意外相遇规则〉的联合声明》，这是各方加强海上危机管控机制建设的积极实践。未来，中国应继续积极争取掌握磋商主导权，考虑将低敏感领域的一般性纠纷纳入"准则"争端解决机制，在危机管控机制的基础上构建南海地区安全秩序。③

其次，促进与南海相关国家的海洋经济合作，共同增进海洋福祉。

习近平主席指出，当前，以海洋为载体和纽带的市场、技术、信

---

① 《李克强总理在第八届东亚峰会上的讲话》，中央政府门户网站，2013年10月11日，http://www.gov.cn/guowuyuan/2013-10/11/content_2591020.htm。(2020年4月13日登录)
② 吴士存：《南海形势趋稳向好的大方向会逆转吗》，《世界知识》2019年第2期，第29页。
③ 吴士存、刘晓博：《关于构建南海地区安全合作机制的思考》，《边界与海洋研究》2018年第1期，第34页。

息、文化等合作日益紧密,中国提出共建21世纪海上丝绸之路倡议,就是希望促进海上互联互通和各领域务实合作,推动蓝色经济发展,推动海洋文化交融,共同增进海洋福祉。[①] 在实践中,继提出"一带一路"倡议后,中国在2017年又发布了《"一带一路"建设海上合作设想》,目的是推动建立全方位、多层次、宽领域的蓝色伙伴关系,保护和可持续利用海洋和海洋资源,实现人海和谐、共同发展。[②] 近年来,中国与南海问题相关国家共同支持全球化进程与区域合作,依托于"一带一路"倡议和既有的中国—东盟经济合作机制,以及澜湄合作、中国—东盟东部增长区等次区域合作机制,在经济合作方面取得了显著成效。但是,围绕南海海域提出的、包括共同开发油气资源等合作方案,都没有取得实质性进展。这主要是受到南海主权争议的干扰。

尽管如此,通过双边、多边途径,加强与相关国家的海洋经济合作,实现互利共赢,对于促进各方的政治与安全互信,仍然具有重要意义,也是破解南海困局的根本途径。按照《"一带一路"建设海上合作设想》提出的设想,中国与相关国家在海洋经济方面的合作至少包括与相关国家共建海洋产业园区和经贸合作区,引导中国涉海企业参与园区建设;实施蓝色经济合作示范项目,支持相关国家发展海水养殖,改善生活水平,减轻贫困。这一点在中菲渔业合作方面得到了很好的落实,从2017年开始,中国每年向菲方捐赠鱼苗、帮助菲方人

---

① 《习近平集体会见出席海军成立70周年多国海军活动外方代表团团长》,新华网,2019年4月23日,http://www.xinhuanet.com/politics/leaders/2019-04/23/c_1124404136.htm。
② 《"一带一路"建设海上合作设想》,中央人民政府网站,2017年11月17日,http://www.gov.cn/xinwen/2017-11/17/5240325/files/13f35a0e00a845a2b8c5655eb0e95df5.pdf。

员进行技术培训等。① 与相关国家共同规划开发海洋旅游线路，打造精品海洋旅游产品，建立旅游信息交流共享机制，等等。例如，中菲两国政府已经对加强旅游合作达成共识。② 菲律宾具有丰富的海洋旅游资源，近年来邮轮旅游业发展迅速。中国的邮轮、游艇等高端海上观光与度假旅游产品经济也处于起步阶段，计划开辟从中国港口出发包括菲律宾在内的东南亚新航线。③

最后，加强对南海非传统安全与生态环境的治理，共建海洋生态文明。

海洋命运共同体意味着人类与海洋构成命运共同体，也意味着人类社会在应对海洋挑战方面构成命运共同体。各类非传统安全是构建海洋命运共同体的现实挑战，在南海地区更具有紧迫性，中国应在打击海盗、恐怖主义与极端主义、毒品与走私、航行安全、海上搜救、人道主义救援、防灾救灾中发挥更大作用，为地区安全提供更多公共

---

① 具体情况可参见中菲渔业联合委员会会议历次达成的协议。《第二次中菲渔业联委会在菲律宾马尼拉召开》，中国供销合作网，2017 年 5 月 1 日，http://www.chinacoop.gov.cn/HTML/2017/05/01/115288.html；《中菲渔业联合委员会第三次会议在北京召开》，中国农业农村部新闻办公室，2019 年 7 月 25 日，http://www.yyj.moa.gov.cn/gzdt/201907/t20190725_6321596.htm。(2020 年 4 月 30 日登录)

② 2016 年 10 月两国发表的联合声明指出，"双方认识到过去几年双向游客增长状况……同意设立旅游合作增长目标"，不过当时重点探讨的是航空服务领域可能的增长点，并且鼓励在双方多个城市间开设新航线。2018 年 11 月的双边联合声明中再次重申，双方将继续鼓励本国公民赴对方国家旅游，加强旅游基础设施开发合作，鼓励两国航空公司开通更多直航航线，参见《中华人民共和国与菲律宾共和国联合声明》，中华人民共和国外交部网站，2016 年 10 月 21 日，https://www.fmprc.gov.cn/web/gjhdq_676201/gj_676203/yz_676205/1206_676452/1207_676464/t1407676.shtml；《中华人民共和国与菲律宾共和国联合声明》，中华人民共和国外交部网站，2018 年 11 月 21 日，https://www.fmprc.gov.cn/web/gjhdq_676201/gj_676203/yz_676205/1206_676452/1207_676464/t1615198.shtml。(2020 年 4 月 30 日登录)

③ 国家海洋局海洋发展战略研究所课题组编：《中国海洋发展报告（2015）》，北京：海洋出版社 2015 年版，第 144 页。

产品，以实力为后盾担负起维护南海地区非传统安全问题的主要职责。例如，利用中国—东盟海上合作基金加强相关国家的海洋管理能力与人员培训，推进南海岛礁的民生设施建设与国际开放，为海上救援、国际科考提供后勤基地。

在海洋生态环境方面，南海地区同样面临全球气候变化的影响、海洋生物多样性衰退、海洋环境污染严重等各种挑战。中国作为全球生态文明建设的重要参与者、贡献者、引领者，应将南海的生态与经济发展融入周边与全球发展之中。中国应与东盟国家开展多样性的海洋生态环境保护合作，加强渡轮规范、环境影响评估、油气开发职责框定以及海洋生物多样性保护等，以科技为导向，以海洋要素为导向，形成一系列海洋合作协议。

全球海洋安全治理：机遇、挑战与行动

张景全　吴昊[*]

摘　要　近些年，随着全球海洋事务的多维发展，全球性海洋危机多发，全球海洋安全治理正在经历新的态势变迁。世界各国拓展本国海洋权益，合作以应对共同性海洋危机的意愿、诉求、能力和实践等逐渐强化。中国提出的"海洋命运共同体"理念与实践，是全新的国际海洋规范，符合时代发展需求和全球海洋治理态势现实。全球海洋事务平衡发展，需要全球海洋安全治理的协同推动，需要海洋安全治理和安全合作机制的建立与效力发挥，需要聚焦全球海洋安全治理的参与主体、力量格局、治理观念、结构设计、秩序架构以及议题维度等正在面临的新机遇与新挑战，探索全球海洋安全治理的未来进路。

关键词　全球海洋　安全治理　海洋合作　海洋命运共同体　海洋秩序

---

[*] 张景全，山东大学国际问题研究院、东北亚学院副院长、教授；吴昊，山东大学东北亚学院国际政治博士生。本文是山东大学国际问题研究院委托课题"全球海洋安全治理：机遇、挑战与行动"的成果。

当今世界正经历的"百年未有之大变局"是深刻的，带有突破性、转折性和综合性特征，涉及的层面非常复杂的。① 全球治理在力量对比格局、发展范式选择、利益诉求考量和高新科技发展应用等方面，呈现出不同以往的新特征与新态势。

一、全球海洋安全治理面临的新机遇

全球海洋安全治理的内涵和外延、理论与实践不断拓展，迎来新的发展机遇。

第一，海洋安全治理逐渐包含国家与组织、人与海洋生物、海洋非生命等多元维度。2019 年 4 月 23 日，习近平主席在青岛集体会见应邀出席中国人民解放军海军成立 70 周年多国海军活动的外方代表团团长时，首次提出"海洋命运共同体"重要理念。② 在这一视域下，为了共存、共治与共享关系的维系，海洋场域内的一切存在都被纳入其中，这极大地拓展了主体范畴。海洋主体的拓展，特别是海洋生命与非生命主体，会成为全球海洋安全治理的重要主体和考量因素，在主体内部释放影响和感知的同时向外施加影响，塑造全新的海洋治理态势。

第二，新兴国家在全球海洋治理中的角色和诉求不断提升。在海洋意识不断觉醒和国家实力不断增强的牵引下，新兴国家对海洋治理领域的权力意识也不断加强。新兴国家非常关注海洋突出的战略重要

---

① 张蕴岭：《对"百年之大变局"的分析与思考》，《山东大学学报（哲学社会科学版）》2019 年第 5 期，第 1—15 页。

② 《习近平集体会见出席海军成立 70 周年多国海军活动外方代表团团长》，来源：新华网，人民网，2019 年 4 月 23 日，http://jhsjk.people.cn/article/31045360。

性，重视积极参与全球海洋安全治理并以合适的方式表达利益诉求。譬如，随着韩国海洋实力由弱转强，韩国海权观经历了从海洋弱小国家的海权观到谋求建设海洋强国的海权观的逻辑转换，参与全球海洋事务的领域在增加、程度在加深。① 新兴国家参与全球海洋安全治理是为了维护和拓展本国的海洋安全利益，寻求全球海洋安全伙伴，② 并为促进全球海洋安全秩序的稳定做出自己的努力和贡献。这拓展了全球海洋安全治理的力量构成、意愿组合、秩序重塑与方式选择。新兴国家为全球海洋治理提供了更为充足的治理助力和力量支撑；对海洋安全事务发展的意愿诉求，可推动全球海洋世界变得更加多元包容；对国际海洋秩序重塑的努力与尝试，可促动国际海洋新秩序的建构；依据国际局势和本国国情而选择的海洋治理方式，可为全球海洋安全治理提供更多可供选择的实践方案。

第三，海上新安全威胁骤增。近年来，海盗、海上恐怖主义袭击、海上跨国犯罪、海洋生态危机以及海上卫生疫病等海洋非传统安全问题的发生的频度在不断上升。海洋本身具有独特性和开放性，海洋领域的安全问题威胁人类的生存，亟待国际社会共同努力解决。各主体在新安全问题上面临着不断增多的共同挑战，合作安全、共生安全、共同命运的理念与实践不断强化。各国需要建立新的认知，促使新的海洋观萌生，建立基于人类共同生存的全球海洋治理秩序，共创人类共同命运的全球海洋治理未来。

第四，在全球海洋安全治理发展的实践中，制度性权力已逐渐成

---

① 李雪威：《韩国海权观：力的谋求与逻辑转换》，《东北亚论坛》2018年第2期，第91—103页。

② 葛红亮：《新兴国家参与全球海洋安全治理的贡献和不足》，《战略决策研究》2020年第1期，第46—58页。

为各方的基本追求，规则性竞争已逐渐成为各方的战略目标，合作式治理已逐渐成为各方的普遍共识，共生性未来已逐渐成为各方的共同需要。在全球海洋世界中，制度建立和维系的作用愈发凸显，制度性权利成为全球海洋权力争夺的关键部分。当前全球海洋安全事务中的各项争夺大多会聚焦于规则上，规则竞争成为新形势下的重要战略目标。随着海上共同的安全威胁和挑战不断增多，各方在全球海洋安全治理中更加相互依赖，合作以应对共同问题、合作以治理全球事务成为各方的普遍共识。当今的海洋世界是多元多样、和谐共生的世界，各方在海洋上的命运和未来逐渐联结在一起，共生未来、共同命运已成为基本现实，这些为全球海洋安全治理提出了新要求、带来了新推动。

第五，中国在全球海洋安全治理中的角色和作用逐渐强化。中国参与全球海洋安全治理，既是中国国家大战略实施的重要构成和现实任务，也是全球海洋安全治理得以顺利开展和取得实际成效的需要。首先，中国参与全球海洋安全治理的国内基础良好。近些年，中国海洋综合实力全面发展，中国的海洋经济、科技和军事等海洋硬实力获得极大进步，中国的海洋话语、海洋发展主张、海洋治理方案等海洋软实力的发展也可圈可点。中国有能力、有意愿提供全球海洋安全治理所需的公共产品、制度支撑和方案选择。其次，中国参与全球海洋安全治理的政治身份契合。中国是联合国常任理事国，也是全球经济总量第二的国家和世界上最大的发展中国家，同时还是世界上最大的二氧化碳排放国、最大的原油进口国、最大的贸易国，更是国际海事组织A类理事国、北极理事会观察员国家等。多种身份并存使得中国在全球海洋安全治理中发挥举足轻重的作用。最后，中国参与全球海洋安全治理的蓝色关系稳固。中国秉持人类命运共同体的理念,注重多数国家和民众生存发展的切实需求,追求国际社会共同利益。中国目前共与 107 个国家和地区组织建立了伙伴关系,共建立了 80 多个战略性伙伴关系。① 中国全球性伙伴关系网络的建构,为中国深度参与全球海洋安全治理提供了厚重的支撑。

可见,中国有能力和有意愿提供全球海洋安全治理所迫切需要的治理理念、多元模式、公共产品以及有效路径,对海洋安全治理的制度建设与规范塑造有着多重助力。特别是中国提倡"海洋命运共同体"这一全新的国际海洋规范,指明了海洋事务及其治理的发展方向。中国在全球范围内开展合理有效的海洋安全治理实践行动,给全球海洋安全治理改善创造了新的机遇。

二、全球海洋安全治理面临的新挑战

由于全球化的深度发展,国家间实力的此消彼长,利益诉求的差异明显,实践开展的层次分化和智能技术方式手段的深度介入等原因,全球海洋安全事务的治理参与主体全球化、考量因素复杂化、态势失衡显现化,全球海洋安全治理在新时代面临一系列新挑战。

(一)海洋治理全球化、差异化

随着经济全球化的深入发展,愈发增多的国家和非国家行为体逐渐卷入海洋安全事务及其治理之中,海洋的战略价值不断彰显、治理

---

① 王晨光:《中国的伙伴关系外交与"一带一路"建设》,《当代世界》2020 年第 1 期,第 69—73 页。

需求不断提升，海洋安全治理已成为全球治理的重要构成。囿于各主体的发展现实和未来需求的差异性，其海洋战略与实践、海洋诉求和参与、海洋意愿和行动等方面的差异性也逐渐凸显出来，给全球海洋安全治理全球化和差异化带来一系列新挑战。

第一，经济全球化时代，海洋关系着人类的生存与发展。海洋安全治理逐渐包含全球越来越多的国家、国际组织、海洋生命与非生命等群落，全球各海域之间的联动性变强，全球化、复杂化、层次化的态势显著。

由于海洋的开放性和流动性，全球各海域的安全事务之间的联动性极为明显。一个海域的传统或非传统安全问题的发生，会快速辐射到其他海域。近些年，越来越多的国家先后颁布或更新其国家海洋战略，并积极拓展海洋实践，由于其优先诉求和战略着力点不同，在开展海洋实践时难免会有所冲突。全球海洋安全治理机制和体制碎片化特征的日渐凸显，以及国际海洋法约束性和强制力不够，导致全球海洋安全治理系统内存在多重复合博弈。

美俄两国在海洋问题上的争端是海洋安全事务流动性的典型体现。美俄分别将彼此作为海上"全球打击"的主要指涉对象，近几年，美俄在海洋上的战略竞争与军事对峙加剧。美国为首的北约在靠近俄罗斯的海域加紧军事活动，开展的具有反俄倾向的联合作战演习数量显著增加。2020年6月6—16日，北约在波罗的海开展为期10天的联合军事演习，6月11日俄罗斯波罗的海舰队发表声明，表示于当日开始在波罗的海展开打击海上目标的军事演习。① 同一时间段,俄罗斯和北约在波罗的海同场亮剑,其背后的军事指向和战略诉求是复杂的,给该地区安全乃至全球海洋安全局势带来的影响是深远的。

第二,海洋安全治理主体之间的不平衡性和差异性愈发凸显。海洋安全治理主体由于海洋安全环境、实力发展程度、利益优先诉求以及海洋治理意愿等诸多的差异,他们之间在海洋安全观念、制度架构与路径依赖等方面的需求存在很大区别。

首先,海洋安全治理主体在海洋安全环境上存在差异。各主权国家地缘政治环境的不同和国家利益的差异导致其对海洋危机的认识和态度迥异。② 随着海洋战略价值的日渐凸显以及印度洋—太平洋海域安全态势的新变化,美国通过其主导的双边海洋安全合作,强化海上盟友之间的海上安全合作关系,从而建立网状结构的"印太海洋联盟体系"。中国海权是纳入中国国家主权范畴之内的,中国的国家属性和国家实力的发展进阶以及中国周边复杂的海洋争端的历史与现实状况,决定了其海上战略力量的发展也始终是防卫范围内的事情。

其次,海洋安全治理主体在实力发展程度上存在差异。按照经济发展阶段,可以把海洋国家大致分为三类:第一类是前现代国家,第二类是现代国家,第三类是后现代国家。③ 三类国家由于发展程度的差异,其海洋战略与实践的目标存在差异。前现代国家的海洋战略目

---

① 《北约在波罗的海联合军事演习,俄战斗机迅速展开打击海上目标演练》,来源:南方都市报,搜狐网,2020 年 6 月 12 日,https://www.sohu.com/a/401324596_161795?_trans_=000019_hao123_pc。

② David Held, Kevin Young, "Global Governance in Crisis? Fragmentation, Risk and World Order," International Politics, Vol. 50, No. 3, 2013, p. 325.

③ [英] 杰弗里·蒂尔:《21 世纪海权指南》(师小芹译),上海:上海人民出版社 2013 年版,第 1—2 页。

标主要是保护海洋渔业资源，现代国家的海洋战略目标主要是海洋生态环境保护和海洋资源可持续利用，后现代国家的海洋战略目标主要是海洋生态环境保护、海洋资源可持续利用以及人海和谐。差异化的海洋治理目标会引发差异化的海洋安全实践，导致海洋安全治理力量难以聚合。

最后，海洋安全治理主体在海洋治理意愿上存在差异。新兴国家由于国家实力的增强，海洋意识和拓展海洋权益的意愿不断增强，开展实践行动的积极性不断提升，对全球海洋安全治理体系重塑的要求增多。美国等传统海洋强国对于新兴国家正当合理的海洋利益诉求、国际海洋新秩序的建构必要和呼声等视而不见，更不愿在全球海洋安全治理的实践进程中丧失主导权和优势地位。新旧海洋国家之间缺乏信任，呈现出不主动合作和低水平无效合作的状态，严重影响了全球海洋安全热点问题的有效解决。

（二）海洋安全考量因素复杂

在和平与发展的后海权时代，海洋安全治理的耦合因素和连锁反应比以往更为复杂，海洋安全治理实践与全球事务其他议题之间的联动性愈发明显，全球海洋安全治理深度开展需要系统考量和妥善处理的因素是非常复杂的。

第一，与以往相比，全球层面的海洋安全战略与实践的战略牵引层面更为复杂，战略投入考量更为多样，战略目标设定更为现实，战略收益估算更为直观。

首先，战略牵引层面更为复杂。全球海洋治理作为全球治理的关键构成部分，与全球治理规范、制度和格局等要素之间的关系和联动是极为紧密的。随着参与全球海洋安全治理的主体愈发多元，海洋安全战略的数量多于以往任何一个时期，海洋安全实践的开展程度强于以往任何一个时期。在复杂因素的牵引下，全球层面的海洋安全战略与实践具有不同于以往的新特征与新态势。

其次，战略投入考量更为多样。全球层面的海洋安全战略投入，不仅仅是投入大量的资金来提升军舰的硬软件设施和战斗力，更要依托科技进步以提升数字化基础设施建设水平、以提升大数据安防和全域多态势作战能力。当今的海洋世界，海洋与内陆、国内与国际、海洋生命与海洋非生命的界线愈发模糊，海洋安全战略投入不能仅仅考虑某一方面或单一层面，而应当考虑战略制定和实施的全过程和全场域，使战略投入考量变得更为多样。

再次，战略目标设定更为现实。海洋安全战略目标设定与海洋实力现状、海洋安全利益诉求和海洋安全治理现实等更为契合，依托性和保障性更为明显。越来越多的海洋治理主体，会依据自身为全球海洋安全治理做出贡献的能力和可能，设定短期、中期和长期等三个时间段的战略目标，通过有效的安全实践以诉求务实的战略目标。

最后，战略收益估算更为直观。各主体在开展海洋安全实践与海洋具体行动前存在着成本与收益、风险与获益之间的比较，这种比较称为收益估算。美国等传统海洋强国，对于治理实践中可能面临的风险和挑战做出多维考量和收益估算后，往往会选择较为保守或者是守成式的战略选择，忽视全球海洋安全治理的新要求和新发展。中印等新兴海洋国家，对于开展海洋安全实践后所可能获得的收益做出多维考量和收益估算后，往往会选择更为开拓或者是创业型的战略选择，意愿助推和引领全球海洋安全治理的新要求和新发展。

第二，国内与国际、多边与单边、区域与全球、近海与远洋、近期与长期等全球海洋安全治理的考量因素更为复杂，且与全球气候变化问题、全球性贸易摩擦以及国际格局多维演变等议题之间的联动态势渐强。

首先，各主体特别是主权国家在制定和实施海洋安全战略、开展海洋安全实践行动等过程中，需要统筹考虑国内与国际因素。各主权国家既需要建立全国一体化的海洋管理体制，有效管理海洋发展问题，又需要确立本国参与全球海洋安全治理的战略考量、目标设定、利益诉求和收益估算等，国内与国际之间的多维联动是密切的且需要妥善处理的。

其次，主权国家在开展外交实践或者是确定行为模式时，需要妥善处理多边与单边的关系。过于单边主义不利于本国负责任海洋国家的形象确立、拓展海洋朋友圈和国际海洋合作的深入开展；多边主义可能面临一定风险与挑战，需要承担部分成本与责任等，这需要主权国家统筹权衡，做好战略认知与应对储备。

最后，海洋治理主体囿于区域海洋和国际海洋等复合地缘身份，在战略制定与实施进程中，往往会面临着区域导向与全球导向的问题，优先选项是以区域为首要还是着眼于全球。海洋力量配置、海洋战略投入、海洋利益诉求等在近海与远洋上的分配和设置等，是全球海洋安全治理主体需要妥善处理的。

（三）海洋安全治理状态失衡

全球海洋安全治理在意愿、机制、范式等方面的差异化愈发显著，各主体在资源投入、利益诉求、实践开展等方面的竞争性渐趋明显,全球海洋安全治理体系的聚合性、协调性、稳定性等均存在不足。

第一,有的国家坚持本国利益至上,奉行单边主义,采取双重标准,严重干扰了正常的国际海洋秩序,阻碍了全球海洋安全治理的深度开展。过去几年,无论是愈演愈烈的贸易保护主义,持续发酵的民粹主义,还是闹剧不断的分离主义均纷呈反复,逆全球化倾向保持强劲发展势头。2018年美国"特朗普主义"和"美国优先"战略推行以来,越来越多的国家选择实施"本国优先"的战略路线。海洋世界中大国博弈、利益摩擦、政治对垒以及权属争夺等愈演愈烈。在国际海洋秩序维持的过程中,需要处理的关系和因素非常复杂,全球海洋安全治理所面临的阻碍较多。

第二,海洋大国之间存在复杂的利益竞争与矛盾纠纷,大国协调机制和效果明显不足,严重制约全球海洋安全治理的制度性和有效性。大国协调是大国共同管理国际冲突与危机的多边安全机制,它主要通过会议外交和协商、共识来决策,并依据共有规则与规范行事。[①] 在全球海洋世界,海洋大国之间的关系处理、利益协调和态势平衡等是全球海洋安全治理能够得以有效开展的重要条件。随着海洋战略价值的日渐凸显,海洋世界中"本国优先"的思潮盛行,一国追求本国海洋安全利益的意愿强烈、方式多样,彼此之间进行利益协调与妥协、开展安全合作的意愿不足、机制欠缺、实践不够,海洋安全治理中的大国协调机制存在很大的改进和提升空间。

第三,新兴国家之间存在明显的内部分化,利益协调与信任强化

---

① 郑先武:《大国协调与国际安全治理》,《世界经济与政治》2010年第5期,第49—65页。

的难度不小，在推动全球海洋安全治理上的聚合力不够。新兴国家之间处理海洋安全利益争夺和确定海洋安全合作成果的基本方式是缔结海洋条约与协定，例如，印度尼西亚、马来西亚和新加坡等国在2008年签署的"海上和空中巡逻合作协议"，以此积极推动彼此之间的海洋安全事务协调。但是，条约与协定的强制效力较低，签署时效有界定。新兴国家往往与传统海洋强国之间在政治、经济、军事和安全等诸多方面有着多重联系，难免会受到海洋强国之间利益竞争与矛盾纠纷的牵扯和影响，导致新兴国家在开展海洋安全合作以及促进国际海洋新秩序建构过程中，同诉求和聚合力不足。

第四，全球海洋安全治理的安全投入与安全收益处于失衡状态，在公共产品供应和使用上存在"搭便车"和"私物化"①倾向。在海洋公共产品的产出过程中，各主体由于海洋问题的差异化，在提供公共产品的主观意愿上也存在不同。有的主体担心提供公共产品会对自身发展造成不利影响，或使其承担不必要的风险，因此选择使用他方提供的公共产品，即"搭便车"倾向。在海洋公共产品的使用过程中，由于各主体实力发展水平的差异化，有的主体会凭借在海洋秩序中的优势，按照发展意愿和利益诉求，最大限度地使用甚至独占海洋公共产品，即"私物化"倾向。这两种倾向会在很大程度上削弱海洋公共产品的"开放性"与"公平性"属性，不利于全球海洋安全治理的深度开展。

---

① 崔野、王琪：《全球公共产品视角下的全球海洋治理困境：表现、成因与应对》，《太平洋学报》2019年第1期，第64页。

三、全球海洋安全治理应当采取的行动

当今世界，全球性问题错综复杂且变化多端，全球治理面临前所未有的挑战，全球治理理念优化与体系变革也处于新的历史起点上，①全球海洋安全治理亦是如此。全球海洋安全治理新机遇与新挑战并显，全球海洋安全治理迎来了新的历史转折节点。全球各行为体需要从更新发展治理理念、开展多边实质协作、探索更实际的发展模式等方面，推动全球海洋安全治理的新发展。

（一）适时调整优化发展观念与治理理念

在全球海洋安全新态势下，各主体需要深化战略信任与相互协作、主动提升责任意识、强化海洋伦理观念，发展观念和治理理念应更契合全球海洋安全治理的当下现实和未来发展需求。

第一，海洋安全治理主体需要明白，海洋安全合作是新形势下的必然选择，合作式治理应当成为各方的普遍共识，共生性未来必然成为各方的共同需要。

海盗、海上恐怖主义袭击、海上跨国犯罪、海洋生态危机以及海上卫生疫病等海洋非传统安全问题日渐频发，各主体在新安全问题上的共同挑战不断增多，海洋合作安全尤为重要。非传统安全问题具有跨国性、动态性、流动性，单凭一主体无法妥善处理，海洋安全合作是应对非传统安全问题的最有效选择。"共生"不仅是国际社会的客

---

① 张宇燕：《全球治理的中国视角》，《世界经济与政治》2016年第9期，第4—9页。

观存在,而且是国际社会的基本存在方式。① 在海洋非传统安全的视域下,海洋安全治理的各要素和各主体原本就处于一个共存共生的体系之内。国家与组织、人与海洋生物、海洋非生命等海洋多元主体群落,各方之间的联结很多是先定的、不可分割的,在共同威胁的冲击下,各主体间的共生性是愈发凸显的。

第二,各主体需履行与自己地位相称、与实力相符的国际义务,在制定海洋安全战略时必须承担相应的国际责任,在开展海洋安全治理实践时必须体现国际道义。

全球海洋安全治理的深度开展,需要那些有能力、有意愿、有行动的主体,依托实力发展现实,履行与地位相称的全球海洋安全治理义务。赫伯特·哈特(Herbert Hart)将责任分为角色责任、能力责任、因果责任与义务责任等四个类型。② 在制定海洋安全战略和开展海洋安全实践的过程中,首先,各主体需要切实承担角色责任。譬如,联合国五大常任理事国需积极推动联合国在全球海洋安全治理中的重要作用,发挥《联合国宪章》和《联合国海洋法公约》的效力,推动联合国各海洋机构的实际效应的发挥。其次,各主体需要切实承担能力责任。作为世界航运大国,国际海事组织A类理事国应该促进国际海事组织在维护海上安全、防止船舶污染和便利海上运输等方面作用的切实发挥,承担应当的能力责任。再次,各主体需要切实承担因果责任。2010年4月20日,"深水地平线"钻井平台发生系列爆

---

① 金应忠:《国际社会的共生论——和平发展时代的国际关系理论》,收录于任晓主编:《共生——上海学派的兴起》,上海:上海译文出版社2015年版,第59—81页。

② H. L. A. Hart, *Punishment and Responsibility: Essays in the Philosophy of Law* (Oxford: Oxford University Press, 1968), pp. 211–230.

炸，造成大量漏油，导致墨西哥湾地区面临前所未有的生态灾难。灾难的责任界定到目前没有完成，给全球海洋生态环境所造成的冲击仍在延续。各主体应当以此为鉴，努力避免此类事件，积极承担相应的因果责任。最后，各主体需要切实承担义务责任。各主体开发海洋资源以获得经济价值，利用海上通道以获得航运便利，掌握海洋权力以获得战略优势，谋求海洋利益以获得发展红利。在这些过程中，收益是显而易见的，挑战是客观存在的，义务是不可忽视的需要各主体积极主动地承担义务责任。

第三，各主体应主动强化海洋伦理观念，在海洋事业发展和海洋安全实践中注重代际平衡，追求海洋可持续发展。

中国典籍《文子·上仁》有言："不涸泽而渔，不焚林而猎。"意为不要排尽池中之水而捕鱼，不要烧完整个森林而打猎，这样是只顾眼前、不做长远打算的，是不利于可持续发展、更不利于代际平衡的。随着人类对海洋能源资源的需求性和依赖性的不断增强，人类开发利用海洋能源资源的程度不断加深，与此同时，人类不合理的、超强度的活动对海洋生态环境造成的破坏也在不断加剧。海洋生态环境恶化、海洋生物多样性锐减、海洋生态环境负面效应日渐凸显等，既直接威胁当代人的生存和发展利益，又对后代人的未来可持续发展造成累积性威胁，不利于代际平衡。

各主体应主动强化海洋伦理观念。首先是海洋治理公平观念，全球海洋的连通性和不可分割性决定海洋的利用和治理具有先天的开放性特征，海洋治理需要公平观念。发达国家和发展中国家都有其海洋发展的利益诉求和空间要求，因此，海洋治理问题的解决，单靠发达国家是无法妥善解决的，发展中国家在全球海洋安全治理中的角色和地位不容忽视。其次是海洋治理对未来世代的义务观念,海洋资源总量是有限的,当代过多的或者不加节制的开发利用,会给未来世代留下"债务",不利于人类社会的可持续发展,海洋领域的"代际公平"极为重要。

各主体应追求海洋可持续发展。2015年联合国大会第七十届会议通过的《2030年可持续发展议程》,提出今后15年实现17项可持续发展目标,第14项目标是保护和可持续利用海洋和海洋资源以促进可持续发展。2017年6月,为了推进这一目标的实施,联合国海洋大会召开,代表着海洋治理与可持续发展的高度融合,标志着海洋可持续发展理念的进一步巩固和发展。为了实现这一可持续发展目标,必须提升全球性海洋合作的深度和广度,完善海洋领域发展模式。

(二)不断强化战略互信与深化安全合作

战略信任是协同行动的基础和需要,安全合作是秩序建构的路径和选择。在全球海洋安全治理的未来行动之中,各行为体之间需要不断强化战略互信,开展协同性的安全治理行动,建构国际海洋安全新秩序。

第一,战略互信是海洋安全治理得以实现且平衡开展的重要条件,在战略制定与实践开展的过程中,各主体应当建立基本的战略信任,追求同频共振,在海洋争端问题上保持积极磋商,建立争端沟通管控机制。

维护国家主权和国家利益不再是海洋治理的唯一价值,不同价值和理念的冲突的解决需要调和不同主体的利益和诉求,最大限度地在不同利益攸关方之间形成共识。东盟国家意识到海上安全的不可分割性和在海上安全议题上加强合作的重要性，2003年东盟以《东盟协调一致第二宣言》为标志步入了构建"共同体"的新阶段，强调东盟国家就海洋安全议题展开合作应成为建设"东盟共同体"的重要推动力量。此后，东盟出台一系列海上安全规范并开展海上安全合作，在全球海洋安全治理中的作用不断凸显。由此可见，在战略信任的基础上，不同主体可以凝聚价值共识，确立共同的战略目标，开展协同的战略实践。

随着全球海洋事务的多维发展，全球性海洋危机日渐多发。世界各国拓展本国海洋权益、合作以应对共同性的海洋危机等的意愿、诉求、能力和实践等强化，海洋危机沟通管控的重要性愈发凸显。全球海洋事务的平衡发展和全球海洋治理的协同推动，需要危机沟通管控机制的建立与效力发挥。可建立世界海洋危机沟通管理委员会，加强与国际海事组织、联合国大陆架界限委员会、国际海底管理局和国际海洋法法庭等机构的交流与合作，在联合国框架下开展实践活动，提升全球海洋事务的协调与危机管控能力。

第二，在解决周边海洋争端问题上，应保持冷静态度，避免采取过激措施。区域性海洋争端尽可能区域内部协商寻求和解与合作。基于历史与现实的多重考量，国家利益可以与区域利益和国际利益是可以共生共存的。鉴于海洋的开放性与流动性，海洋事务的全球联动已成基本现实。海洋国家兼具区域与全球的地缘位置，其海洋战略视野和战略力量投送需要权衡区域与全球的关系。特别是对于同处一片海域的国家来说，海洋安全合作是其海洋事业稳定发展的必要条件。周边外交是维护本国海洋安全利益的关键，中国应秉持"奋发有为"的外交理念，避免在周边海洋争端中陷入被动应对的不利处境。①

第三，在应对共同的海洋安全挑战问题上，应寻求安全合作，实现协同联动，共求解决方案，开展实质有效的共同行动，一道致力于构建公正、合理、可持续的国际海洋安全秩序。譬如，中日韩之间的海洋安全合作，应促进中日韩现有双边和三边安全合作机制之间加强互动与协作，凝聚共识、整合力量、提升效力。三国应就海域内实质性争议问题进行磋商和谈判，以获得新的阶段性共识并为最终解决问题创造基础。中日韩三国无论是政府、学界还是民众，均应明确认识到，基于历史与现实的因素，在理性考虑下，中日韩应该努力增强海洋安全合作，尽力消散海洋争端的矛盾与不快，寻求中日韩海洋和解与合作的理念与正确出路才是三国切实需要做好的。②

（三）探索更多元联动的发展与治理模式

未来，国际社会需要在联合国框架下深化全球海洋治理与合作，各行为体聚合共同意愿，开展协同性行动，对海洋安全问题进行整体性综合性治理，建构包容和谐的国际海洋安全新秩序，谋求海洋共存、共生、共享的美好未来。

第一，建立并完善联合国框架下的全球海洋安全治理体系，依据实际需要适时制定《联合国海洋法公约》专门的补充协定，在条件许可的情况下可建立"世界海洋组织"③，对全球海洋安全问题进行整体性治理。

---

① 金新：《东亚海洋安全：秩序演化与治理困境》，《东亚评论》2020年第1辑，第128页。
② 吴昊：《中日韩海洋安全事务与合作》，《江南社会学院学报》2020年第2期，第40页。
③ 杨泽伟：《新时代中国深度参与全球海洋治理体系的变革：理念与路径》，《法律科学》（西北政法大学学报）2019年第6期，第178—188页。

当今全球海洋安全治理体系的构建与完善，是在联合国框架下进行的。我们应当充分重视联合国、联合国各机构以及由此建设的全球机制等的作用，充实其作用。《联合国海洋法公约》作为权力妥协、利益调和的产物，不可避免地存在规范不够、效力不足的问题，应当根据全球海洋事务的新进展新态势，依据全球海洋安全的新威胁新问题等，适当制定新的补充协定，及时地查漏补缺、提升性能。可建立联合国海洋生态环保法律事务委员会，聚合世界各国海洋环保法律力量，加强与国际海事组织海上环境保护委员会（MEPC）的协调与互动，提升海洋大气与生态环保质量。依据全球海洋事务发展的现实和需要，在统筹考虑各方需求和意愿的基础上，可建立全球海洋治理的专门性机构——"世界海洋组织"，统领全球海洋治理实践，对全球海洋安全事务中的即时性和潜在性问题进行整体有效的治理。

第二，建立公正、合理、可持续的国际海洋安全秩序，即塑造既能被海洋发达国家信任并广泛参与，又能满足海洋发展中国家所期望的海洋安全秩序和海洋治理格局，努力实现海洋大国与小国之间的公平。

国际变局时代，国际事务正在经历多维态势变迁，海洋世界的力量格局转变，国际海洋秩序的调整必要增强。在主客观条件的耦合作用下，建立公正、合理、可持续的国际海洋安全秩序的重要性凸显。当然，重塑国际海洋安全秩序的难度极大、成本太高、风险很多，所以对现今海洋安全秩序中的不合理因素和不规范之处进行适当调整，方为最为合适有效的选择。应塑造被海洋发达国家信任并广泛参与的海洋安全秩序，既海洋发达国家的权力权势不被过分束缚、满足他们在海洋世界中的话语分量和角色形象要求；建构满足海洋发展中国家所期望的海洋治理格局，将海洋发展中国家的话语诉求和发展意愿纳入海洋治理格局之中，释放出足够空间以满足海洋发展中国家的权力增长需求。

第三，推动大国协调机制的效力提升与动能强化，促进新兴国家之间的意愿整合与利益协调，促进海洋安全事务各主体在海洋治理理念、模式与状态上实现紧密联动和协作共赢。

各海洋大国应当树立利益妥协的理念，在遇到新的海洋问题，特别是海洋安全利益竞争时，应通过会议外交进行协商、谈判和讨价还价，最终达成利益妥协。各海洋大国应当树立现状偏好的理念，在全球海洋安全治理的现有框架下，加强协作和信任，强调价值共识和合作实践的重要性。各海洋大国应当树立信守规则的理念，坚持和维护海洋世界现有的治理规则和发展规范，努力提升全球海洋安全治理的制度性和规范性，提升海洋治理规则的遵守自觉性和积极性，进而提升海洋大国协调机制的效力和动能，给予全球海洋安全治理切实引领。

新兴国家处于国家实力持续增强、外交格局拓展和安全利益诉求的阶段，在表达海洋安全话语诉求和开展海洋安全治理实践的过程中，意愿分散化、诉求差异化、方式多样化，这不利于新兴国家海洋权力的合理性和持续性增长。新兴国家只有团结一致、聚合意愿、协同行动，才可能在全球海洋安全治理格局中确立角色地位、表达合理诉求并实现自身目标。

四、中国的角色定位与策略选择

当前,中国深度参与并实质引领全球海洋安全治理,既符合中国发展的国家现实需要,也符合国际社会对中国的需求与期望。中国需要找准国家定位、合理表达主张、拓展深度广度、引领未来走向。

2016年12月,第71届联大举行议题为"海洋和海洋法"的会议。中国常驻联合国副代表吴海涛在发言时表示,《联合国海洋法公约》为各缔约国开展海洋活动提供了综合法律框架和基本依据,对各国在和平利用和保护海洋方面的权利与义务已作出平衡规定。各方应秉持公约的宗旨和原则,善意、准确、完整地理解和使用公约及其争端解决机制,避免滥用公约条款。作为发展中海洋大国,中国将始终做国际海洋法治的维护者、和谐海洋秩序的构建者、海洋可持续发展的推动者。[1] 同时,中国应就海洋规则的发展和完善提出自己的要求和建议,实现由海洋规则的维护者到引导者的转换。[2]

正如中国在此次新冠疫情中所表现出的勇于担当国际责任、敢于承担国际道义的大国风范,政治领导力、思想引领力、群众组织力和社会号召力等大国能力,正是全球海洋安全治理平衡发展的迫切需要。中国针对海洋安全治理的主要原则包括:一是海洋安全治理的目标在于实现海洋的和平与发展,其基础是构建公正、合理、可持续的海洋安全秩序;二是强调海洋安全治理的和谐内涵,需要理顺人类与

---

[1] 《中国代表呼吁建立和维护公平合理的海洋秩序》,中国法院网,2016年12月8日,https://www.chinacourt.org/article/detail/2016/12/id/2366927.shtml。

[2] 金永明:《新时代中国海洋强国战略治理体系论纲》,《中国海洋大学学报(社会科学版)》2019年第5期,第29页。

海洋之间的关系，海洋安全治理主体之间要实现战略信任和关系和谐；三是通过合作的方式来共同应对海上安全问题，谋求海洋共生性未来。因此，中国需要有步骤、有层次地参与和引领全球海洋安全治理，尽可能地促动全球海洋安全信任与合作，推动国际社会共建"海洋命运共同体"。中国应采取以下措施。

第一，基于全球海洋安全治理面临的新机遇和新挑战和中国特色社会主义新时代的发展要求，中国需实现海陆统筹、兼顾国内与国际、做好维稳与维权，实现中国海洋战略与实践的切实发展。

中国作为一个海陆复合型大国，在制定和实施国家战略，特别是国家海洋战略时，必然要考虑海陆与内外多方面因素。在海洋强国战略的推动下，中国海洋发展理念已逐渐得到现代化多元发展，海洋发展战略与实践愈发务实。接下来，中国需要转变以陆看海、以陆定海的传统观念，坚持"海陆统筹、海陆联动"的方针，陆海之间形成"发展共同体"，建立综合且全面的发展体系，对于发展过程中所可能出现的各种挑战，要有策略和能力来妥善处理。中国在开展海洋安全实践和拓展海洋外交的过程中，需要处理好维稳与维权的关系，既保障本国海洋事业的可持续发展，又保障本国应当海洋权益的创造性拓展，以维权保维稳，以维稳促维权。

第二，积极发展海洋综合实力，实现海洋硬软实力和话语权的全面提升，追求国家海洋政治、经济、文化、科技、安全及外交的平衡发展，完善"海军 + 海警"全域作战体系，保持充分的战略底气与战略自信。

当今的国际权力较量已不再依靠单一要素，而是依靠硬软实力要素的综合较量。中国发展海洋实力，既要发展海洋经济、海洋军事、海洋科技等海洋硬实力，又要发展海洋文化、海洋战略、海洋外交等海洋软实力，聚合国家发展的优势和力量。[①] 而且，在海洋军事发展的新时代，中国特色的海岸警卫队系统的建立和完善具有现实需要。不断加强中国海岸警卫队建设，增强海军与海警在空海天电网等全域合作与协同行动，进而增强中国管理本国海洋事务、发展海洋事业、拓展海洋外交、深度参与全球海洋安全治理的战略底气和战略自信。

第三，在国际社会中团结治理理念和安全利益的高度契合者和志同道合者，做大做强全球蓝色伙伴关系网络，广泛推行以"海洋命运共同体"为国际海洋新规范的治理方案。

蓝色伙伴关系是"全球伙伴关系"在海洋领域的延展，以"人类命运共同体"理念为基础，是中国积极参与全球海洋治理的重要抓手。在今后的战略制定与实践开展中，中国需要设立常态化、成熟化的蓝色伙伴关系合作论坛机制，以作为蓝色伙伴关系构建的政治基础；切实发挥中国进出口博览会的积极效应，以作为蓝色伙伴关系构建的经济平台；积极推动民间交流与互动，顶层外交与"二轨外交"充分结合，以真正增强蓝色伙伴关系构建的保障条件。[②] 中国应构建全球性蓝色伙伴关系网络，团结所有的治理理念和安全利益的高度契合者和志同道合者，拉动全球性多领域深层次的海洋安全信任与合作，促进全球共同追求"海洋命运共同体"的目标实现与现实建设。

第四，坚持底线思维，坚定维护本国应当的海洋安全利益，任何对中国海洋安全利益构成威胁的个别国家或组织的政策和行为，必须

[①] 孙凯、吴昊：《关于构建中国海洋话语权的思考——以南海"981"钻井平台事件为例》，《中国海洋大学学报（社会科学版）》2017年第1期，第23—29页。

[②] 姜秀敏、陈坚、张沭：《"四轮驱动"推进蓝色伙伴关系构建的路径分析》，《创新》2020年第1期，第1—11页。

进行必要而及时的反击。中国应积极采取有限性竞合策略，灵活运用斗争思维，与主要战略竞争对手保持斗而不破的总体态势。

中国对本国合理的海洋安全利益诉求和话语格局要求，需有明确的界定和心理认知，并在合适场合以合适方式向国际社会清晰明了地表达出来，创造性地传递中国话语，这可以在很大程度减少国际社会对中国的无端揣测、减少"中国海洋威胁论"的发酵条件。任何将中国作为其海洋安全战略指涉对象和假想敌人的国家，中国应当给予足够的战略关注，通过合理而有效的方式，尽可能地消解战略竞争和利益争夺，同时也需要对其侵害中国海洋权益的行为给予必要而及时的反击。考量本国实力进阶和国际格局的现实，中国应该采取有限竞合策略，将竞争控制在可控范围之内，将合作提升到理想高度之上，以合作消解竞争、以竞争促动合作，寻求最为有效的竞合并行模式。

第五，在与国家能力相匹配和发展现实相契合的前提下，尽可能地提供全球海洋安全治理需要的公共产品，彰显中国作为负责任发展中海洋大国的风范；不断增强中国在有关全球海洋安全治理体系国际条约规则制定过程中的议题设置、约文起草和缔约谈判能力等。

鉴于当前全球海洋安全治理公共产品供应中的"搭便车"和使用中的"私物化"倾向，中国应当在与国家能力相匹配和发展现实相契合的前提下，尽可能地提供全球海洋安全治理所需要的公共产品。特别是提供国际海洋安全治理机制性能强化和国际海洋法更新过程中所需要的公共产品，积极推动"国家管辖范围以外区域海洋生物多样性养护和可持续利用国际协定"政府间谈判的顺利进展，彰显中国负责任发展中海洋大国的风范。在《联合国海洋法公约》条款更新以及国际海洋法新约文的起草过程中，中国应该成为海洋新兴国家的代表和发言者，使新的国际海洋规范能够照顾新兴国家的诉求，促进国际海洋秩序的平衡。

总之，中国需要稳妥选择深度参与并实质引领全球海洋安全治理的方略和路径，尽可能地争取更大的制度性话语权，使之与中国的贡献相匹配，保障中国海洋战略的真正实施。维护全球海洋安全格局稳定，促进全球海洋和平与发展，推动国际社会共建"海洋命运共同体"。

五、结语

随着世界事务的纵深发展，全球海洋事务及其治理迎来新的战略机遇期，全球海洋安全事务及其治理亦面临新的机遇与挑战。全球海洋安全问题呈现传统安全问题尚未妥善处理、新型安全问题却已交迭而至的局面，特别是海洋新安全问题往往是跨境性、全球性地快速蔓延，解决难度和成本在不断提升。不断激增的海洋安全和发展问题，已远远超过某个国家或某几个国家所能有效应对的范畴，亟须国际社会通力合作，全球海洋安全治理机遇与挑战并显。中国需要在客观把握全球海洋安全治理发展现实的基础上，分析在国际变局时代、在国际秩序新转变的背景下全球海洋安全治理面临的新机遇和新挑战，力争深度研判国际社会推动全球海洋安全治理所需要树立的正确理念和需要开展的实践活动，在"海洋命运共同体"理念的指导下，稳妥选择中国参与并引领全球海洋安全治理的方略和路径。

东北亚海洋圈的构想与构建

李雪威*

摘 要 当今世界正处于"百年大变局"之中,东北亚海洋秩序也面临着调整与重构。在这一背景之下,构建"东北亚海洋圈"的构想应运而生。构建东北亚海洋圈具有增进海洋认知共识、应对东北亚地区秩序变迁、推动海上贸易等现实基础和实践动力。但区域意识远未成熟、海洋观念存在差异、合作机制严重缺失、"美国因素"干扰牵制等仍在很大程度上限制着东北亚海洋圈的构建进程。我们既要在宏观上从结构基础、价值基础、安全基础、战略基础打造东北亚海洋圈的构建基础,更要在多维度的合作模式、多层次的政策规划、多领域的互补并进、必要的制度安排等具体实践层面探讨可供操作的构建路径。

关键词 东北亚 海洋圈 海洋治理 海洋共同体

---

* 李雪威,山东大学国际问题研究院海洋战略与发展研究中心执行主任,山东大学东北亚学院国际政治与经济系教授、博士生导师。本项研究为国家社科基金重大项目"东北亚命运共同体构建:中国的思想引领与行动"(项目编号:18ZDA129)阶段性成果。感谢张蕴岭教授、庞中英教授为本文提供的指导。

2019 年 4 月 23 日，习近平主席在青岛会见应邀出席中国人民解放军海军成立 70 周年纪念活动的多国代表团团长时，提出推动构建"海洋命运共同体"的倡议，"海洋命运共同体"的提出为东北亚地区海洋合作提供了从构想到实践的理念基础与行动方向。2019 年 12 月 24 日，李克强总理在第八次中日韩领导人会议上提出，"中方建议三方联合发起'中日韩蓝色经济合作倡议'"，明确将海洋作为中日韩合作的新领域。新冠疫情之下，中国把握重要机遇窗口期，持续深耕东北亚，拓宽合作领域，创新合作方式，搭建地区海洋合作平台。在这一背景之下，打造东北亚海洋圈的构想应运而生。本文主要对东北亚海洋圈的概念、定位、构建意义，及构建的现实基础和动因、实践困境、构建路径进行梳理和分析。

一、东北亚海洋圈的概念、定位及构建意义

地球大部分面积是海洋，海洋的重要性不言自明。传统的以国家为本位的世界观曾一度固化了海陆二元认知，但这并不能抹杀海洋之于陆地天然的连接作用。从全球生态来说，人类与海洋是一体的，是一种共生关系。正如习近平主席所指出的："海洋孕育了生命、联通了世界、促进了发展。我们人类居住的这个蓝色星球，不是被海洋分割成了各个孤岛，而是被海洋连结成了命运共同体，各国人民安危与共。"[①] 基于这样的认识，习近平主席提出要推动建设海洋命运共同体。海洋命运共同体构建需要从多层次、多方式来推动，在东北亚地

---

① 《习近平集体会见出席海军成立 70 周年多国海军活动外方代表团团长》，新华网，2019 年 4 月 23 日，http://www.xinhuanet.com/politics/leaders/2019-04/23/c_1124404136.htm。

区，推动东北亚海洋圈的合作具有重要的意义。

(一) 东北亚海洋圈的概念及定位

全球海洋被划分为太平洋、大西洋、印度洋和北冰洋，各大洋都形成了具有不同特征的大洋圈，而在大洋圈内，又形成了多种具有不同特征的海洋圈。海洋圈是对一定海洋区域的一种定位，基于不同特征与要素，有的海洋圈基于生物族类特征，称之为海洋生物圈；有的基于经济的联系，称之为海洋经济圈。东北亚海洋圈也具有其独特的定位。从目标来看，东北亚海洋圈是基于自然地理特征、但又超越自然地理特征、共同解决区域性海洋议题的海洋治理圈。从功能来看，东北亚海洋圈不同于单一特征与要素的海洋圈，它是包括政治、安全、经济、文化、生态等多种要素有机统一的复合型海洋圈。从地理范围来看，东北亚海洋圈的狭义定位是指与东北亚国家连接的海域，广义定位还包括连接美加两国的海域（即北太平洋圈）和连接北极的北冰洋部分海域。本文的分析以狭义定位为重点，也涉及广义定位中的一些问题。特别是，美国作为海洋霸权国家，在东北亚地区有着直接的介入与参与，美国因素对定位与分析东北亚海洋圈至关重要。

东北亚海洋圈合作是指东北亚地区国家之间在涉海问题上基于共同利益采取的共同行动。当今世界海洋问题突出，东北亚海域的区域性海洋议题很多，需要开展共同协商，采取集体行动，推动海洋的持久和平与可持续发展，是构建东北亚"蓝色伙伴关系"的有益尝试。

(二) 东北亚海洋圈的构建意义

当今世界正处于"百年变局"中，一方面，海洋领域呈现出海上力量格局多元化、海洋利益诉求多样化、海洋制度与机制参与需求普遍化的趋势，传统的、以控制和霸权为特征的海洋理念已不合时宜。海洋问题日益严重的现实催生了国际社会对塑造以分享、包容为特征的、全新的海洋价值理念和行为规范的期盼，东北亚海洋圈的构建正是在践行这种全新的发展理念。

长期以来，东北亚地区事务的政治化、安全化问题一直干扰着地区安全机制的构建和区域合作进程，海洋领域也不例外。东北亚海洋圈是以问题导向的机制构建为支撑的，是构建功能化合作机制的有益尝试，这些问题关乎域内各国切身利益，需域内国家采取集体行动方能解决。这是在政治化、安全化的负面影响始终存在的情况下，为有针对性地解决区域性海洋问题而采取的新行动，成为推动东北亚域内国家跨越分歧、通力合作的驱动力。

自15—16世纪新航路开辟以来，历任西方海上霸主都致力于打造海上强权、霸权秩序，中国走向海洋的时代背景和价值理念不同于西方，致力于用和平的方式走出一条全新的大国崛起之路，构建和谐的东北亚地区新秩序。推进东北亚海洋圈的形成是在东北亚地区打造一个构建海洋新秩序的试验场，打造共生、共利、共建的东北亚海洋命运共同体。

东北亚海洋圈是一个海陆连接的区域，具有共生、共利、共建的性质。共生性体现在：海洋的连续性、流动性把域内国家连接成一个命运共同体，各国共生共存。比如，海洋生态具有鲜明的共生性特征，生态环境的破坏主要是人类活动，污染排放、过度开放与捕捞造成的，而海洋生态的恶化又会对人类的生存环境造成严重的影响。共利性体现在：第一，各国共处这个基于地缘连接的区域，经济、安全、人员利益紧密相连,已经建立起密切的相互依赖关系,具有守望相助,共同发展的基础;第二,海洋资源、海洋环境是各国的共同财富与生存依托。因此,维护海洋圈内的和平与合作符合各方的利益。共建性体现在:海洋圈是一个整体,不可分割,构建圈内的共生环境、共同安全、共同发展需要共同参与,需要形成共同的理念认知与共识,需要共同承担责任,共建基于命运共同体的新秩序。

二、构建东北亚海洋圈的现实基础和动因

囿于长期存在的安全困境,东北亚海洋治理进程较为缓慢,但随着东北亚地区形势的变化,构建东北亚海洋圈仍具有一定的现实基础和实践动力。

(一)海洋认知的共识渐增

在遥远的古代,环日本海交流圈和环黄海、东海交流圈就已将东北亚地区连成一体,为今日之东北亚海洋圈的构建奠定了久远坚实的历史基础。

人类早期的海洋活动主要是利用浮筏漂流。受地理环境、千岛寒流和对马暖流、季风分布情况的影响,在相对封闭的日本海首先形成北部交流圈。随着造船和航海技术的不断提高,人类逐渐步入到舟船沿岸航行时代,这一时期,环黄海沿岸航路的开通推动了环黄海交流圈的形成;跨黄海与东海航路的相继开通推动了环黄海、东海交流圈的形成。经济发展水平的差异性和民族、文化的多样性促使东北亚各国间交流往来、互通有无。在古代,由于朝鲜半岛以北的中国东北地

区长期被古代少数民族占据，这里的陆路交通时常受阻，海洋遂成为东北亚地区核心文明与边缘文明双向流动的重要通道，黄海和东海也因此在古代东北亚各国间的交流中扮演者重要角色。① 在漫长的历史发展过程中，人们较早形成了海洋是贸易和人员往来的通道的观念，认识到海洋所蕴含的"海运力"。海洋的通道功能具有双重属性，它既是对外交往的通道，也是外敌入侵的通道，沿岸国家在抵御海上入侵的过程中逐步形成海防观念，认识到修建海防工事、建设强大水军的重要性。

近代以来，随着西方殖民者的入侵，东北亚海域在继续扮演贸易通道角色的同时，更多地沦为殖民者入侵的通道和争霸的战场。19世纪马汉的"海权论"问世，对世界产生深刻影响。马汉的海权（Sea Power）有狭义和广义之分，狭义的海权是指海军力（Naval Power），具体地说，就是指制海权（Command of the Sea）；② 广义的海权是海军力和海运力（海军、海上基地、商船队、海上交通线等）的结合。19世纪，中日韩相继被迫打开国门，却走上了不同的发展轨迹，受马汉"海权论"的影响也不尽相同。日本将马汉的"海权论"引入国内大加宣扬，凭借对海军建设的狂热以及对海军作战战术的出色运用在东北亚海域崭露锋芒。中国的近代海军建设蹒跚起步，但囿于当政者的保守观念和动荡的时局，未能打造出一支强大海军。朝鲜半岛则在长期厉行海禁政策之后，被日本吞并，丧失了建设海军的自主权。沙俄核心利益在欧洲，且陆军是军队建设主要方向，海军建设重点是波罗

---

① 李雪威：《韩国海洋战略研究》，北京：时事出版社2016年版，第10—13页。

② A. T. Mahan, *The Influence of Sea Power upon History: 1660-1783*, British Library, Historical Print Editions, 2011; George Modelski & William Thompson, *Seapower in Global Politics: 1494-1993* (Macmillan, 1988), p. 9.

的海舰队和黑海舰队，对太平洋舰队投入较少，因此无力掌控东北亚制海权。在帝国主义国家争霸的年代，东北亚国家或主动或被动、不同程度地加深了对海上军事力量即"海军力"重要性的认识。

二战结束后，朝鲜战争的爆发推动两大阵营对峙格局在东北亚加速形成。冷战时期，以美国为首的西方阵营在西太平洋形成海上围堵之势，旨在对社会主义国家彻底实施经济封锁、政治孤立与军事遏制，切断了中苏朝与美日韩间的海上联系。与此同时，美国掀起"蓝色圈地运动"，在东北亚地区的海洋资源勘探行动增多。《联合国海洋法公约》的讨论与生效大大增强各国海洋意识，受这些因素影响，东北亚地区也顺势掀起了海洋开发热潮。但鉴于东北亚海域是冷战对峙的前沿阵地，两大阵营在安全领域的互不信任也投射到经济领域，这一地区的海洋资源开发呈现出激烈竞争的态势，始终未形成合作格局，其产生的负面影响一直延续至今。

尽管如此，随着海洋科技的发展，海洋实践的推进，东北亚国家海洋观念不断得以提升，已超出马汉"海权观"的时代局限，其内涵日益丰富，不单指海上权力、海上力量，还拓展出海洋能力、海洋影响力等概念意涵。对于"Sea Power"一词，东北亚各国表述不同，苏联称其为"海上威力"，韩国称其为"海洋力"，日本称其为"海上支配力"，与马汉的海权概念不尽相同。1976年，苏联海军司令苏谢·格·戈尔什科夫出版了《国家的海上威力》（The Sea Power of the State），指出"海上威力"（Sea Power）是包括"海运力""海军力""海洋考察和开发力""水产力"等的综合性概念;[1] 几乎在同一时

---

[1] S. Gorshkov, *The Sea Power of the State* (Oxford, New York: Pergamon Press, 1979), pp. 13–14.

期，韩国国内对"海洋力"（Sea Power）的探索与研究也开始起步，1977年，韩国国防大学教授李善浩便在其著作中指出，在经济资源开发利用的时代，"海洋力"的构成要素应包括"海军力"及其基地、"海运力"及造船与修理、水产及海底资源开发、海洋探查等能力。①这一时期，随着海洋资源开发、海洋勘探等活动的开展，对海洋科技力的重视程度大为提高。日本是高度重视海上军事力量和海上安全的国家，不断打造"海上支配力"（Sea Power），但随着海洋实践活动的开展，也日益关注海洋资源开发、海洋科技等非军事因素。

冷战结束后，随着两极格局的解体、经济全球化的深入推进，中韩、俄韩关系正常化，东北亚国家的海上联系日益密切，各国海洋观念得到进一步深化。20世纪90年代初，《联合国海洋法公约》《气候变化框架公约》《地球宪章》和《21世纪议程》等一系列规范国际环境行为准则的国际公约的正式生效和纲领性文件的相继出台，大大提升了世界各国的海洋保护意识。1993年，美国海洋学者路克·卡佛士（Luc Curvers）在其《海权：环球之旅》（Sea Power: A Global Journey）中提出，"Sea Power"不仅是"海军力"和"海运力"等利用和控制海洋的能力，还应该是保存和保护海洋的综合能力，在世界范围内引起广泛关注。与此同时，中、日、韩、俄因推进工业化进程造成的环境污染问题日渐显露，开始在本国海洋实践过程中重视海洋环境的保护和修复。20世纪90年代初，中、日、韩、俄均成为"西北太平洋行动计划"（NOWPAP）成员国，朝鲜也作为观察员国参与其中，合作开展海洋环境保护和修护。进入21世纪，以提高海洋资源利用效

---

① ［韩］李善浩：《超强大国的海上战略与海上势力竞争的趋势》，《国防研究》1977年第1期，第35页。

率、海上活动安全管理、有效处理海洋污染、妥善解决海洋领土争端、推动海洋经济转型深化等为主要目标的"海洋治理力"也开始纳入海洋观念的研究范畴。① 目前,东北亚国家正从偏重于海上军事力量的传统海洋观向着综合海洋观转变,形成了包括海运力、海军力、海洋开发力、海洋科技力、海洋环保力、海洋治理力等在内的综合海洋观。东北亚国家海洋观念的变化趋势为东北亚海洋圈的构建奠定了可互通的观念基础。

(二) 东北亚地区秩序的变迁

在区域内外因素的复合影响下,东北亚地区先后经历了朝贡秩序、殖民秩序、冷战秩序等多种国际秩序形态的变迁,目前正处在冷战后的地区秩序重构时期。具体而言,朝贡秩序下的中原王朝——中国是东北亚地区秩序的主导者;殖民主义、帝国主义时代背景下的日本取代中国成为东北亚地区秩序的中心国;在冷战两极对峙的格局下,东西方两大阵营在东北亚地区呈现出"北三角同盟"与"南三角同盟"的势力均衡,双方相互敌对;世纪之交,世界范围内的两极格局已经解体,冷战宣告结束,但囿于以美国为首的同盟体系以及朝核问题、半岛分裂等因素的制约,东北亚地区冷战影响犹在。加之,东北亚海域海洋争端错综复杂,域内海洋合作进程难以深化,多数领域呈现出低水平、浅层次的不成熟状态。

当前世界正处于"百年未有之大变局"中,随着美国影响力的下降、中国的和平崛起、日韩地区意识的增强,东北亚也面临着地区秩

---

① 李雪威:《韩国海权观:力的谋求与逻辑转换》,《东北亚论坛》2018年第2期,第95页。

序重构的新课题。① 可以预见,东北亚地区秩序重构的进程将异常艰难,势必呈现出波浪式前进或螺旋式上升的曲折发展态势。尽管如此,在这一过程中,中国将以海洋经济的共同利益为纽带联结域内各国、以海洋观念的共同认知为基石构建高水平互信、以海洋合作的通力开展为津梁彻底打通交往栓塞,与域内国家形成相辅相成、互为倚重的相生关系,推动"海洋命运共同体""海洋圈"等目标命题由本土性不断向普遍性延展。

近年来,随着中国的快速、稳步崛起,中国在东北亚地区的影响力逐步提升,周边安全形势总体可控。在此基础上,中国提出"一带一路""人类命运共同体""海洋命运共同体"等倡议和理念,不断倡导区域合作,在实践中强化东北亚各国对区域合作的期待感与行动力,凝心聚力构建议题性(功能性)区域合作机制的时机日益成熟。海洋是东北亚国家的共生资源和环境,是承载着利益共同体、命运共同体建设的良好平台。因此,积极推动域内各国海洋发展战略良性对接,有效管控并妥善处理海洋权益争端,不断强化海洋合作的韧性,于多层面、多维度推动东北亚海洋圈的形成,也必将有助于海洋命运共同体的构建。

(三)海上贸易与非传统安全因素的推动

进入21世纪以来,东北亚地区国家间的经贸互动往来热络,贸易范围及额度不断扩大,在这其中通过海路形式展开的货物运输占据了绝大部分比重。根据中国经济信息社和新华(青岛)海洋经济指数研

---

① 张蕴岭:《处在历史转变的新起点——基于东北亚命运共同体的思考》,《世界经济与政治》2020年第6期,第7页。

究院整合有关高校、专业调查服务机构等全球资源编制撰写的《2018年东亚海上贸易互通指数报告》的相关内容显示,中日与中韩位列东亚地区海上贸易互通紧密程度的前两位。具体而言,中国与本区域互通程度最高的国家为日本和韩国,日本与本区域互通程度最高的国家为中国和韩国,而韩国与本区域互通程度最高的国家为中国和日本。①这些事实充分显示了以中日韩为核心建设东亚地区海上贸易合作中心的巨大潜力。鉴于此,东北亚海洋圈可以以超强的经贸活力为支撑点,以引导各国优势资源流动为发力点,进而推动东北亚乃至整个东亚地区的贸易转型升级,为东北亚海洋经济合作奠定坚实的利益基础。

随着东北亚地区极端天气、气候变暖、核泄漏、石油泄漏、赤潮以及生物多样性等自然灾害与生态危机的频发,东北亚各国在非传统安全领域所面临的共同威胁和挑战日渐增多。近些年,东北亚国家在有关海上运输、海洋资源开发、海上执法、海洋环境保护、海洋科考等海洋事务各领域进行了深入沟通与合作,取得了诸多建设性成果。其中,2008年9月,中俄日韩四国成立了"东北亚航运株式会社";2009年,在中国珲春、俄罗斯扎鲁比诺、韩国束草以及日本新潟四国四地之间完成了首次陆海联运航线试运,大大提高了海上航运效率;②2019年1月17日,《威海—仁川打造东北亚物流中心谅解备忘录》签约仪式在威海举行,这标志着中韩两国将首次实现海空港联动多式联运,共同打造中韩及世界各国货物通过威海、仁川转至日本、欧美乃

---

① 《图解:〈2018东亚海上贸易互通指数报告〉发布》,半岛网,2018年9月8日,http://news.bandao.cn/news_html/201809/20180908/news_20180908_2856912.shtml。

② 《中俄日韩四国陆海联运航线即将正式运营》,中国新闻网,2009年7月10日,http://www.chinanews.com/cj/cj-gncj/news/2009/07-10/1770591.shtml。

至全球的双向物流黄金通道;① 东北亚各国积极合作开发域内海洋旅游资源,大连、上海、釜山、蔚山、束草、新潟、扎鲁比诺等港口纷纷被打造成为东北亚地区国际邮轮旅游中心,中、日、韩、俄之间的邮轮旅游线路不断得以拓展;在萨哈林,中日韩已与俄罗斯进行了油气开采、资源开发和基础设施建设等多个领域的合作;为妥善管控黄海、东海渔业纠纷,中日、中韩间开展海上联合执法,通过预防性举措减少渔业纠纷的发生。此外,双方还在海事联合执法、海上联合搜救等方面开展合作;海洋环境保护也是东北亚国家开展海洋治理合作的标杆项目,西北太平洋行动计划(NOWPAP)和中日韩三国环境部长会议(TEMM)每年召开一次,组织海洋垃圾研讨会暨海滩清扫活动;东亚海环境管理伙伴关系计划(PEMSEA),简称东亚海项目,是中国参与的一个重要多边海洋合作项目,日本、韩国、朝鲜也都参与其中。这一项目由全球环境基金、联合国开发计划署和国际海事组织共同发起,主要目的是通过实施海洋的可持续发展,建立相关部门间的合作伙伴关系,解决跨行政管理边界的热点海域的环境管理问题。② 截至2019年6月,中日韩已开展了四轮"中日韩北极事务高级别对话",三国同为北极理事会"观察员国",在参与北极事务的过程中拥有诸多相似的立场、观点和诉求,在北极航道建设、生态环境保护、科学研究、能源和矿产资源勘探开采等领域不断强化与俄罗斯之间的政策协调力度。

---

① 《威海—仁川"四港联动"!中韩将实现海空港联动多式联运》,航运界,2019年1月18日,http://www.weihai.gov.cn/art/2019/1/18/art_32194_1499397.html。

② 《东亚海环境管理伙伴关系计划》,来源:新华网,中央政府门户网站,2006年12月12日,http://www.gov.cn/jrzg/2006-12/12/content_467933.htm。

三、构建东北亚海洋圈的实践困境

东北亚海洋圈的构建有其现实基础及动因,但诸多制约因素仍在很大程度上限制着东北亚海洋圈的构建进程。

(一)区域意识远未成熟

长期以来,东北亚始终未形成和发展出成熟的区域意识。

首先,东北亚域内各国的地区及身份认同水平较低。数十年来,朝鲜始终孤立于世界体系及区域秩序之外,在东北亚还需正确的身份定位;俄罗斯自"罗斯受洗"乃至冷战结束以来,全面融入西方世界、获得真正欧洲国家身份的努力从未停止,但其横跨欧亚的巨幅体量及"乌克兰危机"爆发后受到的全面制裁使其难以摆脱国家认同的"东西之争";[①] 囿于地理位置及地缘位势的独特以及微小的国家体量,蒙古国难以在东北亚合作中扮演重要角色,其"永久中立国"的身份、"第三邻国外交"的开展以及在经济社会发展领域对西方国家的严重依赖,[②] 使得其"欧亚国家"的身份标签在其国内深入人心。此外,中日韩三国一度积极构建东亚共同体,但对东北亚身份尚缺乏整体认同:中国幅员辽阔,西北、西南及东南等地难以对东北亚身份有较高认同;日本始自"明治维新"的"脱亚入欧"目标、发达国家的身份以及七国集团重要成员的现实不断形塑其"西方阵营重要成员"

[①] 张昊琦:《思想之累:东西之争之于俄罗斯国家认同的意义》,《俄罗斯学刊》2016年第5期,第35页。

[②] Saikhansa Khurelbaatar:《中立战略与蒙古国对外安全战略选择》,《当代亚太》2017年第2期,第64页。

的身份意识,① 更在心理认知层面赋予了其超脱、凌驾于域内各国之上的优越感;韩国认为自己是"东北亚中心",但又认为自己在文化上更接近西方,这导致其游离于东西方之间,域内国家的这种"离心"状态成为构建东北亚海洋圈的一大障碍。

其次,东北亚地区安全局势复杂多变,导致域内国家间安全及政治互信严重缺失。尽管东北亚地区形势总体可控,但仍暗流涌动。域内的历史问题、朝鲜半岛问题、海洋争端问题、大国利益竞争问题等复杂难解,难以形成开展合作所必须的信任基础。目前,东北亚正面临"百年未有之大变局",地区格局经历着深刻变化。美国制裁俄罗斯、将中国视为竞争对手,"美国优先"政策导致美日、美韩关系间生嫌隙,东北亚域内国家和地区间互动意愿明显提升,始于2019年末的新冠疫情进一步强化了各国间的政策协调与通力合作。但东北亚"安全痼疾"仍时常出现反复,削弱地区安全互信,阻碍区域合作进程。东北亚由此陷入欲求合作而又难以将其深化的困境中,降低了各国对区域合作的期待与信心。

最后,国际分工的深刻变化导致地区经济竞争加剧。近年来,形成于20世纪下半叶的东亚区域经济发展"雁型模式"正在逐渐瓦解,直接导致了区域经济分工形态由"垂直态"向"水平态"过渡。中国在产业升级、技术研发等方面不断求新求变,向着更高的分工层级迈进,与日韩两国争夺高附加值产业制高点的竞争愈演愈烈。一方面,中日韩的经济联系度依然紧密,中日韩自由贸易区谈判仍在进行当中;另一方面,原有经济发展结构日渐滑向松散脱钩的现象亦不容

---

① 刘兴华:《地区认同与东亚地区主义》,《现代国际关系》2004年第5期,第21页。

忽视,始于2019年7月的日韩经贸摩擦愈演愈烈正不断加剧这一倾向。域内国家间经济竞争加剧势必影响相互合作的动力与进程。且据历年《东亚海上贸易互通指数报告》显示,东亚各国中,中日韩对本地区的依赖度最低。区域意识淡薄是构建东北亚海洋圈的一大障碍。

(二)海洋观念存在差异

目前,从发展阶段来看,东北亚地区国家的海洋观念正从传统海洋观念向综合海洋观念过渡,但各国的认知仍不尽相同。

一方面,对海权本身的解读有共识,但也存在差异。中国学者认为欧美海权思想更多地侧重于力量、控制和霸权,而中国海权的概念内涵主要包括两个方面"海上力量"和"海洋权利"。① 中、日、韩、俄关于"力"的含义的表述大体一致,都是指"力量""能力""影响力"。如前文所述,海权内涵要素因实践阶段不同,涵盖具体内容不同。"海洋权利",是指"国家主权"概念内涵的自然延伸,包括国际海洋法、《联合国海洋法公约》规定和国际法认可的主权国家享有的各项海洋权利。②

另一方面,各国对海权内涵要素还有着各自的理解与侧重,影响着域内国家的海洋实践。中国致力于海上和平崛起,着重发挥综合海洋观中非军事要素的作用,海军重在防御,海军发展不超出自卫范

---

① 张文木:《论中国海权》,《世界政治与经济》2003年第10期,第9—10页。史春林:《20世纪90年代以来关于海权概念与内涵研究述评》,《中国海洋大学学报(社会科学版)》2007年第2期,第7—9页。

② 孙璐:《中国海权内涵探讨》,《太平洋学报》2005年第10期,第84页。

围;① 日本则致力于以修改《和平宪法》、完善《防卫计划大纲》等手段推动海上武装力量的扩展,仍高度重视军事等内涵要素的运用,与之相比,综合海洋观中的非军事要素暂居其后;韩国重视海军建设,但倾向于海洋军事手段与非军事手段的并重运用,综合海洋观中各要素重要性相对均衡;俄罗斯传统上即重视海军力量的运用,随着北极冰盖加速融化,俄罗斯开始谨慎地与中日韩在北极航道建设、海洋资源开发、海洋环境治理、海洋科学研究等方面的合作。

中国在维护自身"海洋权利"的同时,也主张承担应有责任,维护区域海洋良性发展态势,推动"海洋命运共同体"构建。而受到西方海权概念的影响,日韩的海权概念不涉及对海洋权利的表述,② 更加关注海洋权利之外海洋利益的获取。因此,日韩在承担责任方面长于推诿,且受同盟关系影响,二者无法完全站在地区整体海洋开发、利用、治理的角度上思考问题。这既不利于东北亚海洋圈的构建,也不利于日韩自身海洋利益的维护。总之,域内国家对海权的认知差异还将长期存在,导致东北亚地区在实践中呈现出"共识渐增"但"争端尤烈"的双重发展态势,影响东北亚海洋圈构建进程。

(三) 合作机制严重缺失

迄今为止,东北亚地区仍缺乏一个行之有效的地区合作机制,因此,东北亚地区合作的深度、广度与水平不仅远落后于欧盟,也弱于东盟。目前,中日韩合作是东北亚地区合作的主轴。以亚洲金融危机

---

① 张文木:《论中国海权》,《世界政治与经济》2003年第10期,第10页。
② [韩]何道炯(音):《中国海洋战略的认识基础》,《国防研究》2012年第55卷第3号,第52页。

的爆发为契机,东亚顺势开启地区合作与一体化进程,中日韩三国也在这个合作进程中逐步发展起了独立的合作进程,形成了以领导人对话为支撑的合作机制,但是由于双边关系不时出现问题,行动力均显不足。从海洋合作领域来看,东北亚尚无专司区域海洋合作的机制或机构安排。"西北太平洋行动计划"虽覆盖中、日、韩、俄、朝五个成员国,但该组织只负责管理西北太平洋沿海及海洋环境,不涉及其他海洋合作议题。"中日韩三国环境部长会议"机制也存在涉及国家少、领域单一的问题。"中日韩三国合作秘书处"自成立以来组织开展了一系列地区海洋事务合作,但因其是职能宽泛的行政机构,对海洋领域合作的专注力和推动力仍显不足。特别是目前东北亚海洋领域存在针对海洋规则的各自解读、面对利益竞争的互不相让、应对海洋治理的责权淡化等问题,迫切需要建立一个专司海洋事务的机制或机构有效管控海洋危机,协调海上矛盾和分歧,推动地区海洋合作。此外,缺乏专门的海洋金融机构也是东北亚海洋圈构建及运行所面临的一大现实阻碍。海洋领域具有高投入、高风险的特点。域内港口和管道等基础设施建设、海洋生态环境治理修复的开展等都需要大量资金支持,设立专门的海洋金融机构是构建东北亚海洋圈必要的经济基础。

(四)"美国因素"干扰牵制

两极格局解体之后,美国在海洋领域的绝对优势地位愈发稳固,海洋利益遍布全球,海上力量投射能力他国无可企及。尽管如此,美国仍将中国视为战略竞争对手,认为中国的海上崛起会挑战美国的海上霸权,竭力干扰中国海上和平崛起进程。为此,美国积极充当东北亚域内海洋争端的搅局者,阻挠东北亚区域一体化进程,限制中国参与北极事务的范围和权利,成为牵制东北亚海洋圈构建的重要外因。

首先,在东北亚地区,海域相邻的国家间存在大量海洋争端,而美国往往是这些争端的始作俑者与搅局者。例如,二战后,美国为扶植日本签订了片面媾和的《旧金山对日和约》,托管钓鱼岛。后又通过《美日归还冲绳协定》私相授受钓鱼岛,一手制造中日钓鱼岛争端。此外,美国通过同盟关系牵制日韩两国,在日韩与周边国家的海洋争端问题上推波助澜,干扰和破坏东北亚地区合作进程。

其次,美国虽远离东亚大陆,但始终保持着对东北亚地区的影响力,干扰并阻挠东北亚区域一体化进程。长期以来,东亚、东北亚地区合作机制与地区主义的发展多呈现出开放性、松散型特征,这为美国的介入、参与提供了契机,更在"大国竞争"为主导的当下成为中美较量与角力的平台。每当东北亚经济一体化进程出现转机之际,美式"干涉主义"的操弄往往立刻横加干预,谈判大会常因美国"楔子战略"的实施沦为相关国家间推诿扯皮的场合。

最后,美国限制中国拓展新的合作空间,阻挠中国参与北极事务的范围和权利。如国务卿蓬佩奥在参加2019年北极理事会部长级会议时,公开将中俄塑造为"北极威胁",宣称"北冰洋将变成充满军事化和领土争夺的新南海";同时警告中俄"要尊重美国在北极的利益否则后果自负",甚至声称"中国在北极没有任何权利"。除此之外,蓬佩奥拒绝提及北极地区面临的由温室效应而导致的日益严峻的生态破坏，遵循特朗普政府拒绝承担气候变化责任的执政方针。① 此举将严重干扰相关国家的北极合作，进而对东北亚海洋圈的构建产生负面影响。

四、东北亚海洋圈的构建路径

如前所述，目前东北亚海洋圈的构建的确面临重重阻力，难以从根本上解决。但近年来东北亚区域合作动力的增强为推动海洋合作创造了有利条件。因此，我们既要在宏观上打造东北亚海洋圈的构建基础，更要在具体实践层面探讨可供操作的构建路径。

在宏观上应从结构基础、价值基础、安全基础、战略基础打造东北亚海洋圈的构建基础。首先，在凝聚区域意识层面，推动域内国家间关系的逐步改善是破局"认同困境"的重中之重。在这一过程中，中日两国作为域内第一及第二大经济体，在构建牢固的"东北亚共识"的过程中责任重大。基于此认知，"继续改善中日关系与日本真正回归亚洲"② 是增强东北亚地区认同的结构基础。其次，弥合各国海洋观认知差异、强化海洋合作意识、宣传海洋共享性权利、推动"综合海洋观"的形成是构建东北亚海洋圈的必由路径。只有当海洋权利与海洋义务、海洋利益与海洋责任的并重成为域内国家的"海洋

---

① Victoria Herrmann, "In the Arctic, America is its own worst enemy," CNN, https://edition.cnn.com/2019/05/10/opinions/victoria-herrmann-arctic-america-is-its-own-worst-enemy/index.html. （2020 年 7 月 3 日登录）

② 梁云祥：《中日近代以来不同历史经历和发展道路对东亚地区认同的影响》，《日本学刊》2010 年第 1 期，第 57 页。

共识","从排他性转向竞争性与合作性的统一",① 东北亚海洋圈才真正拥有了构建的"价值基础"。再次,地区海洋合作机制与机构建立健全的首要目标是有效管控域内海洋争端,维护海洋安全。时至今日,东北亚各国尤其是中日韩三国经济合作业已攀升至较高水平,然而区域一体化的行动也仅限于此,其质量远未达到欧洲经济一体化的程度。东北亚海洋圈是东北亚迈向区域一体化的重要阶段性成果,也必将在良性互动中为推动宽领域、高水平、多层次海洋事务合作的实现。因此,有效管控危机、减少分歧冲突、建立深度互信是建立健全东北亚海洋圈的"安全基础"。最后,"美国因素"对东北亚海洋合作的干扰在中美陷入全面战略竞争的当下尤为突出,有效排除美国的负面影响寓于中国对美战略实施的"大棋局"中,塑造良性竞争的中美关系、推动国际体系的良性转型,是中国对 21 世纪国际政治的重要贡献,② 也是中国为解答新时代国际及区域问题所作出的必要努力,将成为践行区域合作、构建东北亚海洋圈的"战略基础"。

在具体实践层面,构建东北亚海洋圈需照顾各国发展的基本诉求,提升合作的意愿和积极性,努力扩大利益契合点,探求更为切实有效的构建路径。

(一)多维度的合作模式

在东北亚地区,安全局势的动荡、政治关系的波折常常造成合作停滞不前,构建东北亚海洋圈需东北亚各国凝心聚力排除干扰,专注于发展与合作。积极打造共同利益,尊重彼此差异,弱化各方分歧,

---

① 夏立平、云新雷:《论构建中国特色新海权观》,《社会科学》2018 年第 1 期,第 15 页。
② 吴心伯:《论中美战略竞争》,《世界经济与政治》2020 年第 5 期,第 130 页。

推动多元化的合作模式。

东北亚海洋圈的建设不应拘泥于单一模式,应在广泛融合双边、多边合作的基础上实现优势互补、兼容并包。多元化的合作模式包括:第一,在单边发展层面,着力打造富有自身特色的海洋产业、海洋园区,推动各国间差异化发展,形成互补合作的坚实基础;第二,东北亚各国间要保持双边海洋合作、交流互动的顺畅,形成良性发展模式,进而为扩展至三边乃至多边合作提供基础性支持;第三,中日韩作为东北亚地区核心三国,是开展海洋合作范围、深度、时间较广的国家,在进一步深化三边合作的同时要注重相互补充,避免不必要的恶性竞争;第四,在成熟完善的中日韩三边合作机制的基础上,逐步推进"中日韩+X"模式的规划与实施,域内、域外国家只要兼具意愿与能力,皆可加入。由此,在"四管齐下"的渐进或并行推动过程中,区域内外海洋合作联动发展的基础已然成形,进而在实践中逐步且坚实地推动东北亚海洋圈的深度融合与发展。

(二)多层次的政策规划

事实上,目前东北亚地区海上合作的利益已经超过对抗带来的获益,这一客观事实提示东北亚各国有必要规避零和博弈,合力管控争端,开展良性竞争,实现最大收益。

首先,东北亚国家应持续推动战略对接。目前,中、日、韩、俄等国发展战略既存在重叠又相互对接,这在客观上成为推动东北亚海洋圈构建的政策基础,在实践中也为东北亚各国参与海洋圈构建提供总体战略规划支撑。不可否认的是,各国发展战略存在相互竞争与对抗的成分,但也不乏合作空间。例如,近年来,日韩两国开始对中国

"一带一路"倡议持有限支持立场,这有利于中日韩推动以双边或多边形式开展的第三方市场合作,在东北亚地区,俄罗斯便是重要合作对象国。这种合作态势有助于东北亚海洋圈的构建。再如,2020年4月10日,日本唯一一家国立安保智库——日本防卫研究所发布了《东亚战略概观2020》,对"自由开放的印太战略"进行解读,强调与韩国合作具有重要战略意义,并指出该战略不排斥中国,希望中国作为重要成员加入其中。① 鉴于此,东北亚各国应继续规划好总体战略对接,积极推动东北亚海洋圈构建进程。

其次,东北亚国家需深度挖掘合作领域。在渔业、海运业、造船业等传统海洋产业领域开展产业升级合作,向着集约化、绿色化、信息化、智能化方向转型;在海洋生物医药、海洋新能源、海洋新材料、邮轮等新兴产业领域加强合作,引领海洋经济发展方向,打造东北亚多边海洋合作的强劲动力。与此同时,进一步加强东北亚国家在海洋开发、海洋生态、海洋网络、海洋安全等领域的通力合作。

最后,东北亚国家应规划争议海域合作方案。可在争议海域建立共同生态养护区、共同捕鱼区以及共同科学考察区;共建海洋科技信息中心、建立健全海洋信息交流合作机制也不失为有效举措,就即时性和长期性的海洋发展问题进行多边磋商和深入合作,共同提升构建东北亚海洋圈的动能与活力。

(三) 多领域的互补并进

目前,东北亚地区历史问题积重难返,朝核问题悬而未决,海洋

---

① 日本防卫研究所:《东亚战略概观2020》,2020年4月10日。

冲突多点爆发，大国博弈日渐加剧，地区安全局势越发复杂。在缺乏地区安全合作机制的当下，增进互信、凝聚共识是东北亚海洋圈的构建基础。短期内东北亚地区所面临的安全问题难以一蹴而就地解决，这就要求域内国家有效管控争端，搁置争议，共同开发，共担责任，在合作发展中降低安全因素的干扰。

在推动东北亚海洋合作的过程中，直观的经济效益是域内国家开展合作的重要驱动力。但东北亚各国，尤其是中日韩三国间在海洋经济领域既存在合作空间，也面临激烈竞争，三国在海洋贸易领域的互通紧密程度颇高，但在造船业、水产业等优势产业方面的竞争也非常激烈。因此，从经济领域入手虽然有利于提高海洋合作积极性，但单凭经济合作的驱动并不足以绑定东北亚各国，而从周期长、见效慢但却与人类生存发展息息相关的气候治理、环境保护等低冲突领域着手，持续推动东北亚各国海洋合作就显得尤为必要，开展这种多领域合作更有助于促进东北亚各国形成合作共识，共同分担责任。此外，海上减灾防灾、海上反恐、海上走私贩毒、海上人口贩运等其他非传统安全领域的合作也会对东北亚海洋圈的构建起到积极推动作用。

多领域的互补并进可以作为现阶段启动东北亚海洋圈建设的重要方向，在协同各国开展由浅入深的海洋诸领域合作的过程中将不断发挥着释缓压力、增加互信、复合互补的外溢作用。

（四）必要的制度安排

构建东北亚海洋圈离不开两大重要支柱，一是共同观念基础，即前文述及的在东北亚国家业已形成的综合海洋观；二是制度安排，与东南亚地区各领域合作制度呈现出"意大利面条碗"般的拥堵不同，东北亚地区的合作机制，尤其是多边海洋合作机制严重缺失，无法发挥出统筹规划、系统安排的利益乘数效应。因此，在东北亚地区有必要在现有的合作机制中增加海洋合作内容，更为重要的是要在相关领域新建合作机制。

目前，东北亚海洋合作亟待填补两大制度空白，一是发挥综合管理职能的东北亚海洋合作管理机构，如东北亚海洋理事会；二是发挥海洋合作经济基础作用的东北亚海洋金融机构。具体而言，一方面，建立统一的海洋合作主管机关将为东北亚海洋合作及海洋治理措施的有序、有力推进奠定制度性保障，在此机构之下，要着手建立并完善海洋权益纠纷与争端解决机制，避免因领土争端与历史遗留问题的爆发而使东北亚海洋圈构建陷于停滞，以此强化海洋合作的韧性；另一方面，东北亚地区迫切需要建立海洋金融制度，并以此作为构建东北亚海洋圈的经济制度基础。具体表现为设立海洋银行，致力于解决东北亚海洋圈的海洋开发、海洋环保以及海洋安全救助等相关事宜。亚洲基础设施投资银行、丝路基金等金融机构与项目皆为推动某一具体领域合作而兴建，并在实践中扮演了解决融资、贷款等难题的重要角色，此可成为推动东北亚海洋金融合作、建立海洋金融制度的范本加以借鉴。东北亚地区各类能源资源储量丰富，若再有效解决金融问题这一开展合作的关键锁钥，无疑将大为提高中日韩俄的区域意识和相互依赖，构建东北亚海洋圈的可行性亦不断上升。

五、结语

构建东北亚海洋圈，需要东北亚相关国家群策群力共筑发展动力。共同的历史积淀、共同海洋观念的形成、海上贸易的相互依赖以及非传统安全合作动力的不断走强,是东北亚各国在海洋议题中实现协力合作的重要基础。囿于解决历史遗留问题的艰难与复杂,东北亚海洋领土与权益争端已成为构建东北亚海洋圈的重要阻滞性因素。东北亚各国需要进一步破除在海洋议题领域开展零和博弈的观念,才能推动在争议海域开展合作的实现。现阶段,全球化面临转型与深入开展的趋势证明,开展海上合作的收益已经远超挑起海上对抗的获益。借助海洋领域的争议问题进行炒作、展现强力应对的姿态,可能收获一时的呼应与追随,却无法实现长远的发展利益共鸣。中国"人类命运共同体""海洋命运共同体"理念的提出,将推动中国在新时代努力促进东北亚地区新秩序的形成,并在实践中为打造东北亚海洋圈发挥独特的战略引领作用。

区域与国别

大格局:"东亚奇迹"再造

江瑞平*

摘　要　以1993年世界银行发布报告指认东亚出现经济增长奇迹,到1997年东亚金融危机爆发为分界,东亚奇迹经历两大阶段:此前为东亚奇迹创造阶段,此后为东亚奇迹再造阶段。与东亚奇迹创造阶段相比,东亚奇迹再造阶段显现两大特点:一是中国引领,一是合作推动。且二者之间还存有密切关联和高度互动关系:中国引领作用通过区域合作得到进一步提升;合作推动作用通过中国引领得到进一步强化。正是中国引领与合作推动及两者之间的良性互动,为东亚奇迹再造提供了强劲动力和坚实支撑。

关键词　东亚奇迹　创造与再造　中国引领　合作推动

---

* 江瑞平,外交学院教授、前副院长。

引　言

1993年世界银行发表题为《东亚奇迹：经济增长与公共政策》的报告（以下称"世界银行报告"），指出东亚地区出现了经济增长的奇迹。"东亚奇迹"遂成全球热门话题，并引发学界关于东亚有无奇迹的激烈论争。就在论争相持不下之际，以1997年7月2日泰铢贬值为开端，东亚爆发金融危机，并导致东亚经济严重衰退。金融危机似乎印证了以保罗·克鲁格曼为代表的"东亚无奇迹"的论断，似乎也预示着，即便东亚出现过经济高速增长的奇迹，金融危机也宣告了这一奇迹的终结。然而，走出金融危机后的东亚，不仅增长奇迹未被终结，反而形成更加强劲的增长势头，从而越来越成为全球经济最具活力、增长最快的地区，其对全球经济贡献、占全球经济地位，也因此得到更加显著的提升。

步入2020年，一场百年不遇的疫情突如其来，迄今仍在全球蔓延，许多国家几近失控，造成空前严重的生命健康危机和深度经济衰退。在此全球大背景下，东亚地区在防疫、抗疫和复工、复产方面却显现出世界其他地区无法比拟的优异成效，似乎又在创造着新的奇迹，从而也促使我们不能不对东亚奇迹重新予以关注。迄今为止，东亚地区的新冠肺炎感染率，仅及全球平均水平的大约1/10。而据国际货币基金组织2020年10月14日发布的最新预测，在全球经济2020年的严重衰退和2021年的强劲反弹中，东亚地区又形成"衰退更轻，回升更劲"的显著特点。该预测表明，2020年全球、发达国家、新兴市场和发展中国家的经济增长率分别为-4.4%、-5.8%和-3.3%，而亚洲新兴市场和发展中经济体则为-1.7%，中国还将出现1.9%的正增长。2021年全球、发达国家、新兴市场和发展中国家分别为5.2%、3.9%和6.0%，而亚洲新兴市场与发展中经济体则高达8.0%，中国更将达8.2%。[①] 这意味着在经济衰退期，东亚新兴市场与发展中经济体比全球降幅低2.7个百分点，在经济回升期又比全球增幅高2.8个百分点。就在笔者正在关注东亚在防疫、抗疫和复工、复产方面取得的优异成绩时，第四次区域全面经济伙伴关系协定（RCEP）领导人会议传出好消息：与会的15国领导人于2020年11月15日正式签署了协议，意味着全球规模最大、成员之间发展水平最为悬殊、社会经济制度区别最为显著的区域经济合作框架正式启动。东亚区域合作进程本来明显滞后于其他两大世界经济中心——欧洲和北美，而在欧盟深陷英国脱欧困境、美国退出《跨太平洋伙伴关系协定》（TPP）的背景下，在全球笼罩于疫情蔓延和经济衰退阴影之时，东亚能排除干扰、全力推进合作进程并最终取得成功，无疑也创造了区域合作的奇迹！

立足当下反思历史，当年"东亚奇迹"是日本带领一些东亚小经济体实现快速增长，如今却大不相同。1993年世界银行报告发布所指的"东亚奇迹"存有两大明显缺陷，一是缺少中国（除港台外）这一地区大国的深度参与；二是东亚经济体相互之间几乎没有机制性合作。[②] 然而从那之后，尤其是经历1997年的金融危机之后，在东亚很快形成足以改变整个地区格局、并产生世界影响的两大趋势，一是中

[①] 国际货币基金组织：《世界经济展望》，2020年10月，第141、145页。
[②] 事实上，世界银行在考察东亚奇迹时，对象仅限于日本、韩国、新加坡、中国香港、中国台湾、印度尼西亚、马来西亚、泰国等八个东亚经济体。1967年成立的东南亚国家联盟此前主要限于政治与安全合作。

国经济增长势头越来越强劲，越来越成为东亚经济高速增长的最重要引擎；二是以 1997 年 11 月首次东盟与中日韩领导人会议为标志启动合作框架（后形成"10+3"合作机制），东亚区域合作开始全面展开、快速推进，直至正式签署《区域全面经济伙伴关系协定》，并对本地区经济增长发挥着越来越重要的推动和支撑作用。如果说在此之前，东亚已经创造了经济增长的奇迹，那么应该说在此之后，东亚又展现出举世瞩目的奇迹再造之势，直至目前，在全球防疫、抗疫和复工、复产，以及逆流而上、全力推进区域合作方面展现出的强大奇迹再造能力。

一、世界百年变局中的东亚

东亚奇迹的形成与再造，必须放在世界大格局与大变局中进行观察。所谓东亚奇迹，如上所述，显然也是因为其在经济增长，区域合作，防疫、抗疫，复工、复产等重要方面，与世界其他地区相比，显现出更加明显的优势，取得了更加优异的业绩。关于世界大格局与大变局，2017 年底在一年一度的驻外使节会议上，中国国家主席习近平首次提出，当今世界正处于"百年未有之大变局"，之后又在许多重要国内国际场合反复强调，"百年未有之大变局"不仅成为中国官方关于当今世界与时代局势的基本判断，也得到国际社会越来越广泛的认同。因此，东亚奇迹的形成与再造，必须放在这一世界百年大变局中予以考察。

（一）世界变局的东亚身影

关于当今世界面临的"百年未有之大变局"，包括其总体态势与主要趋向，迄今尚未完全达成共识，但在新兴市场与发展中国家整体快速崛起，大国实力对比关系发生显著变化，以及地缘经济布局正在加速调整等三大方面，看法似应基本一致。而在世界大变局的每一重要方面，都能看到清晰的东亚身影。东亚地区不仅浓缩了世界百年大变局的所有重大变化趋向，而且还是推进世界大变局的重要动力和支撑。

首先，东亚始终是新兴市场与发展中国家整体崛起的前沿地带和核心地区。在东亚，这一进程最早可以追溯到20世纪60年代，韩国、新加坡、中国台湾和中国香港等"亚洲四小龙"成功实现经济起飞，很快即被国际社会界定为第一批"新兴工业化经济体"。目前，站在广大新兴市场与发展中国家整体崛起前列，并发挥引领和主导作用的，显然是中国这个全球最大的新兴市场和发展中国家。21世纪头19年，新兴市场与发展中国家占全球经济总量的比重，整体提升了19.3个百分点，其中有12.7个百分点是由中国贡献的，贡献率高达65.8%！①

其次，大国经济实力对比关系的显著变化，集中体现在中、美、日前三大经济体之间，位居其后的其他大国地位虽也有所调整，但变化并不明显。而在中、美、日三大经济体实力对比关系中，变化最为强烈、最具代表性的，也是来自东亚的中日两国：中国迅速攀升而日

---

① 依据国际货币基金组织（IMF）数据库相关资料计算。IMF, World Economic Outlook Database, October 2019, https://www.imf.org/external/pubs/ft/weo/2019/01/weodata/index.aspx。

本急剧下降。2000—2019年，在全球经济总量中所占比重，中国由3.6%升至16.3%，提升12.7个百分点；美国由30.3%降至24.8%，降5.5个百分点；日本由14.4%降至6.0%，降8.4个百分点。结果是中国相当于美国经济总量的比例由2000年的11.8%急剧攀升至2019年的66%，19年间攀升了54.2个百分点；而中国相当于日本经济总量的比例，在2000年仅有24.9%，到2010年即超过日本，2019年更攀升至日本的2.7倍！防疫、抗疫和复工、复产方面的效果差异，进一步加速了中美日实力对比变化。据国际货币基金组织2020年10月14日预测，2020年中国、美国和日本的GDP增长率分别为1.9%、-4.3%和-5.3%，2021年分别为8.2%、3.1%和2.3%。据此推算，2020年中国GDP提升到美国的71.5%和日本的2.95倍，2021年更有可能提升到美国的75%和日本的3.12倍。①

最后，同样也十分重要，世界经济地缘布局变化、经济中心转移，也是世界百年变局的重要变量，而正是东亚经济的持续快速增长，推动世界经济中心和重心越来越向东亚地区转移。而在近、现代世界经济发展过程中，先是以英国为中心的西欧或欧洲地区位居前列，后是以美国为中心的北美地区后来居上，从而使欧美（西方）长期保持了世界经济中心和重心的地位。不仅欧美在全球经济规模和总量上占据主体和主导地位，而且全球经济运行的总体规则框架，也完全由欧美来制定和监管，包括几乎所有重要国际经济组织完全由欧美高层掌控。伴随东亚经济增长奇迹的形成和再造，东亚经济实力不断增强、地位快速提升，世界经济的中心和重心越来越向东亚转移。

---

① IMF, World Economic Outlook Database, October 2019, https://www.imf.org/external/pubs/ft/weo/2019/01/weodata/index.aspx；国际货币基金组织：《世界经济展望》，2020年10月，第142、145页。

（二）东亚奇迹的全球背景

此外，东亚奇迹的形成与演进，同样得益于相对有利的国际环境，有着极其深广的全球背景。

首先，战后国际格局的深刻变化，为日本及"亚洲四小龙""亚洲四小虎"（印度尼西亚、马来西亚、泰国、菲律宾）的经济起飞创造了有利条件。尤其是冷战格局形成、朝鲜战争爆发，为美国改变对日占领政策，由占领初期力图彻底摧毁日本经济，改为把日本视为自己在东亚的代表予以扶植，为日本经济快速回复和高速增长，创造了重要条件。可以认为，上述东亚经济体在战后形成的经济高速增长，在很大程度上是其获得了多方面的"冷战红利"。

其次，相对稳定的国际贸易、投资和金融体系，为东亚外向型经济发展提供了稳定、良好的外部国际环境。这一背景在20世纪70年代前作用更加明显，之后，外部环境开始发生变化，不稳定和不确定性日趋严重，包括布雷顿森林体系解体、贸易保护主义抬头、石油价格剧烈波动等。

再次，进入20世纪90年代后，新一轮经济全球化的全面展开、快速推进，全球产业链、供应链、价值链逐步形成并日趋完整，东亚经济体总体上能够积极融入和充分利用，从而在经济全球化进程中得到了进一步发展和提升。

最后，世界范围的新一轮科技和产业革命不断展开，为东亚经济体后来居上、弯道超车提供了全新机会。先是"亚洲四小"在新兴产业部分占得先机，在一些高科技产品和零部件研发和生产领域凸显优势，后是中国大陆在新兴制造业方面后来居上、全面赶超，逐步成为世界制造业中心。

(三) 未来东亚的世界使命

如前所述，迄今世界大变局展现的每一重大趋向，都凸显着清晰的东亚身影。这同时也交给东亚不可推卸的历史重任：积极引领世界大变局走向"历史正确的一方"。

首先是携手推进新全球化进程。全球化是科技进步与社会生产力发展的客观要求和必然趋势。但近期却遭遇了逆全球化暗流，呈现一定停滞甚至倒退之势。问题出在西方欧美主导的旧全球化，完全以资本利益为中心，导致了一系列日趋严重的全球性问题，尤其是对社会公平的严重损害。而世界银行在分析东亚奇迹时，非常重视东亚经济体推行的公共政策，它在很大程度上实现了经济发展与社会公平的有效组合。伴随东亚奇迹的创造和再造，东亚国际地位和国际影响快速提升，东亚经济体理应积极引导未来的新全球化，朝着更加公平公正、互利共赢的方向前行。

其次是共同维护多边国际体系。现存多边国际体系和国际秩序，是二战结束后在西方尤其是美国主导下建立起来的，虽在战后世界经济发展中发挥了积极作用，但自身却存有难以克服的内在缺陷，越来越难以适应全球经济治理的全新需求，以致越来越陷于失效和失灵。特朗普上台后全面推进美国优先、单边主义，连续退出《巴黎气候协定》、伊核协定、联合国教科文组织、联合国人权理事会、世界卫生组织等多边国际治理机制和国际组织，对多边国际体系和国际秩序造成严重冲击。东亚是多边国际体系的受益者，也应成为多边国际体系的维护者。应在改革、完善的基础上捍卫和引领多边国际体系。

再次是积极引领区域合作潮流。区域治理是全球治理的有效补充。20世纪90年代后，伴随多边治理体系出现问题、陷入困境，各种形式的区域合作框架开始蓬勃兴起，以致形成"欧洲—北美—东亚"三极格局，且呈"欧洲领先、北美跟进、东亚滞后"的突出特点。目前，在英国脱欧凸显欧盟危机、美国主导的两大区域框架遭遇"特朗普冲击"的背景下，东亚合作大有后来居上、引领潮流之势，尤其是近前《区域全面经济伙伴关系协定》成功签署，更是逆势而上，创造了区域合作的奇迹。对此后文将有专门讨论。

最后是努力强化全球经济引擎。伴随世界经济地缘重心的东移，东亚越来越成为全球经济增长的主要动力和支撑。走出2008年的全球金融危机后，世界经济始终处于增长乏力、徘徊不定的状态，2020年新冠疫情的全球蔓延，更是对已处停滞状态的世界经济致命一击。东亚应在目前的防疫、抗疫和复工、复产方面继续发挥引领和示范作用，并在未来世界经济回升与增长中发挥更加强劲的支撑与推动作用。

二、东亚奇迹再造中的中国

1993年世界银行报告认定的东亚奇迹，所指称的主要是此前在东亚地区形成的形似"雁阵"的经济高速增长序列，日本学界和政界更愿意将其称为"雁型模式"，尤其愿意将日本摆在"头雁"的位置，强调东亚奇迹是在日本主导下形成的。但在进入20世纪90年代后，日本经济由于泡沫破裂深陷长期萧条，经济增长势头不仅与五六十年代的高速增长显现天壤之别，而且与七八十年代的中速增长相比也大不如前。因此，无论世界银行报告指称的东亚奇迹是否存在，日本是否在这一雁型增长模式中位居主导地位，在90年代以后的东亚经济增长格局中，日本显然也不能继续位居"头雁"地位，发挥主导和引领作用了。而就在日本经济深陷长期萧条，日益走向衰落的时候，中国经济增长从而实力增强、地位提升的势头却日趋强劲，逐渐成为东亚经济增长主要动力和支撑。如果一定要说，1993年世界银行报告所指称的东亚奇迹形成，主要是由日本引领和主导的；那么在此之后，尤其是步入21世纪之后，东亚奇迹再造就主要是由中国引领和主导的。

（一）雁型模式与日本主导

日本是东亚经济起飞和现代化的先驱。1868年明治维新之后，通过制度变革和对外开放，学习和引进西方特别是欧洲的先进制度、先进技术、先进生产和管理方式，日本迅速实现了近、现代经济起飞，到19世纪末20世纪初，即已步入世界列强的行列，并参与了列强瓜分和再瓜分世界的进程，凭借其经济实力从而军事实力，走上了军国主义道路。长期的对外侵略战争，不仅给东亚各国和地区造成了沉重灾难，自身也最终由于战败投降陷入了民族危机，不仅在政治上被置于美国直接占领之下，丧失了国家独立，其经济也濒临崩溃，陷入"一片废墟"之中。从1946年开始，日本以"倾斜生产方式"启动了战后经济恢复，且势头颇为强劲，但同时又遭遇了恶性通货膨胀。1949年占领当局受美国政府之命，开始推行"道奇路线"，力度强大的"超紧缩"几乎彻底中断了战后经济恢复进程。1950年朝鲜战争爆发，为日本经济重启恢复进程提供了天赐良机，美国占领当局也因此而明显调整了对日占领政策，开始从"彻底铲除日本军国主义的经济基础",转向"扶植日本为防止共产主义势力远东扩张的前沿阵地"。到朝鲜战争结束前后,日本经济已完全恢复到战前水平。以此为基础,日本经济开始步入长达20年的高速增长时期,并被公认为创造了"日本经济奇迹"。伴随高速增长的持续推进,日本的经济实力开始显著增强,国际地位也随之不断提升,直至1968年即明治维新100周年之际,日本首次超过当时的联邦德国跃居资本主义世界第二经济大国。这一史实充分证明,无论其对紧随其后的其他东亚经济体的经济起飞和高速增长,是否发挥过直接的引领和拉动作用,其在时间序列上位居被世界银行报告称之为"奇迹"的东亚经济增长的前列或"头雁"地位,却是确定无疑的。

紧随其后于60年代步入经济起飞和高速增长的,是韩国、新加坡、中国台湾和中国香港,即所谓"亚洲四小龙",构成东亚"雁型"经济增长序列的第二梯队。亚洲四小龙的经济起飞与高速增长,与日本战后经济恢复与高速增长,有着共同的国际背景。冷战格局形成,美国培植其在东亚"反共"前哨的经济政治势力,是其最重要的外部条件。美国提供的资金、技术、市场以及其他方面的"保护",是亚洲四小龙经济高速增长与现代化的强力支撑。尤其是在亚洲四小龙经济起飞的早期,美国因素发挥的作用远远大于日本因素。而且,日本由于自身局限,也无力为其提供最重要的市场。直到1980年,在亚洲四小龙的出口结构中,对美出口占比仍高达24.8%,而对日出口占比仅有10.1%,仅及对美出口占比的40.7%。[①]继亚洲四小龙之后,印度尼西亚、马来西亚、泰国和菲律宾,即所谓"亚洲四小虎",也于

---

① 《贸易统计》,日本贸易振兴机构官网,https://www.jetro.go.jp/world/statistics.html#trade。(2020年11月17日登录)

70年代开始步入东亚经济高速增长的序列。日本对东南亚经济外交的全面展开，在亚洲四小虎的经济起飞与高速增长进程中，的确发挥了不容忽视的推动作用。日本全面推进对东南亚经济外交的背景颇为复杂。一方面，印支战争结束，美国开始从东南亚战略撤退，要求作为盟友的日本填补由此造成的战略空白。另一方面，伴随日本经济实力增强，尤其是贸易竞争力提升，与欧美尤其是美国的贸易摩擦愈演愈烈，日本也需要为自己开拓新的市场，东南亚自然成为其优先方向。实际上，日本始终将经营东南亚视为其对外战略重点，早在1957年，时任首相岸信介即对东南亚进行了访问，之后，池田勇人、佐藤荣作、田中角荣等多位日本首相，也都将东南亚作为出访重要目的地。而到1977年东盟成立十周年，借参加东盟首脑扩大会议之际，时任首相福田赳夫在马尼拉发表演讲，提出对东南亚"外交三原则"，正式推出"福田主义"，更进一步强化了日本对东盟的经济外交。日本对东南亚的经济外交，最早采取了"准战争赔偿"的方式，主要是向东南亚有关国家提供水力发电站、工厂、桥梁等建筑材料和机械，为接受国的经济起飞发挥了重要作用。之后全面扩展到经济援助、直接投资、技术转让、产业转移、双边贸易等多个方面。到1980年，在亚洲四小虎的出口结构中，对日出口占比高达34.5%，远高于其对美出口占比18.7%。[①]

到80年代，日本与欧美的经贸摩擦更趋激化，尤其遭遇到来自美国的全面经贸打压，直至1985年被迫签署《广场协议》，日元由此而急速升值。以此为背景，日本对外经贸关系向东亚转移的势头进一步

---

① 《贸易统计》，日本贸易振兴机构官网，https://www.jetro.go.jp/world/statistics.html#trade。(2020年11月17日登录)

增强，包括进一步加大对东亚的开发援助，扩大对东亚的直接投资和产业转移，以及拓展与东亚的贸易及其他经贸关系等。此时最应关注的是，步入80年代，中国大陆开始改革开放，对外经贸关系逐步全面展开。而日本在中国改革开放初期，又扮演了举足轻重的角色，一度形成"改革学日本，开放对日本"的基本格局。日本长期保持着中国第一大贸易对象国的地位，也是中国大陆吸收外资、引进技术最重要的来源国。如在1985年，对日贸易在中国对外贸易中所占的比重，一度高达27.2%。而日资在中国引进外来直接投资中所占的比重，在1990年也高达14.4%。①

总之，在1993年世界银行发布报告确认东亚出现经济增长奇迹之前，日本在东亚经济格局中占据举足轻重地位，在多方面对此前东亚经济奇迹的形成，发挥了不容忽视的引领和主导作用。第一，日本在东亚经济格局中占据突出重要地位，此间东亚经济的高速增长，在很大程度上就是靠日本来带动的，日本对东亚经济整体增长的贡献率极高。直到1990年，东亚（东盟10＋中日韩3）GDP总量约为41886.2亿美元，日本一国即达31300亿美元，占比高达74.7%。1980—1990年，日本对东亚经济增长的贡献率更高达81.99%。② 第二，日本率先形成经济高速增长势头，为东亚经济体随后的起飞和现代经济增长，产生了良好的示范作用。尤其开创了非新教国家实现近、现代经济起飞与现代化的先河，其在政府通过积极产业政策引领经济增长，发展"出口导向型"的经济增长模式等重要方面，为其他东亚经济体提供

---

① 江瑞平：《论契合新时代要求的中日经济关系》，《日本学刊》2020年第4期，第26页，图7。
② 据国际货币基金组织官网数据计算，参考 IMF Country Information, https://www.imf.org/en/Countries。（2020年11月19日登录）

了成功经验。第三，在东亚尤其是东盟落后国家经济起飞初期严重缺乏资金的背景下，日本的政府开发援助（ODA）发挥了重要的作用。东亚尤其是东南亚落后国家，始终是日本政府开放援助的主要对象国。如截至 1994 年底，接受日本双边政府开发援助累计最多的前 10 个国家中，东南亚即占到 5 个，印度尼西亚、菲律宾、泰国、缅甸和马来西亚分列第一、第三、第四、第九和第十位。① 第四，日本企业的直接投资和产业转移，为东亚其他经济体的近现代产业基础的建立，以及后来的改造升级，产生了积极推动作用。截至 1978 年，在印度尼西亚、马来西亚、菲律宾、新加坡和泰国引进的外资中，日资所占比重分别达到 39%、33.4%、25.3%、15.5% 和 34.6%。② 截至 1996 年，日本对亚洲四小龙和亚洲四小虎的累计直接投资余额分别达 283.3 亿美元和 415.6 亿美元，合占日本对外直接投资余额的 27.0%。③ 第五，欧美先进技术经过日本的引进、吸收和改造，再转移到东亚其他经济体，成为后者技术进步和经营变革的主要动力。第六，日本在以下两个方面对东亚出口导向型的经济增长发挥了重要作用：一方面，日本成为其他东亚经济体的重要出口对象国；另一方面，日资企业成为推动东亚其他经济体扩大对欧美市场出口的重要支撑。

---

① 金熙德：《日本政府开发援助》，北京：社会科学文献出版社 2000 年版，第 125 页。
② ［日］市村真一：《日本的经济发展与对外经济关系》（色文等译），北京：北京大学出版社 1995 年版，第 175 页。
③ 《日本的直接投资余额》，日本贸易振兴机构官网，https://www.jetro.go.jp/world/japan/stats/fdi.html。（2020 年 11 月 19 日登录）

（二）日本衰落与中国崛起

然而，就在1993年世界银行发布东亚奇迹的报告后不久，日本经济泡沫破裂所产生的后遗症逐渐显露并日趋严重，日本经济随之深陷长期萧条，逐步开始走向衰落的过程。首先是增长率急剧下滑。在五六十年代，日本曾创造了经济高速增长的奇迹，其间虽也有起伏波动，但平均下来在长达20年间竟然维持了10%左右的经济增长率。1956—1970年间，日本的实际GDP增长率平均高达9.64%。即便是到七八十年代，其增长速度虽也有所下调，但年均5%的增长率，依然是发达国家中最高的。1970—1990年间，日本的实际GDP增长率平均仍达到4.29%。然而到90年代，日本已成为发达国家中增长率最低的国家。1990—2019年，日本的实际GDP增长率年均只有1.39%。[①] 伴随增长速度的急剧放慢，日本的国际经济地位也开始显著下降。日本在全球经济总量中所占比重，在1995年最高时曾达17.6%，之后开始下降，2000年降至14.4%，2010年降至8.6%，2019年降至5.9%，比1995年下降达11.7个百分点[②]。从2010年开始，日本让出了全球第二大经济体的地位，降至第三位。伴随日本经济实力的相对下降，其对东亚经济增长的带动力逐渐下降，日本主导的雁型经济增长模式也逐渐走向衰亡。从1990年到2019年，日本在东亚（10+3）经济总量中占的比重，由74.7%降至20.8%，下降达53.9个百分点。同期，日本对东亚（10+3）经济增长的贡献率，也

---

① 日本内阁府：《经济财政白书》，2020年，长期经济统计，第293页。由笔者简单计算得出平均值。

② IMF, World Economic Outlook Database, October 2019, https://www.imf.org/external/pubs/ft/weo/2019/01/weodata/index.aspx.（2020年11月19日登录）

由 1980—1990 年的 81.99% 降至 10% 左右，降低近 72 个百分点。[1] 对日出口占东亚经济体出口总额的比重，在 1990 年高达 14.4%，而到 2019 年已降至 6.3%，下降了 8.1 个百分点。[2]

20 世纪 90 年代后，在日本经济深陷长期萧条，逐渐走向衰落的同时，中国改革开放进程不断提速，推动中国经济显现越来越强劲的增长势头。从 1991 年到 2019 年，中国实际 GDP 增长率平均高达 9.5%。[3] 伴随经济持续高速增长，中国的国际经济地位和影响力也快速提升，进入 21 世纪后尤其如此。如在 2005、2006 和 2007 年，中国的全球经济排位一年上一台阶，接连超法国、英国和德国升至第五、第四和第三位，2010 年又超过日本成为全球第二大经济体。之后即开始了追赶美国的进程，中国相当于美国经济总量的比例，在 2000 年尚仅 11.8%，2010 年即升至 40.5%，2019 年更高达 67.2%，按国际货币基金组织 2020 年 10 月 14 日的预测推算，2020 年和 2021 年可能达到 71.5% 和 75%。中国在全球经济总量中所占的比重，在 1990 年仅为 1.69%，2000 年升至 3.59%，2010 年再升至 9.18%，2019 年更升至 16.35%，比 1990 年上升了近 14.66 个百分点，其中 21 世纪的头 19 年即攀升了 12.76 个百分点。[4] 如果说，20 世纪五六十年代的日本，曾经创造了长达 20 年的经济高速增长奇迹，那么自 20 世纪 90 年代日本经济陷入长期萧条之后，中国又开始了创造经济高速增长奇迹的历

---

① 据国际货币基金组织官网数据计算，参考 IMF Country Information, https://www.imf.org/en/Countries。（2020 年 11 月 19 日登录）

② 《贸易统计》，日本贸易振兴机构官网，https://www.jetro.go.jp/world/statistics.html#trade。（2020 年 11 月 19 日登录）

③ 国家统计局编：《2020 中国统计摘要》，北京：中国统计出版社 2020 年版，第 28 页。

④ IMF, World Economic Outlook Database, October 2019, https://www.imf.org/external/pubs/ft/weo/2019/01/weodata/index.aspx. （2020 年 11 月 19 日登录）

史进程。

中国经济快速崛起与日本经济走向衰落反映了中日两国经济实力的显著变化。1990年，中国仅相当于日本经济总量的12.7%，2000年已升至24.9%，2010年首次超过日本，达到日本的106.4%，2019年更达到日本的274.3%。如前所述，按国际货币基金组织2020年10月14日预测推算，2020年和2021年中国GDP总量将分别达到日本的2.95倍和3.12倍。日本经济泡沫破灭陷入长期萧条后的近30年间，中国GDP总量从相当于日本的1/8一举攀升至其3倍以上，成为日本衰落与中国崛起的真实写照。

（三）中国引领与奇迹再造

如前所述，在1993年世界银行报告指认的东亚奇迹形成过程中，日本曾发挥了举足轻重的引领和主导作用。90年代后日本经济陷入长期萧条，其对东亚经济增长的引领和主导作用也开始显著下降。在此背景下，如果没有足够强大的新增长动力来引领和主导，东亚经济增长奇迹极有可能像克鲁格曼断言的那样走向终结。就在此时，中国经济开始显现持续高速增长的强劲势头，逐步超过日本，越来越成为东亚经济增长的强大动力和坚实支撑。因此，如果说在此之前，东亚奇迹的形成主要依靠日本来主导，那么在此之后，东亚奇迹的再造则主要依靠中国来引领。中国和日本作为东亚最大的两个经济体，在引领和推动东亚地区整体经济增长方面如此前赴后继、"准时交接"，确保了东亚奇迹在形成和再造两大阶段的"无缝对接"。中日两国合在一起，始终要占到东亚（10+3）经济总量的80%左右，在1990年、1995年、2000年、2005年、2010年、2015年和2019年，分别高达84.2%、82.7%、83.4%、78.1%、79.6%、79.9%、79.7%和80.0%。① 两国若能同时保持强劲势头，共同担当起对东亚经济增长、从而奇迹形成与再造的主导和引领作用，自然是更加理想的状态，而像现实中形成的这种"前赴后继""无缝对接"式的中日交替主导和引领，也在客观上保障和支撑了东亚奇迹在形成与再造中的延绵不断、继往开来。

与日本在此前东亚奇迹形成过程中发挥了多层面主导作用一样，中国在此后东亚奇迹的再造进程中，也发挥了多层面的引领作用。

第一，伴随经济持续高速增长和实力快速增强，中国在东亚经济格局中的地位快速攀升，对东亚经济整体增长的贡献快速增大。在1990年，中国占东亚（10+3）经济总量的比重仅为9.5%，2000年已提升至16.6%，2010年再提升至41.1%，2019年更提升至59.1%。在1990—2019年间，中国对东亚（10+3）经济增长的贡献率高达69.4%。②

第二，中国经济在持续快速增长中成功崛起，为东亚地区乃至全球展示了发展模式和发展道路的多样性选择。如果说，日本经济高速增长奇迹的形成，只是展示了非欧美、非新教国家实现资本主义经济起飞与高速增长的独特方式，而中国一方面展示了现代经济起飞与高速增长的社会主义道路和模式；另一方面又"拓展了发展中国家走向现代化的途径，给世界上那些既希望加快发展又希望保持自身独立性的国家和民族提供了全新选择，为解决人类问题贡献了中国智慧和中

---

① 据国际货币基金组织官网数据计算，参考IMF Country Information, https://www.imf.org/en/Countries。（2020年11月19日登录）

② 江瑞平：《论契合新时代要求的中日经济关系》，《日本学刊》2020年第4期，图表4。

国方案"①。后者对东亚地区多数发展中经济体意义更加重大。

第三，中国经济快速崛起，市场规模迅速扩大，通过迅速扩大的区内贸易，为东亚外向型经济增长提供了更加广阔的发展空间。2000—2019年，中国对东盟贸易由395.2亿美元猛增至6414.6亿美元，增长了15.2倍，2020年前三季度东盟已超过欧盟成为中国第一大贸易伙伴；对日本贸易也由831.7亿美元增至3149.9亿美元，增长了2.8倍；对韩国贸易则由345亿美元猛增至2845.4亿美元，增长了7.2倍。② 由此中国也成为越来越多东亚经济体的第一大出口对象国，而在战后很长时期，这些东亚经济体都是以美国为第一大出口对象国的。如在2000年，东盟10国出口总额中对华出口仅占3.8%，远低于对美出口占比19.0%，到2010年，中国即取代美国成为东盟第一大出口对象国，2019年对华出口占比已升至13.9%，而对美出口占比却降至12.3%，对日出口占比更只有7.7%。③ 日本作为全球第三、东亚第二大经济体，其出口贸易也越来越依赖中国市场。在2000年，日本出口总额中对美出口占比高达30.1%，对华出口占比仅为6.3%。2009年，中国首次超过美国成为日本第一大出口对象国，之后，日本对华和对美出口互有升降，2019年，日本对华和对美出口占比分别为19.1%和19.9%。韩国出口对中国依赖程度更高，2000年对美出口占比仍高达21.9%，对华出口占比只有10.7%，2003年，中国首次超过

---

① 《习近平：决胜全面建成小康社会 夺取新时代中国特色社会主义伟大胜利——在中国共产党第十九次全国代表大会上的报告》，2017年10月18日，http://www.xinhuanet.com/2017-10/27/c_1121867529.htm。

② 《综合数据》，商务部亚洲司官网，http://yzs.mofcom.gov.cn/article/date/。（2020年11月19日登录）

③ 《贸易统计》日本贸易振兴机构官网，https://www.jetro.go.jp/world/statistics.html#trade。（2020年11月19日登录）

美国成为韩国第一大出口对象国，2019 年，韩国对华出口占比高达 25.1%，对美出口占比只有 13.5%。①

第四，中国经济持续高速增长，为东亚经济体扩大对华投资开展商务活动提供了广阔商机。对华直接投资，不仅使东亚经济体直接从中国大陆获得巨大市场，还为其充分利用中国大陆良好投资环境和优质廉价劳动力，生产更具竞争力的商品出口全球，创造了良好机会。截至 2018 年底，东亚主要经济体累计对华直接投资高达 14848.4 亿美元，占到中国全部引进外资累计额的 72.9%。其中中国香港、日本、新加坡、韩国和中国台湾分别占 53.9%、5.5%、4.7%、3.8% 和 3.3%。②

第五，中国企业对东亚经济体投资全面展开、快速推进，为其经济增长、增加就业、产业升级以及其他方面的福祉增强产生了重要影响。进入 21 世纪后，中国政府开始积极推进企业"走出去"对外投资战略，东亚始终是中国企业"走出去"对外投资的优先方向。无论是从对外直接投资存量还是从流量来看，以东亚为中心的亚洲始终是中国对外直接投资的主要对象地区。截至 2018 年底，亚洲地区要占到中国对外直接投资存量总额的 64.4%，达 12761.4 亿美元。2018 年中国对亚洲地区的直接投资流量达 1055.1 亿美元，占比高达 73.8%。在截至 2018 年对外直接投资存量中位列前十位的国家/地区中，有 8 个国家/地区都地处东亚，在对亚洲直接投资存量中的占比高达 94.2%。③

---

① 《国别报告》，商务部官网，https://countryreport.mofcom.gov.cn/record/view110209.asp?news_id=68420。（2020 年 11 月 19 日登录）
② 商务部外资司：《中国外资统计公报 2019》，附表 9。
③ 商务部外资司：《中国对外投资发展报告 2019》，第 65、67 页。

第六，中国对东亚落后国家的经济援助快速增大，为其促进增长、保障民生发挥着越来越重要的作用。

最后，但也是最重要的一点，中国正在全力推进的"一带一路"建设，越来越成为中国引领东亚奇迹再造的"统领"。

（四）奇迹再造与"一带一路"

如前所述，日本主导东亚创造奇迹，主要借助雁型模式；中国引领东亚奇迹再造，也需要依靠"一带一路"来聚力。"一带一路"倡议由中国国家主席习近平2013年秋出访中亚和东南亚时正式提出，之后开始全力推进，目前已取得重大进展，已从"全方位布局"进入到"高质量发展"阶段，在中国对外开放布局中越来越占据主导和统领地位。进入2020年，在新冠疫情蔓延导致全球产业链断裂，国际贸易投资活动严重萎缩的大背景下，"一带一路"沿线的贸易投资活动却呈逆势上扬之态，更进一步显示了"一带一路"的生机、活力及其广阔的发展前景。如在2020年1—10月，中国对外非金融类直接投资总体下降3.2%，而对"一带一路"沿线国家的非金融类直接投资却逆势增长了23.1%。[1]

"一带一路"建设全面展开、快速推进，对中国引领东亚奇迹再造产生了多方面的统领和支撑作用。

第一，"一带一路"为东亚奇迹再造提供了全新理念。近代以来的东亚经济发展，留下了浓重的殖民印记。战后东亚经济高速增长，

---

[1]《商务部对外投资和经济合作司负责人谈2020年1—10月我国对外投资合作情况》，商务部官网，http://www.mofcom.gov.cn/article/ae/sjjd/202011/20201103017051.shtml。（2020年11月20日登录）

在很长时期也要服从于冷战格局，尤其是美国的东亚战略布局。日本经营东亚，很大程度上也只是为了确保其资源供应和稳定市场。而中国全力推进"一带一路"建设，所奉行的却是"共商、共建、共享"的理念和原则。这显然有利于东亚各方积极参与奇迹再造，在东亚奇迹再造中实现互利共赢，共同发展。

第二，"一带一路"为东亚奇迹再造强化了政治互信基础。鉴于历史问题、领土争端、意识形态、社会制度等因素，东亚奇迹再造面临的最大问题，是东亚各方政治互信相对不足、民意基础相对薄弱。而"一带一路"强调"政策沟通"和"民心相通"，重视把"一带一路"建成"和平之路""开放之路"和"文明之路"，① 有利于增强东亚各方在奇迹再造中的政治互信。

第三，"一带一路"为东亚奇迹再造拓展了地缘纵深。东亚奇迹的形成，得益于各国/地区普遍推行的开放型发展战略。而开放的主要方向，除内部相互之间外，更多的还是面向欧美尤其是美国，绝大部分东亚经济体在很长时期，都以美国为第一大出口市场。在欧美经济发展陷入停滞、新兴市场和发展中经济体整体崛起的大背景下，这种既有的开放布局必须进行调整，必须将开放的地缘重心进一步扩大到亚欧大陆。而"一带一路"尤其是其中的"丝绸之路经济带"，更将东亚经济发展的地缘布局引向幅员辽阔的亚欧大陆，使其纵深得到进一步拓展。目前，围绕"一带一路"，中国积极推进与日韩的第三方合作，将为三国作为东亚前三大经济体，在东亚奇迹再造中发挥更大作用，创造更加有力的地缘条件。

---

① 《习近平在"一带一路"国际合作高峰论坛开幕式上的演讲》，中国共产党新闻网，http://jhsjk.people.cn/article/29273979。（2020 年 11 月 20 日登录）

第四,"一带一路"为东亚奇迹再造构建坚实的互联互通基础。东亚奇迹再造所面临的最大瓶颈之一,依然是有关国家和地区尤其是东盟落后国家的基础设施相对落后,难以满足现代经济增长与社会发展的客观需要。而"一带一路"积极推进"设施联通",尤其是中日两国积极利用各自在基础设施建设方面的资金、技术和管理优势,正在发挥重要作用,产生积极效果。中国在"一带一路"框架下积极推进建设"亚洲基础设施投资银行"(AIIB),更在为东亚基础设施建设提供最重要的资金支持而发挥着重要作用。

第五,"一带一路"在为东亚奇迹再造整合区域合作体系方面,也发挥了重要作用。对此,后文将有专门讨论。

三、合作推进东亚奇迹再造

如前所述,1993年世界银行报告指称的"东亚奇迹",是在没有机制性区域合作的背景下形成的。日本主导下形成的雁阵模式,只是地区产业梯度转移的客观历史过程,并未形成各方参与的机制性合作。此间日本也推出过不少有关东亚、亚洲、亚太、太平洋合作的理念和倡议,但无一能够成为现实、得到落实。1967年建立的东盟,不仅涵盖地域有限,更重要的还是其在很长时期内,都将合作限定在国际安全方面,少有实质性经济合作,东亚经济增长奇迹的形成,与作为区域合作机制的东盟关联极其有限。1997年7月2日泰铢贬值引发东亚金融危机,深陷危机重灾区的东盟为尽快摆脱危机,邀请经济金融实力更强的中日韩三国加入,建立东亚"10+3"合作机制,标志着以经济合作为主体的东亚区域合作的正式启动。而如前所述,区域合作的启动和推动，为此后的东亚奇迹再造，增添了更加强劲的动力和支撑，本身也成为东亚奇迹再造的重要内容。由此开始，东亚奇迹再造，进入中国引领与合作推进"双轮驱动"的全新阶段。而事实上，在欧洲和北美的区域合作遭遇"逆风"，新冠疫情在全球肆虐导致全球经济严重衰退的背景下，作为东亚区域合作史上的最重大进展和最重要成果，《区域全面经济伙伴关系协定》能于2020年11月15日成功签署，本身即是东亚和东盟等各方共同创造的奇迹。这一奇迹本身即已构成东亚奇迹再造的重要内容和主要标志。

（一）多元推进的东亚合作

东亚区域合作，始终具有"危机驱动"的显著特点。每当遭遇严重危机时，东亚各方都愿同舟共济、共同应对，将危机转化为合作动力，力争化危为机。

20世纪90年代，泰国遭遇以索罗斯为代表的国际炒家的恶意攻击，在连续反击耗尽外汇储备，又无法及时从国际货币基金组织得到救助后，泰国政府只能放弃坚守，于1997年7月2日听任泰铢贬值，由此引发了东亚金融危机。泰国失守之后，其他东亚经济体也连续遭受攻击，接连失守，东盟成为重灾区。面对严重的金融危机和经济衰退，东盟各方深感单靠自身力量难以应对，力邀更具经济金融实力的中日韩三国联手应对危机，之后东盟（10，当时东盟有9个成员国，1997年柬埔寨加入后成为目前的东盟10国）加中日韩（3）东亚合作机制，即所谓"10+3"机制正式启动。东亚区域合作的大幕由此开启。以金融危机及其导致的经济衰退为背景，"10+3"框架启动后的前几年也主要围绕金融货币合作展开。在金融货币方面的"10+3"合作，主要集中在清迈倡议货币互换及其多边化和亚洲债券市场建设两大方面。清迈倡议货币互换机制（双边）于2000年正式启动，2003年开始推动清迈倡议多边化，结果是2008年建立东亚外汇储备库，初始资金为800亿美元，之后规模有所扩大。同时，"10+3"合作框架也在其他领域取得程度不同的进展，尤其是在地区粮食安全、互联互通、可持续发展等方面。2020年年初，面对前所未有的新冠疫情挑战，"10+3"国家团结一致，举行抗击新冠肺炎疫情领导人特别会议（2020年4月14日），有效应对疫情冲击。

最新进展是2020年11月14日第23次东盟与中日韩（10+3）领导人会议在线上举行，与会领导人一致认为，"10+3"合作因金融危机而生，23年来在各领域合作取得长足进展。希望通过本次会议进一步凝聚共识，在如下重要方面推进合作：提高本地区公共卫生安全水平，开展联防联控，推进"10+3"应急医疗物资储备建设，在疫苗药物研发等领域深化合作，确保疫苗的可及性和可负担性；保持市场开放，维护产业链、供应链稳定以及人员货物畅通，促进复工复产和经济复苏；维护粮食安全，实现可持续发展；加强互联互通和发展战略对接，充分利用数字经济带来的机遇，分享经验和技术，增强经济发展韧性，促进地区和平稳定与发展繁荣。会议通过了《10+3领导人关于加强经济金融韧性合作、应对新挑战的声明》。与会的李克强总理发表重要讲话，建议在如下几方面加强合作：第一，继续加强抗疫合作，推进公共卫生能力建设；第二，加快自贸区建设，深化东亚区域融合发展；第三，畅通区域产业链供应链，提升东亚产业体系竞争力；第四，抓住数字经济机遇，打造东亚创新高地；第五，聚焦社会民生合作，实现东亚可持续发展。①

在多重因素的综合作用之下，东亚合作显现出多元推进的明显趋向。

首先，东盟自身合作快速推进。东盟1967年8月8日即已成立，但成立之初主要集中于安全合作，很少涉及经济合作。进入21世纪后，东盟内部合作领域不断拓宽，经济合作越来越成为其主要领域，2002年建成了东盟自由贸易区，其他方面的经济合作也获得全面进展。2015年11月18日，第27届东盟峰会后举行发布会表示，东盟领导人宣布将在2015年12月31日建成包含政治安全共同体、经济共同体和社会文化共同体在内的东盟共同体。到12月31日，东盟轮值主席国马来西亚外长阿尼法发布声明说，东盟共同体正式成立。最新进展是2020年6月26日，第36届东盟峰会在线上举行，会议讨论了共同应对新冠肺炎疫情、恢复经济、东盟共同体建设、加强东盟与各伙伴国关系及地区、国际问题。会议通过了《第36届东盟峰会主席声明》和《东盟齐心协力与主动适应：克服挑战保持增长的愿景声明》。

其次，多种"东盟+"合作机制全面推进。东亚合作，除强调以"10+3"为"主渠道"外，同时还强调"以东盟为主导"。因此，东亚各个框架下的区域合作，都是围绕"东盟10"展开的。先后形成了"10+6/10+8"东亚峰会（EAS）框架，即东盟加中、日、韩、澳、新、印/东盟加中、日、韩、澳、新、印、美、俄；"10+2"即东盟加澳大利亚和新西兰；四对"10+1"，即东盟分别加中、日、韩、印。

---

① 《李克强出席第23次东盟与中日韩领导人会议》，中华人民共和国外交部网站，https://www.fmprc.gov.cn/web/zyxw/t1832429.shtml。（2020年11月20日登录）

以致先后形成一对"10+2"自贸区和四对"10+1"自贸区。

再次,中日韩合作重归正常轨道。中日韩合作于1999年开始启动,2008年全球金融危机后开始加速推进,2012年达到高潮,主要标志是中国在北京主办的中日韩领导人会议取得重大进展,一是正式签署了中日韩投资协议,二是正式启动了中日韩自贸区谈判。然而好景不长,同年9月,日本政府推动钓鱼岛"国有化",导致中日关系急剧恶化,日韩也因"岛争"关系恶化,中日韩领导人会议被迫停办,2015年恢复后,2016年再度停办,直到2018年日本才恢复主办。2019年,中国在成都成功主办了中日韩领导人会议,会议产生多项重要成果,标志着中日韩合作重回正常轨道。①

最后,东亚合作最新、最重要的进展,即《区域全面经济伙伴关系协定》,于2020年11月15日正式签署。2012年,在东盟推动下,与其已有自贸伙伴关系的16个国家,即东盟10国和中国、日本、韩国、澳大利亚、新西兰、印度启动了区域全面经济伙伴关系协定谈判。之后八年,走走停停,历经曲折,数度宣布"年内完成"都未能实现,终于在2019年11月4日举行的第三次区域全面经济伙伴关系协定领导人会议取得重大进展,除印度外15个成员国整体上结束谈判。之后,工作层开始紧锣密鼓地推进签署前各项准备,终于在2020年11月15日举行的第四次区域全面经济伙伴关系协定领导人会议上,正式签署了《区域全面经济伙伴关系协定》。

(二)合作促成的奇迹再造

在逆全球化暗流涌动、新冠疫情肆虐全球、全球经济深陷衰退、

---

① 参见江瑞平:《中日韩合作:重回良性互动轨道》,《世界知识》2020年第2期。

区域合作在欧洲遭遇英国脱欧冲击、在北美遭遇美国"退群"压力的背景下,《区域全面经济伙伴关系协定》能够逆势而上成功签署,本身即意味着东亚各方通过不懈努力,共同创造了合作奇迹,从而构成东亚奇迹再造的重要组成部分。即便不包括曾经参与谈判、最后未能签署协议的印度,《区域全面经济伙伴关系协定》(截至2018年的统计数据)15个成员国也涵盖了全球约23亿人口,占全球人口的30%;GDP总和超过25万亿美元,所包括的区域将成为世界最大的自由贸易区。① 更加令人瞩目的是,《区域全面经济伙伴关系协定》还是区内成员发展水平差距和制度差异最大的区域合作组织,因发展水平和制度差异,各成员之间的利益和诉求分歧也最难弥合,这些都直接决定了谈判难度,能够完成谈判成功签署协议,足以证明东亚各方的决心之坚定、智慧之高超,实属创造了奇迹。伴随《区域全面经济伙伴关系协定》的全面落实,区内贸易投资自由化、便利化程度势将全面提升,其他方面的合作亦将进一步强化,从而对区域经济增长产生直接而巨大的促进作用。如果说,东亚奇迹再造,首先表现为再度形成并不断强化世界其他地区无法比拟的经济增长势头,那么,《区域全面经济伙伴关系协定》将越来越成为这一势头的更加强劲的动力,更加坚实的支撑。

事实上,自"10+3"框架形成,东亚合作进程开启以来,各方多元推进的区域合作框架都从不同角度、力度和方面,对东亚奇迹再造发挥了显而易见的重要作用。其中最重要的是两大方面:一是共同应对危机,一是携手推动增长。

---

① 《〈区域全面经济伙伴关系协定〉具有经济体量大、包容性强等特点》,央视网,2020年11月15日,http://news.cctv.com/2020/11/15/ARTIXJPUuO821yuGqOQeti6A201115.shtml。

先看共同应对危机方面。"10+3"合作因亚洲金融危机而生,此后数年也主要围绕应对和摆脱金融危机展开合作,包括后来启动清迈倡议及其多边化取得进展,都对减轻危机及其对经济社会的损害,防范危机再度爆发,发挥了重要作用。而目前,面对百年不遇的新冠疫情危机,东亚多元的合作框架更是在防疫、抗疫和复工、复产方面,相互支撑、协调行动、积极发挥作用。如果说,目前在防疫、抗疫,复工、复产方面,东亚也在创造着奇迹,那么这一奇迹的形成,离不开各个合作框架发挥的重要作用。东亚地区之所以能在目前全球经济深陷衰退的大背景下,保持"衰退更轻、回升更劲"的总体态势,无疑得益于东亚各方积极利用既有框架,在复工、复产方面的全面合作。

2020年2月20日,中国—东盟关于新冠肺炎问题特别外长会召开,会议发表的联合声明第七条明确指出:"支持受疫情影响的企业、特别是中小微企业发展,以中国—东盟数字经济合作年为契机,推动数字经济发展,促进疫情期间经济活动。"第九条明确强调:"致力于减轻疫情对各国经济社会发展的影响,共同维护本地区人员往来及贸易投资活动。"① 一个月后,中日韩新冠肺炎问题特别外长视频会议举行,一致同意采取必要措施,尽量减少(疫情)对三国必要经贸往来的影响,在疫情导致国际人员往来限制的背景下,对三国之间必要的商务人士往来提供便利。随后于2020年4月14日举行的"10+3"抗击新冠肺炎疫情领导人特别会议,也发表了《东盟与中日韩抗击新冠肺炎疫情领导人特别会议联合声明》,声明共涉及十八项合作内容,

---

① 《中国—东盟关于新冠肺炎问题特别外长会联合声明》,中华人民共和国驻琅勃拉邦总领事馆,2020年2月24日,http://prabang.china-consulate.org/chn/zlgxw/t1748639.htm。

其中第十至第十五项都是针对疫情期间确保经济社会正常运行和恢复、稳定的。如第十项明确指出："重申致力于保持贸易投资市场开放，加强 10+3 国家合作……确保必要公共卫生应急措施是有针对性、适当、透明和临时的，不应造成不必要的贸易壁垒或干扰地区供应链，并应符合世界贸易组织规则。"第十一项则强调，"在优先保障公众健康，着力抗击疫情并尽量减少其对经济社会影响的同时，鼓励维持区域必要联通，尽可能为商务旅行等必要人员往来提供便利。"第十二项"重申共同致力于推动疫后复苏，促进经济发展，增强金融韧性，恢复增长，互联互通和旅游业，维护市场稳定，防止经济衰退的潜在风险"① 等。

东亚各国政府商务主管部门之间的协调合作也在全面推进。2020 年 6 月 4 日，东盟与中日韩（10+3）抗击新冠肺炎疫情经贸部长特别会议召开，会议发表《东盟与中日韩（10+3）经贸部长关于缓解新冠肺炎疫情对经济影响的联合声明》，明确强调继续加强"10+3"抗疫合作；拉紧贸易投资合作纽带；稳步提升地区产业链供应链；持续推进区域经济一体化合作等。东亚各方在共同推进经济复苏、稳定方面的合作取得良好效果。在疫前全球经济贸易投资活动本已出现停滞，疫情冲击更是雪上加霜的背景下，东亚经济率先出现复苏势头，并显现一些全新动向。如在 2020 年前三季度，在全球贸易严重萎缩、中国外贸总体低迷的背景下，中国对东盟贸易却逆势增长了 5.0%，达

---

① 《东盟与中日韩抗击新冠肺炎疫情领导人特别会议联合声明》，中华人民共和国外交部网站，2020 年 4 月 15 日，https://www.fmprc.gov.cn/web/wjb_673085/zzjg_673183/yzs_673193/xwlb_673195/t1769820.shtml。（2020 年 11 月 23 日登录）

4818.1亿美元，东盟首次超过欧盟成为中国第一大贸易伙伴。① 对此，李克强总理出席第23次中国—东盟领导人会议（2020年11月12日）时指出："今年是一个特殊年份，新冠肺炎疫情给世界各国发展和交往带来严重影响。无论是抗击疫情，还是恢复经济，都要走开放合作之路……疫情发生后，中国和东盟率先开展区域抗疫合作，我和各位同事多次通过线上方式会晤，围绕应对当前挑战进行了深入沟通探讨。在双方共同努力下，经贸合作克服疫情影响，实现稳定增长……充分展现了双方合作的坚实基础和发展潜力。"② 随后，在2020年11月14日召开的第23次东盟与中日韩领导人会议上，李克强指出："自今年4月举行东盟与中日韩（10+3）抗击新冠肺炎疫情领导人特别会议以来，各方积极落实会议各项成果，有力促进地区疫情防控和经济复苏，彰显了10+3作为东亚合作主渠道的重要作用。"③

再看携手推动增长方面。东亚通过加强区域合作在携手推动经济增长方面发挥的重要作用体现在多个方面。

第一，与世界其他地区一样，通过组建自由贸易区（FTA）推进贸易自由化、便利化，也是东亚区域合作的核心内容。通过区内贸易自由化、便利化，确保了各成员对外贸易，尤其是出口市场的扩大和稳定。这对东亚各经济体的出口导向型经济增长，显然发挥了直接的推动和保障作用。东亚区域合作启动以来，东亚各经济体相互之间的

---

① 《综合数据：2020年1—9月中国与亚洲国家（地区）贸易统计》，商务部亚洲司官网，http://yzs.mofcom.gov.cn/article/date/202010/20201003010727.shtml。（2020年11月21日登录）

② 《李克强在第23次中国—东盟领导人会议上的讲话（全文）》，中华人民共和国外交部网站，2020年11月13日，http://www3.fmprc.gov.cn/web/zyxw/t1831929.shtml。（2020年11月21日登录）

③ 《李克强在第23次东盟与中日韩领导人会议上的讲话（全文）》，中华人民共和国外交部网站，http://www3.fmprc.gov.cn/web/zyxw/t1832452.shtml。（2020年11月21日登录）

贸易得到快速增长，区内贸易占各经济体对外贸易的比重（即区内贸易依存度）也得到快速提升。如从 2009 年到 2019 年，区域全面经济伙伴关系区内出口由 13331 亿美元扩大至 28934 亿美元，十年间增长了 1.2 倍。区内出口比率也由 39.9% 提升至 41.9%，上升了 2 个百分点。① 相信《区域全面经济伙伴关系协定》落实后，这一比率还将进一步提升。

第二，实现区内投资渠道畅通，推进各经济体相互之间投资自由化、便利化，也是东亚区域合作的重要内容。通过扩大区内相互投资，不仅支撑了各成员尤其是落后成员的经济增长，还带动了区内产业转移和升级。迄今东亚区内相互投资的主要流向，是从日本、韩国、新加坡、泰国、马来西亚等相对发达经济体，流向相对落后经济体，而中国正越来越成为对东亚区内投资的主要来源。据中国商务部《中国对外投资发展报告 2019》显示，2010 年中国对亚洲直接投资（流量）为 448.9 亿美元，2016 年扩大至 1302.7 亿美元，扩大了 1.9 倍，之后稍有波动，2018 年仍达 1055.1 亿美元。其中绝大部分都投向了东亚地区。② 伴随《区域全面经济伙伴关系协定》的落实，包括中国对东亚投资在内的东亚区内相互投资还将进一步扩大。

第三，基础设施互联互通越来越成为东亚合作的主要内容。基础设施投资和建设合作，促进了区域整体基础设施水平的提升，为经济增长和社会发展奠定了良好基础，创造了有利条件。尤其是中日两国目前在印度尼西亚、马来西亚、泰国和印度等区内国家基础设施建设

---

① 《贸易统计》，日本贸易振兴机构官网，https://www.jetro.go.jp/world/statistics.html#trade。（2020 年 11 月 22 日登录）

② 商务部：《中国对外投资发展报告 2019》，第 65 页，中华人民共和国商务部网站，http://www.mofcom.gov.cn/article/i/jyjl/k/202006/20200602973606.shtml。

方面的合作，更将对相关国家的经济社会发展产生直接推动作用。

第四，能源环保合作是东亚区域合作阻力最小、发展最快的领域，能源环保合作一方面满足了各国经济增长对能源及其他战略资源巨大需求，另一方面也对各国绿色经济发展产生了重要作用。

第五，农业和中小企业合作是东亚区域合作的特殊重要领域，合作为区内各国经济的均衡增长发挥了重要作用。

最后也是最重要的，宏观经济政策协调在东亚区域合作中占据突出重要地位。各成员之间的宏观经济政策协调，对确保经济增长的稳定性和同步性产生了不容忽视的积极作用。在此方面，"10+3"宏观经济研究办公室（AMRO）应能发挥更加重要的作用。

（三）中国引领与东亚合作

综上所述，以1993年世界银行报告发布到1997年东亚金融危机爆发为分界，东亚奇迹的历史进程似可分别两大阶段：此前为东亚奇迹形成阶段，此后为东亚奇迹再造阶段。与此前东亚奇迹形成阶段相比，东亚奇迹再造阶段显现两大突出特点：一是中国引领，一是合作推动。而在这两大特点之间，还存有非常密切的关联和互动关系：一方面，中国对东亚奇迹再造的引领作用，通过区域合作得到了进一步提升；另一方面，合作对东亚奇迹再造的推动作用，通过中国引领而得到了进一步强化。正是中国引领与合作推动及两者之间的良性互动，为东亚奇迹再造提供了强劲动力和坚实支撑。未来东亚奇迹再造的进一步发展，更需中国引领与合作推动的双向促进、共同推进。

从战略谋划角度看，为进一步推动东亚奇迹再造，中国似应采取如下措施，进一步强化中国引领与合作推动的良性互动。

第一，进一步强化人类命运共同体意识，尽可能使其转化为足够强烈的东亚共识，形成东亚命运共同体意识。目前仍在全球蔓延的新冠疫情进一步凸显出人类本身即是一个命运共同体，疫情不分国界，病毒不认种族，人类更需同舟共济、共同应对。东亚从正面诠释了这一意识，美国似乎也从负面证明了这一现实。东亚奇迹再造，必然是东亚的共同行动，必须通过各个方面的区域合作来共同推动，将人类命运共同体意识尽可能转化为东亚各方共识十分必要。在东亚奇迹再造的未来进程中，要形成中国引领与合作推动的良性互动，取决于中国倡导的人类命运共同体意识，能在多大程度上转化为东亚共识，即东亚命运共同体意识。

第二，进一步将"共商、共建、共享"，互利共赢理念落到实处，积极推进与东亚其他经济体之间的"政策沟通"和"民心相通"，正确处理好经济互利与政治互信之间的关系，尽可能将不断增强的经济互利，转化为不可或缺的政治互信，以经济互利与政治互信的良性互动，来强化和推动区域合作，为东亚奇迹再造营造更加良好的政治氛围和民意基础。这是能否形成中国引领与合作推动在东亚奇迹再造进程中良性互动的关键。

第三，进一步提升东亚奇迹再造在新时代中国外交和开放布局中的战略定位。东亚越来越成为全球经济的中心和重心，在中国外交和开放布局遭遇美国遏制和打压、新上任的民主党拜登政府极有可能联合欧洲盟友进一步加大对中国发展约束的大背景下，更要将东亚视为中国外交与开放布局的重中之重，强化与东亚各国的全方位合作，通过各种合作机制让东亚各方共享中国引领东亚奇迹再造提供的机遇。

第四，进一步推动"一带一路"建设高质量发展，将"一带一路"打造成为东亚奇迹再造的必由之路。为此，需要采取切实举措强化"一带一路"建设与东亚合作框架全面对接，从而形成良性互动。目前摆在我们面前的首要议题，是如何借助《区域全面经济伙伴关系协定》签署带来的新一轮东亚区内贸易投资自由化便利化及其他方面合作的强化势头，把"一带一路"高质量发展首先在《区域全面经济伙伴关系协定》框架下得到落实。中国引领与合作推动在东亚奇迹再造中相互支撑和良性互动，需要"一带一路"来实现全面对接和强力贯通。

第五，进一步形成中国新发展格局与东亚奇迹再造中的中国引领、合作推动之间的良性互动。中共十九届五中全会对中国"十四五"规划和2035远景目标提出明确建议，要加速形成以国内大循环为主体、国内国际双循环相互促进的新发展格局。这将为东亚奇迹再造，从而形成中国引领与合作推动的良性互动带来全新机遇。在未来5年（十四五时期）或15年（到2035年），中国将全力畅通国内大循环，为此将强化扩大内需战略，还将构建与新发展格局相适应的新开放布局，这意味着中国将以更加完备的体系、更加坚实的基础和更加强劲的动力，去强化其在东亚奇迹再造和东亚区域合作中的引领作用。

经济与合作

互联互通的地缘政治思想导向下的东北亚区域北极合作研究[*]

李振福　丁超君[**]

摘　要　全球气候变暖带来北极航线通航的逐步商业化，使得北极地区受到各国关注。东北亚区域内的中、日、韩、俄四国对北极开发都有着浓厚的兴趣，也积极对外开展北极合作。东北亚北极合作存在一定基础，但也受北极地区日益复杂的政治博弈的干扰，因此，东北亚区域北极合作需要有适宜的地缘政治理论作指导。基于互联互通的地缘政治思想，结合时代发展特征和传统地缘政治思想，提出了符合中国及世界发展所需的互惠互利的地缘政治理论"通权论"。以"通权论"为指导，提出加强基础设施建设、以"冰上丝绸之路"为基础推动东北亚区域北极合作、奉行互联互通与合作共赢的地缘思想、构建东北亚区域北极命运共同体、发展中蒙俄经济走廊与北极航线朝鲜北部线、通过联合国机制

---

[*]　本文为国家社科基金后期资助项目"'通实力'研究"（项目编号：19FZZB013）和国家社科基金重大项目"东亚历史海域研究"（编号：18ZDA207）的研究成果。

[**]　李振福，大连海事大学极地海事研究中心主任，大连海事大学交通运输工程学院教授；丁超君，大连海事大学交通运输工程学院博士研究生。

形成开放合作的北极条约等对策建议，以在一定程度上消除东北亚区域北极合作的障碍。

关键词　"通权论"　互联互通地缘政治　东北亚区域北极合作

地缘政治理论一直是国家生存、竞争、发展的战略实践基础。历史上的大国争霸与兴衰都与地缘政治理论有着密切联系。传统的地缘政治理论包括拉采尔的国家有机体论、马汉的海权论、麦金德的陆权论、斯皮克曼的边缘地带理论等，这些地缘政治理论在历史上不同程度地指导了国家崛起，维护了国家霸权，也影响了当代许多国家的地缘格局认知和战略制定。但应看到，随着经济全球化的推进，和平与发展已经成为当今世界的主题，地缘政治的非零和合作关系逐渐代替传统的地缘政治零和博弈关系。在此国际背景下，传统的以国家争夺霸权为主题的地缘政治理论解释力有所下降，需要根据时代背景对地缘政治理论做出相应的改进。基于此，本文以注重和平发展、互联互通的时代主题为背景，分析传统地缘政治理论的历史局限性，以及中国面临的地缘环境，以"通"作为新地缘政治理论的核心内涵，创新性地提出符合中国实际及世界发展需要的新地缘政治理论"通权论"。

随着北极海冰的融化，北极所具有的战略价值受到各国关注。东北亚区域有北极大国俄罗斯，也有作为北极利益攸关国的中日韩三国，这些国家对北极开发都有着浓厚的兴趣。北极问题的国际化趋势要求域外国家积极参与到北极治理中，北极航线通航的商业化促进了东北亚区域的经济发展，北极地缘政治逐渐强化并扩散到了东北亚区域，这些新变化都要求东北亚区域尽快开展北极合作。此外，东北亚区域国家在北极开发上具有共同利益,也存在互补优势,这使得东北亚区域的北极合作具备一定的基础。但是,东北亚区域北极合作也受到北极地区日益复杂的政治博弈的干扰,因此,东北亚区域北极合作需要有适宜的地缘政治理论作指导。为此,本文基于互联互通的地缘思想,引入新的地缘政治理论"通权论",为东北亚区域地缘政治合作提供理论借鉴,从而在一定程度上消除东北亚区域的北极合作障碍。

一、地缘政治理论的演变及基于互联互通的地缘政治思想的"通权论"的提出

第二次世界大战结束以来,和平与发展逐渐成为世界的主题。传统的地缘政治理论以"占领""控制"为内核,本质上是国家争夺或维持霸权的理论工具,在此国际环境下,其变得不再适用。本文基于互联互通的地缘政治思想提出了一种新的地缘政治理论"通权论",拓展和丰富了海权论、陆权论、边缘地带论和空权论等传统地缘政治理论,以期为地缘战略实践提供可选的理论进路。

(一)经典地缘政治理论

地缘政治理论是国际政治关系研究的主要理论之一,经典的地缘政治理论包括国家有机体理论、海权论、陆权论、边缘地带理论等。拉采尔的国家有机体理论的核心是将国家看作一种空间有机体,它的延续和生存要受制于自然法则,尤其是领土性质及空间区位的影响,一国成败的关键在于其能否适应客观的地理环境,国家作为健全的空

间有机体通过扩张来增强其力量的做法是一种自然而合理的行为①。马汉的海权论通过引证葡萄牙、西班牙、荷兰和英国争夺海上霸权的事实,来证明谁能有效控制海洋和战略性海道和海峡而获得制海权,谁就能成为世界大国②。麦金德的陆权论的核心思想是从地理和历史两个方面强调"世界岛",特别是"心脏地带"在世界政治格局和全球战略中的重要意义,提出"谁统治了东欧,谁就能主宰心脏地带;谁统治心脏地带,谁就能主宰世界岛;谁统治世界岛,谁就能主宰全世界"③。斯皮克曼的边缘地带理论提出位于"心脏地带"和海洋之间的"边缘地带"才是世界权力争夺的重要战略区域,并提出"谁支配着边缘地带,谁就控制欧亚大陆;谁支配着欧亚大陆,谁就掌握世界的命运"④。

经典地缘政治理论在特定的历史时期为部分大国的战略制定和地缘空间外扩起到了重要指导作用,美国总统罗斯福在任期内开始以海权论为指导,从大陆扩张主义转向海洋扩张主义,经过历届美国政府大力发展海权与海军力量,美国已经成为世界第一海洋强国,海军基地遍布全球⑤。边缘地带理论也对二战后美国的对外政策产生了深远影响,二战后美国积极推行欧亚大陆边缘地带的扩张政策,相继与欧洲、东南亚国家签订"共同防卫条约",形成包围欧亚大陆边缘的军

---

① 吴征宇:《海权、陆权与大战略——地理政治学的大战略内涵》,《欧洲研究》2010年第1期,第52页。
② [美]阿尔弗雷德·赛耶·马汉:《海权论》(张彬、张宗祥译),北京:电子工业出版社2013版,第77—81页。
③ [英]哈尔福德·约翰·麦金德:《历史的地理枢纽》(林尔蔚、陈江译),北京:商务印书馆2008版,第60—61页。
④ [美]斯皮克曼:《和平地理学》(刘愈之译),北京:商务印书馆1965版,第46页。
⑤ 刘中民、黎兴亚:《地缘政治理论中的海权问题研究——从马汉的海权论到斯皮克曼的边缘地带理论》,《太平洋学报》2006年第7期,第34页。

事联盟体系。如今美国、俄罗斯等大国在进行战略制定时都在一定程度上受到经典地缘理论的影响。

但应该看到，传统地缘政治理论遵循"适者生存、弱肉强食"的逻辑，归根结底是为霸权扩张提供合法性基础，不符合当今时代主题。地缘政治理论是引导大国争夺和控制战略通道的战略思维模式，同时也为后起大国打破现存大国空间包围的战略需要提供服务[1]。传统的地缘政治理论起源于殖民世界体系，彼时西方列强对世界其他地区进行政治、经济、文化等方面的控制，而地缘政治理论则为其争夺殖民地，发展霸权主义所服务。可以看到，无论是海权论和陆权论，还是边缘地带理论，都受到当时大国追逐全球霸权战略的影响，具有鲜明的时代局限性。二战结束后，特别是冷战结束以来的当今世界，经济发展成为地缘政治板块的主要构成要素，以大国对抗和战争为特征的地缘政治格局已经发生根本改变。在殖民体系终结，世界经济全球化与区域一体化的时代特征下，以"控制""统治""主宰"为核心的传统地缘政治理论将不再适用于当前的地缘政治战略实践。

（二）基于互联互通的地缘政治思想的"通权论"的提出

当今时代的主题是和平与发展，在经济全球化的今天，跨国公司、互联网、现代交通工具等将世界连成一个越来越紧密的整体，国家间的对外依赖度不断提高，地缘政治的零和博弈格局逐渐被非零和博弈所替代。在此时代背景下，以"控制""统治""主宰"为内核的传统地缘政治理论的解释力不断下降，互联互通成为地缘政治格局

---

[1] 胡志丁、骆华松、葛岳静：《经典地缘政治理论研究视角及其对发展中国新地缘政治理论的启示》，《热带地理》2014年第2期，第184页。

研究的新条件和新背景。基于此，本文基于世界逐渐成为一个互联互通整体的认识，并结合中国"一带一路"倡议的实施以及打造人类命运共同体的内核分析，提取"通"作为新的地缘政治理论的思想内核。

由此，基于互联互通的地缘政治思想，本文提出的"通权论"内涵为："通权论"是指以世界和平发展为前提，以互联互通和人类命运共同体理论为基础，以世界人民根本利益为出发点，坚持陆、海、空、天、网五位一体统筹发展，促进世界各国、地区间在地缘政治、地缘经济、地缘文化等领域的沟通、交互、理解，构建一种符合世界发展所需要的互惠互利的地缘政治理论。期望在国际社会中形成强大影响力，就必须将国家发展融入世界系统，加强国家间互联互通，从而达到提升国际影响力的目的。与传统地缘政治理论相比，"通权论"更加强调政治、经济、文化的交流、沟通、合作，"通权"不仅可以实现国家实力的提升，也可以将影响范围扩展至全球。也就是说，凭借地缘经济和地缘文化合作的优势，国家才能快速稳定发展，即"通权"强的国家才能具备较大的影响力。

二、东北亚区域北极合作的必要性和有利条件及面临的挑战

北极问题不断演化带来的国际地缘政治经济格局的变化对东北亚区域有着深远影响，北极通航引致北极战略价值的提升也使东北亚区域的中日韩俄对北极开发产生极大兴趣。另外，朝鲜与蒙古作为东北亚地区的重要组成部分，受到周边国家的政策影响，具有参与北极合

作的巨大潜力。虽然东北亚区域北极合作存在着诸多有利条件，但也面临着一定挑战。

(一) 东北亚区域北极合作的必要性

目前来看，北极问题具有较大的国际化趋势，单凭北极国家无法解决北极问题带来的风险和挑战，需要域外国家的共同参与。另外，北极航线具有的能源价值对东北亚地区意义重大。此外，北极地区的地缘政治竞争也对东北亚地区有着重要的影响。还有，朝鲜和蒙古作为东北亚区域的重要组成部分，也具有参与北极合作的条件和机会。因此，有必要推进东北亚地区北极合作，以应对北极格局的新变化，谋和平、求发展。

1. 北极问题的国际化趋势及域外国家参与北极事务的必要性

北极是全球气候的调节器，北极变暖会加速全球气候变化，造成物种灭绝和全球海平面上升等威胁，因此北极环境问题关乎全人类的生存与发展[①]。另外，北极地区具有丰富的资源和巨大的经济潜力，一方面能够拓宽世界能源的进口来源，降低世界能源风险；另一方面北极航线作为连接亚、欧、美三大洲的最短航线，其开通将进一步促进亚欧美的经济一体化和共同繁荣。从环境、资源、经济影响来看，北极问题呈现出明显的国际化趋势，使其具有国际公共品特征，单凭北极国家无法解决北极的环境问题与挑战，需要域外国家的共同参与。此外，北极国家在"低政治"领域也期待域外国家提供资金与技术，承担北极治理的国际义务。北极理事会接纳观察员国便是北极问

---

① 丁煌、朱宝林：《基于"命运共同体"理念的北极治理机制创新》，《探索与争鸣》2016年第3期，第94页。

题国际化的一个信号，标志北极问题需要域外国家的积极参与。

2. 北极航线对东北亚区域的作用和影响

中国、日本、韩国都是能源进口主要国家，北极航线能够为其提供新的能源运输通道。同时，中日韩皆为高度依赖海洋运输的贸易大国，北极航线的国际贸易距离缩短效应能使东北亚区域国家大幅节省海运成本，促进东北亚区域的经济与贸易发展。对于俄罗斯来说，其远东地区发展较为落后，借助北极航线开发利用的相关项目建设，能够获得东北亚区域其他国家的经济和技术支持。另外，中国东北地区面临经济下行压力，对接北极航线开发建设是探索东北地区对外开放的有效途径，有利于促进该地区实现产业转型和经济振兴；北极航线与"滨海1号""滨海2号"对接，能够深化俄远东地区与中国东北地区的经济合作。传统的国际航运中心为香港与新加坡等港口，属于低纬度港口，北极航线的通航使东北亚区域高纬度港口，如大连港、釜山港、横滨港等港口的区位条件得到进一步提升，使其成为新的国际航运中心的机会增大。另外，北极航线能够与"一带一路"形成有机衔接，将促成欧亚大陆交通运输的新格局，促进东北亚区域与亚洲其他地区以及欧洲、非洲等地区的经济贸易发展。

3. 北极地缘政治强化对东北亚区域的影响

目前，北极地区成为全球的关键战略竞技场之一，北极八国在北极地区都有军事部署，欧盟和北约部分成员国也以集体方式加入到北极权益争夺行列[1]，越来越多的国家对北极权益给予极大关注，全球经济政治较为活跃的东北亚区域也无法置身事外。尽管北极国家仍在

---

[1] 夏立平：《北极环境变化对全球安全和中国国家安全的影响》，《世界经济与政治》2011年第1期，第122页。

北极理事会的框架下进行合作，但乌克兰危机事件的溢出效应已扩散到了北极地区，在一定程度上影响了北极国家间的合作。乌克兰危机迫使俄罗斯向外寻找合作伙伴，并逐渐将合作对象的找寻方向转向亚洲地区。俄罗斯与中国开展"冰上丝绸之路"合作便体现了俄罗斯北极政策的方向性转变，也体现出北极利益格局内部分化、外部联合的特点和趋势。东北亚区域的中日韩三国有参与北极事务的强烈意愿，2017年韩国提出"新北方政策"，旨在加强与俄罗斯的合作；2013年时任日本首相安倍晋三访俄，双方签订联合声明，承诺进行以北极海上搜救为主的合作，并构建北极问题的双方协商框架，2015年日本出台新的北极政策，强化对于北极问题的关注；2017年中国与俄罗斯明确开展广泛的"冰上丝绸之路"合作，俄罗斯也欲与中日韩三国开展更进一步的北极合作。在北极地缘政治强化的背景下，应进一步建立东北亚区域北极合作机制，以应对北极地缘政治格局的新变化，谋和平、求发展。

4. 朝鲜与蒙古参与东北亚区域北极合作的必要性

作为东北亚区域的重要组成部分，朝鲜和蒙古参与北极合作的空间巨大，两国也有必要积极参与。其一，东北亚区域经济发展较好的中日韩俄均有参与北极事务的意愿，朝鲜和蒙古受东北亚区域其他国家的影响，也存在巨大合作空间。朝鲜基础设施落后，港口开放程度低；蒙古是内陆国家，没有出海口，陆上基础设施落后，对外开放程度同样较低。借助东北亚区域北极合作的机会，朝鲜和蒙古与沿线国家可以实现经贸合作与对话，极大提升两国对外开放程度。其二，借助北极合作机会，通过与中、日、韩、俄共建基础设施，朝鲜和蒙古能够增进互联互通程度，将进一步完善朝鲜和蒙古在交通、能源、通信等领域的基础设施建设，将为两国国内经济增长提供坚实基础和更大动力。

（二）东北亚区域北极合作的有利条件和面临的挑战

目前，东北亚区域各国在北极问题上有共同的利益诉求，具备较好的北极合作基础，也具备开发利用北极东北航线航运的驱动力。另外，东北亚区域国家的北极合作存在互补优势，这是东北亚区域北极合作最重要前提。但是，东北亚区域北极合作也面临着北极地区基础设施建设程度较差、区域国家北极合作存在竞争与利益分歧、区域各国存在不同程度的历史遗留问题和美国的干扰等挑战。

1. 东北亚区域北极合作的有利条件

中日韩三国希望通过北极航线开辟海运贸易运输新线路、节省海运成本，俄罗斯则有意将北方海航道建设成为重要的国际过境通道。东北亚区域国家都存在参与北极能源开发的共同诉求，中日韩是世界上能源进口的主要国家，现有的能源进口主要地区为中东地区，中东地区政局的不稳定直接影响到东北亚区域的能源安全。另外，"马六甲困境"也使东北亚区域国家能源安全面临巨大风险和隐患，因此，中日韩三国对北极能源开发具有浓厚的兴趣。俄罗斯一直保持资源出口导向的经济发展模式，也极其重视北极能源开发和输出。东北亚区域国家都有减少北极安全风险的共同利益需求，近年来，俄与美国和欧洲的地缘政治关系愈加紧张，北极各国纷纷在北极加大军事部署和军演强度，使北极地区地缘政治环境更加不稳定，而东北亚区域开发北极特别需要安全稳定的地缘政治环境。

东北亚区域国家的北极合作存在互补优势。俄罗斯高度重视北极东北航线开发，但资金、技术短缺；中日韩三国则在资金、技术、人力、物力资源上具有优势，但由于非北极国家的身份限制，无法深度参与北极事务，因此，东北亚区域国家在北极合作方面能够优势互补。另外，俄罗斯远东地区地域辽阔，但经济发展滞后；中国整体经济发展较快，而东北地区则面临经济增速走低，经济下行压力增大的困境；韩国、日本虽然都是发达国家，但经济腹地较小，阻碍了其经济的进一步发展。东北亚区域国家间存在的经济互补性为构建"东北亚经济圈"并通过北极合作实现战略对接与联动提供了必要条件。

朝鲜和蒙古参与东北亚北极合作的有利条件。在北极航线开通情景下，朝鲜的罗津港地理位置愈加优越，中国东北地区货物选择从朝鲜罗津港出海，可以极大缩短中国东北地区货物的出海距离。因此，朝鲜加入东北亚区域的北极开发与合作，可以为北极航线增添新的港口节点，带动东北亚区域的经贸发展，为北极航线注入新的活力[①]。目前，东北亚区域北极合作的重要形式是中俄"冰上丝绸之路"建设，蒙古地处东北亚，是"一带一路"重要节点，蒙古参与东北亚区域北极合作，能够进一步增强"冰上丝绸之路"与"一带一路"的深度结合，形成贯穿东西、连接南北的亚欧国际性交通运输网络，促进亚欧地区的经济一体化。另外，朝鲜和蒙古与东北亚区域其他国家经济发展具有较强的互补关系，朝鲜拥有丰富的自然资源和人力资源，中日韩等国具有技术、资金等方面的优势，东北亚区域北极合作则能将这些要素紧密结合起来，推动整个东北亚区域的战略联动与经济发展。

---

① 李振福、孙悦、韦博文：《北极航线朝鲜北部线的东北三省货物运输效应分析》，《通化师范学院学报》2019年第7期，第1页。

2. 东北亚区域北极合作面临的挑战

北极地区基础设施建设程度较差。就目前来看，北极严酷的自然条件，使得交通运输条件较差，目前尚不足以支撑东北亚区域北极合作。具体来看，北极航线沿线正常营运的港口较少，多数港口面临设备老化、港口补给救助能力有限的问题。同时，北极沿线港口的集疏运体系也不完善，缺乏港口与内陆腹地间的公路和铁路等基础联通条件。

东北亚区域国家北极合作存在竞争与利益分歧。首先，各国目标不同。俄罗斯想要保持主动权和主导权，面临着维护北极地区主权还是开展事务合作的选择困境[①]；中日韩三国则希望通过参与北极事务，获取资源能源和航运权益。韩国、日本可能与美国结成同盟进行北极合作，中国除俄罗斯之外还会有可能与欧洲进行合作。中日韩均属于能源进口大国、海运贸易大国、东北亚区域经济强国，在获取北极资源能源、航运权益方面存在较大竞争。此外，东北亚区域国家均持不同的地缘政治思想，俄罗斯启动"大欧亚伙伴关系"，中国推行"一带一路"倡议，韩国注重对朝关系及半岛和平，日本则处在"战略转型期"，寻求国内战后体制"突破"与"外向"性安全领域"突破"，东北亚区域地缘政治的差异阻碍了各国之间合作的顺利展开。

东北亚区域各国存在不同程度的历史遗留问题。中日、日韩、日俄间都或多或少存在历史遗留问题，这些问题是东北亚区域北极合作的较大阻碍。目前，由于历史遗留问题，日韩紧张关系升级，从政

---

① 李晗斌：《东北亚国家北极事务合作研究》，《东北亚论坛》2016年第5期，第118页。

治、外交领域转向经贸摩擦①，给日韩双边关系前景增加更大的不确定性，也影响了东北亚区域的各方面合作。冷战遗留的朝韩分裂与朝核问题也是合作的不稳定因素，2018年朝鲜承诺放弃核路线，朝韩关系缓和②，但半岛缓和进程仍具较大的脆弱性。

美国的干扰。美国对俄罗斯、中国的崛起始终持警惕态度，在亚太地区一直充当"离岸平衡手"，通过美日、美韩同盟对东北亚事务施加影响。美国奥巴马政府时期推行"亚太再平衡"战略，特朗普政府则奉行"单边主义"与"孤立主义"，中美贸易摩擦、美国退出《巴黎协定》等事件都体现了美国唯利是图、利己排他的价值取向。可以想象，在单边思维的指导下，美国对东北亚区域北极合作将实施"拒阻战略"。

朝鲜和蒙古参与东北亚区域北极合作所面临的障碍。第一，朝鲜与蒙古经济发展水平都较低。朝鲜20世纪60年代以来将战略重心放在了核试验上，对经济发展的关注不够；蒙古经济发展主要依靠矿产出口，过度依赖矿产出口的发展模式不可持续，一旦资源消耗殆尽，国内经济运转将会面临重大危机。第二，朝蒙两国对外开放程度都较低。朝鲜和蒙古奉行贸易保护主义，在现有体制下实行"有限开放"的政策。朝鲜和蒙古的经济发展软环境不利于参与东北亚区域北极合作。第三，朝蒙两国基础设施都比较落后，难以保证东北亚区域北极合作的顺利推进。朝鲜存在沿海港口基础设施落后、港口基础设施较差、技术管理人才缺乏、港口集疏运基础设施不完善等问题；蒙古则

---

① 刘荣荣、王珊：《沉疴与新患：日韩关系恶化探析》，《现代国际关系》2019年第8期，第12页。

② 杨锡联：《2018年朝鲜半岛形势回顾》，《和平与发展》2019年第1期，第24页。

面临铁路覆盖率低、电力设施薄弱、电信业发展很不平衡等问题。第四，朝蒙两国的社会环境影响。朝鲜和蒙古国民都缺乏市场经济意识，朝鲜国民受计划经济思维影响，蒙古国民受传统游牧思维影响，国际合作意识都比较差。第五，朝蒙与东北亚区域其他国家存在政治疑虑。朝韩分裂使得朝鲜与韩国在历史上一度处于战争或敌对状态，2018年以来朝韩关系缓和，但仍是东北亚区域北极合作中的最不稳定因素；蒙古历史上曾是中国的一部分，后来又成为苏联的附庸国[①]，这使得蒙古对中俄既存在政治疑虑又有某些依附感。

北极国家的顾虑。北极国家希望保持对北极地区的主导权，2011年北极理事会发布《北极高官报告》，要求欲申请北极理事会观察员的国家必须"承认北极国家在北极地区的主权、主权权利和管辖权"。这意味着北极国家试图将非北极国家排除在北极治理进程外[②]，把北极地区的事务完全私物化。北极国家在保持对北极地区主导权的"门罗主义"逻辑指导下，对于非北极国家主导的东北亚地区北极合作将持坚决的反对态度。

三、以互联互通的地缘思想打通东北亚区域北极合作障碍

当前东北亚区域北极合作存在一定的障碍，归结起来主要是由环境地缘方面的"联通不畅"所导致，需以"通权论"中互联互通的思想主旨来解决各类问题，具体措施有加强基础设施建设、以"冰上丝

---

① 王海运：《合作共建"中蒙俄经济走廊"：深化战略价值认知，找准重点着力方向》，《俄罗斯学刊》2017年第6期，第33页。
② 肖洋：《排他性开放：北极理事会的"门罗主义"逻辑》，《太平洋学报》2014年第9期，第12页。

绸之路"为基础推动东北亚区域北极合作、构建东北亚区域北极命运共同体、发展中蒙俄经济走廊与北极航线朝鲜北部线（下文对此有具体陈述）、通过联合国机制形成开放合作的北极条约等，以消除东北亚区域北极合作的障碍。

（一）加强基础设施联通

目前，北极基础设施建设程度较低，阻碍了东北亚区域的北极合作及开发利用。从"通权论"来看，北极的内部及对外联通能力较差。"通权论"的核心在于互联互通、互利共赢，这要求东北亚区域国家增强北极对外联通，从而发挥北极的资源和航运潜力。由此，东北亚地区应加强基础设施建设，增强东北亚区域与北极航线的联通能力。中日韩俄应在北极东北航线港口建设领域进行深度合作，可通过评估北极东北航线沿线港口的开发潜力，选择对应支点港口开展合作，并加强港口集疏运系统的建设，特别是注重海铁联运的建设和合作。另外，中日韩各国应建设针对北极航线的国内港口以适应北极航线商业化运输需求，综合考虑港口区位、港口功能、经济腹地、临港相关产业等条件，选定适合开展北极航线运输的港口，给予政策支持并制定适合北极航线货物运输的综合运营方案，建设东北亚区域北极运输枢纽港口。此外，东北亚区域国家应推动各国北极运输枢纽港口组成港口联盟，形成各港口优势互补、互相支撑的发展格局。

另外，应以"通权论"为导向推动东北亚区域共同参与北极航运的开发合作。在实现基础设施互联互通的基础上，东北亚区域各国的交通运输部门应建立合作机构，统筹规划北极航线开发利用工作，具体工作包括破冰船建造、海洋平台搭建、港口运营、陆上运输线路连通、北极航运制度制定等；规划管理北极航运开发的基础设施建设与制度制定，从而将东北亚与北极真正连接起来，促使东北亚与北极的运输航线常态化和体系化。在早期航线规划中，可从"亚马尔天然气"的运输需求入手，深度探索挖掘东北亚区域与北极国家间的运输潜力，形成常态化和商业化的运输线路，逐渐形成并强化东北亚区域与北极国家间的公路、铁路、海运、航空、管道运输所构成的密集运输网络，形成东北亚区域连接北极的大通道。

（二）以"冰上丝绸之路"为基础推动东北亚区域北极合作

目前，东北亚区域还没有与北极相关的合作机制，对北极事务合作的顺利推进非常不利。而2017年中国与俄罗斯共同提出建设"冰上丝绸之路"，则是北极合作的重要探索。目前来看，"冰上丝绸之路"推进的项目主要有：中俄共建亚马尔液化天然气项目，于2017年12月正式投产；中俄合作开发俄罗斯帕亚哈油气田项目，双方已经签订协议；中俄合作扎鲁比诺港项目，双方已签订协议，并在持续推进中；2019年6月7日，中远海运集团与俄罗斯诺瓦泰克股份公司、俄罗斯现代商船公共股份公司以及丝路基金有限责任公司在俄罗斯圣彼得堡签署《关于北极海运有限责任公司的协议》等。

这些合作项目表明了"冰上丝绸之路"建设正在稳步推进中，可以说，"冰上丝绸之路"秉承了"一带一路"实现"政策沟通、设施联通、贸易畅通、资金融通、民心相通"的互联互通思想内核，有利于推进东北亚区域北极合作机制建设。北极合作项目应以航线开发为工作主线，推动能源、经贸、物流等"低政治"领域方面合作网络的形成。此外，以"冰上丝绸之路"为基础推动建立东北亚区域北极事务合作组织，首先应构建弱约束力的合作组织，如构建以科考、环保事务为主的东北亚"冰上丝绸之路"发展论坛，并在此基础上逐步形成具有北极科考、环保、能源、航运、安全功能的东北亚区域北极事务合作组织。

（三）奉行互联互通与合作共赢的地缘政治思想

目前，东北亚区域各国均根据其国家利益制定了各自的地缘政治战略，由此指导的国家行为往往造成东北亚区域及更大范围的地缘政治关系紧张。究其原因，东北亚区域国家多数坚持以传统地缘政治理论指导的零和博弈思维参与国际地缘政治实践。但当今世界以和平与发展为主题的思想和要求，在北极地区体现得更为明显，传统地缘政治思维变得不再适用。在此国际背景下，东北亚区域北极合作进程应贯彻"通权论"思维，奉行互联互通与合作共赢的地缘政治思想。依据"通权论"，东北亚区域各国应互相考虑其他国家的利益诉求和战略期待，深化东北亚区域北极协作伙伴关系，实现更深层次的政治互信。对于其他北极国家与西方国家存在的疑虑，应宣传东北亚区域北极合作奉行的互联互通与合作共赢的地缘政治宗旨，表明东北亚区域北极合作具有开放性，愿与更多国家开展合作，致力于推进北极的和平、环保与可持续发展。通过宣传与贯彻"通权论"，改变相关国家零和博弈的冷战思维，为东北亚区域北极合作创造良好的国际氛围。

（四）构建东北亚区域北极命运共同体

"人类命运共同体"是习近平在世界联系加深且面临诸多共同挑战的背景下提出的关于人类社会发展的新理念，倡导各国"在追求本国利益时兼顾他国合理关切"。北极问题在环境、资源能源、经济等方面的影响已超出北极区域，成为全球性问题。面对北极问题，东北亚区域各国更加需要相互依存、休戚与共的共同发展理念和共同命运观。东北亚区域国家北极合作有共同的利益诉求，也具有提供北极国际公共品的意愿与能力，构建东北亚区域北极命运共同体既是大势所趋，也是合作的根本目的。构建东北亚区域北极命运共同体，具体的措施包括：积极推广"东北亚北极命运共同体"理念；东北亚区域各国就北极科考、环保、资源能源开发项目进行对接，积极提供本国优势领域的公共产品；积极推动北极环境、航运、海洋开发方面的国际规则的形成；推动北极治理体系的逐步优化，推动北极治理从低程度的专注于某一方面的东北亚区域北极环境共同体、能源共同体、科考共同体走向集北极科考、环保、能源、航运、安全于一体的全方位"东北亚北极命运共同体"。

（五）着力发展中蒙俄经济走廊和积极开发北极航线朝鲜北部线

"通权论"强调互联互通，目前，蒙古和朝鲜的基础设施比较薄弱，对外开放程度低，制约了东北亚区域北极合作的整体效果，因此须重点增强朝鲜、蒙古与东北亚区域其他国家的互联互通，可通过发展中蒙俄经济走廊和建设北极航线朝鲜北部线而实现。

中国、蒙古、俄罗斯三国2016年签署了《建设中蒙俄经济走廊规划纲要》[①]。发展"中蒙俄经济走廊"，中俄蒙应增强政治互信，三国政府间应成立"中蒙俄经济走廊发展部门"，负责统筹管理中蒙俄

---

① 参见《建设中蒙俄经济走廊规划纲要》（全文）》，来源：发改委网站，人民网，2017年3月9日，http://world.people.com.cn/n1/2017/0309/c411452-29134333.html。

合作事务与项目,并将中国"一带一路"倡议、俄罗斯"新东方政策"、蒙古国"发展之路"战略等进行紧密的政策对接和协调推进。中俄蒙应推动人文交流,通过旅游、互办文化节等形式促进三国民众的了解,增进三国的"民心相通"①。中蒙俄存在优势互补,应发挥蒙古、俄罗斯的资源优势与中国的资金技术优势,增强三国的经济贸易联通,共建工业园区和自贸区,从而提升整个东北亚地区的经济联通。中俄蒙应推进基础设施联通,增强三国间国际铁路的覆盖率和通过能力,并与"一带一路"及"冰上丝绸之路"基础设施建设相协调,促进更大北极区域基础设施的整体互联互通。

北极航线朝鲜北部线是指从朝鲜罗津港、先锋港、青津港以及俄罗斯扎鲁比诺港、符拉迪沃斯托克港出发进入日本海,北上经宗古海峡进入鄂霍次克海域,穿过千岛群岛,进入太平洋,继而进入白令海,最终到达白令海峡的海上航线。② 建设北极航线朝鲜北部线,能够将中国东北地区货物通过罗津港运出,减少货物运输费用,进一步发挥北极航线的运输效用。建设北极航线朝鲜北部线,东北亚区域的中日韩三国应发挥资金方面的优势,加强罗津港的基础设施建设,加强港口周边集疏运体系建设,引入专业化运营团队,加强港口的运营

---

① 依据《建设中蒙俄经济走廊规划纲要》的设想,毕德利提出"中蒙俄经济圈"的观点,参见毕德利:《构建以"海赤桥"次区域国际合作为核心的中蒙俄经济圈》,《北方经济》2018年第10期,第18页。因该文中的提法为"中蒙俄经济圈",与中蒙俄三国2016年签署的《建设中蒙俄经济走廊规划纲要》的"中蒙俄经济走廊"提法不一致,考虑规范性的要求,在引用中,将引用文章原文中的"中蒙俄经济圈"修改为"中蒙俄经济走廊"。

② 参见李振福、孙悦、韦博文:《北极航线朝鲜北部线的东北三省货物运输效应分析》,《通化师范学院学报》2019年第7期,第2页。北极航线朝鲜北部线是本文第一作者的另一篇论文的观点,此种说法只是研究探讨意义上的提法,还没有得到充分认可。本文在此引用这个概念只是说明这一航线的重要性和大致范围。

管理，提升港口管理运营的信息化水平①。另外，中国珲春距离日本海很近，却没有直接的出海口，应利用和发展北极航线朝鲜北部线，与俄罗斯、朝鲜共建珲春港，为东北亚区域北极合作注入新的活力。在发展北极航线朝鲜北线的过程中，中、朝、俄应坚持以经贸合作为主题，以共同发展为目标，建设现代化的跨国自由贸易区，增强东北亚区域的经济联通。

（六）通过联合国机制形成开放合作的北极条约等

以"通权论"指导东北亚区域北极合作，与北极国家主导的北极合作现状存在一定的矛盾和冲突。此外，北极地区地缘政治环境极其复杂，中俄之间、中美之间以及北极八国之间的地缘政治博弈不断加剧，北极地缘政治风险不断增加，不利于北极的和平与发展。联合国作为世界上最大的多边机制，其重要宗旨之一便是促成国际合作，是全球化背景下国家间互联互通的体现。因此，可通过联合国的相关机制，促使北极的"通权"导向与北极国家的"权力"主导之间矛盾的协调和化解。东北亚区域国家可共同向联合国提出申请，明确在全球变暖的趋势下，北极的环境保护与发展关乎全人类的共同命运，而只靠北极国家无法实现北极的有效治理和北极生态环境挑战的有效解决。因此，建议将北极环境保护与发展纳入联合国的工作，促使北极国家与其他国家签署开放合作的北极条约，推动多元合作，将东北亚区域的北极合作置于更大的多边合作机制中，进而保护北极环境，合理开发北极能源，有效利用北极航线所具有的商业潜力和经济价值。

---

① 李振福、邓昭：《参与"冰上丝绸之路"：朝鲜的条件和策略》，《东北亚经济研究》2019第4期，第5页。

四、结语

本文基于互联互通的地缘政治思想，提出了一种新的地缘政治理论"通权论"，对国家有机体理论、海权论、陆权论、边缘地带理论和空权论等传统地缘政治理论进行了有意义的拓展，以期为地缘战略实践提供更加合理的理论路径。另外，本文的地缘战略实践场景是东北亚区域北极合作。北极问题演化带来的国际地缘政治经济格局的变化对东北亚区域有着深远影响，基于此，文章分析了目前东北亚区域北极合作的必要性、有利条件及面临的挑战。依据"通权论"的理论思想，目前东北亚区域北极合作存在一定的障碍，归结起来主要是由环境地缘方面的"联通不畅"所导致，需以"通权论"中互联互通的思想主旨来解决各类问题，由此提出对应的具体措施，以期促进东北亚区域北极合作相关的交通、经济、政治等方面的互联互通。

俄属北极地区经济社会发展态势与中俄北极合作新机遇[*]

白佳玉　王琳祥　李玉达[**]

摘　要　俄属北极地区经济社会的发展事关俄罗斯国家安全的保障、政治局势的稳定，也关乎俄属北极地区经济的恢复和生态环境的保护，战略意义显著。俄罗斯联邦北极立法有利于俄属北极地区法律地位的明确，更助力俄罗斯发展北极的战略目标的实现。鉴于此，本文将在探究《俄罗斯北极地区发展联邦法案（草案）》[①]出台背景的基础上，深入分析俄"北极发展支柱区"[②]项目建设对以北极航道为主的

---

[*]　本文为国家社科基金"新时代海洋强国建设"重大研究专项项目（课题号：18VHQ001）阶段性成果。

[**]　白佳玉，中国海洋大学法学院、中国海洋大学海洋发展研究院教授、博士生导师，海洋法研究所副所长，加拿大达尔豪斯大学法学院访问教授，研究方向为极地法律与政策、海洋法律与政策；王琳祥，河北省石家庄市井陉县纪委监委，法学硕士；李玉达，中国海洋大学法学院国际法研究生。

[①]　本文对俄北极地区经济社会发展态势与中俄北极合作新机遇阐析均是依据俄罗斯2016年8月公布的《俄罗斯北极地区发展联邦法案（草案）》官方版本。该法案尚未被批准通过，仍处于草案阶段。——作者注

[②]　"北极发展支柱区"是指"规划和保障俄罗斯联邦北极地区社会经济发展的综合性项目，该项目旨在实现俄罗斯北极的战略利益和保障国家安全，并规定同时应用俄罗斯联邦现行的地区和行业发展模式和投资方案的实施机制，包括国家—私人伙伴关系原则"。Статья 3. Основные понятия, используемые в настоящем Федеральном законе из общий, из "Федеральный законО развитии Арктической зоны Российской Федерации"。

俄属北极交通系统、能源资源开发的积极影响，并据此探讨俄属北极地区航道建设、能源开发层面的经济潜力，以及中俄北极合作的新机遇。在发展北极经济的同时，有必要对俄属北极地区未来的生态环境保护作出回应。本文也将细致考究《俄罗斯北极地区发展联邦法案（草案）》在北极生态环境保护领域确定的"零投放"原则①，并思考俄属北极地区生态环境未来的发展趋向。毋庸置疑，俄罗斯联邦立法的最终确立将为俄罗斯维护其北极权益、发展其北极地区经济社会的战略目标提供法律保障。

关键词 《俄罗斯北极地区发展联邦法案（草案）》 北极发展支柱区 零投放原则 经济社会发展机遇

引　言

俄属北极地区未来经济发展关乎俄罗斯国内经济的恢复与国力的增强，俄属北极地区未来生态环境安全牵涉俄罗斯的北部地区乃至国家安全，俄罗斯通过国家政策（立法）来发展其北极地区经济及生态环境保护将是必然之举。俄罗斯通过其联邦立法确立俄属北极地区法

---

① 根据《俄罗斯北极地区发展联邦法案（草案）》，"零投放"原则是指在建立、使用、利用和清理人工岛、设备和设施，以及在进行地质研究、勘测和开采矿物资源钻探工作时，不允许有害物质进入海域。Статья 3. Основные понятия, используемые в настоящем Федеральном законе из общий из "Федеральный законО развитии Арктической зоны Российской Федерации": «Нулевой сброс»-недопущение поступления в морскую среду вредных веществ при создании, эксплуатации, использовании и ликвидации искусственных островов, установок и сооружений, а также при проведении буровых работ при геологическом изучении, разведке и добыче минеральных ресурсов.

律地位，有利于维持俄在其北极地区的管控地位并进而维护俄北极权益。俄罗斯境内外紧张局势在一定程度上成为俄罗斯联邦加速立法的催化剂，该联邦法案（草案）内容的最终确立在俄罗斯发展其北极地区社会经济的未来态势下有其必然性，其战略意义愈加凸显。

（一）管控俄北极活动、保障俄北极既存及潜在权益的法律依据

全球气候变暖加速北极冰川消融，客观上，北极地区已经成为关系周边国家未来发展的关键地带。俄属北极地区是保障俄罗斯社会经济发展的战略资源基地，亟待开发的石油、天然气能源以及提上开发日程的北方海航道利用等都对俄罗斯提出了挑战。[①] 俄属北极地区对俄罗斯有着重要的资源、经济、安全、环境等战略意义，但在新的发展机遇期，防御与提高应对潜在未知风险的能力以及保障其俄属北极地区的主导地位成为俄罗斯面临的巨大挑战。在俄前期制定相关战略规划的基础上，出台一部综合性立法，进一步完善俄罗斯北极地区的法律地位，并从法律上保障其北极陆地疆域和北冰洋海域的社会经济发展，则成为未来俄罗斯在北极发展的最佳选择。

首先，俄属北极地区陆地和海域的构成、名称及其边界曾在相当长一段时间内处于空白，俄罗斯未在其国内立法中进行明确界定。[②] 俄属北极地区是北极圈国家中人口最多的地区，但自沙俄时代始，经苏联时期，直至俄罗斯联邦成立以后的相当长一段时间里，俄罗斯国内从未出台过一部基本法，对俄属北极地区的陆地和海域的构成、名

---

① Основы государственной политики Российской Федерации в Арктике на период до 2020 года и дальнейшуюперспективу, http://www.scrf.gov.ru/documents/98.html.

② Федеральный закон О развитии Арктической зоны Российской Федерации. http://gosplan.org/2016/08/04/proekt-zakona-o-razvitii-arkticheskoy-zonyi/.

称及其边界在法律上予以明确。进入 21 世纪后，伴随着全球变暖加剧，北极海冰融化加速，北极问题受到国际社会的密切关注，俄罗斯国内要求制定联邦北极地区法律的呼声也因之日益高涨。2014 年 5 月，俄罗斯联邦政府颁布了《关于俄罗斯联邦北极地区陆地领土总统令》，首次明确了俄罗斯北极地区的具体疆域，包括摩尔曼斯克州、涅涅茨自治区、楚科奇自治区和亚马尔—涅涅茨自治区的全部疆域；科米共和国、萨哈共和国（雅库特）、克拉斯诺亚尔斯克边疆区和阿尔汉格尔斯克州的部分地区。① 此外，总统令还明确规定，俄罗斯北极地区包括苏联中央执行委员会主席团于 1926 年 4 月 15 日通过的《关于在苏联北冰洋的土地和岛屿领土公告》和苏联其他文件中所确定的位于北冰洋的土地和岛屿，以及根据国际法，俄罗斯拥有主权和管辖权的毗邻上述领土、土地和岛屿的内海水域、领海、专属经济区和大陆架。而《俄罗斯北极地区发展联邦法案（草案）》则是在前述总统令大致确定构成区域的基础上，对俄属北极地区海域和领土的具体构成、名称以及边界进一步明确细化。

其次，在俄罗斯联邦国内法中明确俄属北极地区法律地位有助于俄罗斯最大限度地维护其北极权益，也将对俄保护并发展俄属北极地区具有重要的战略意义。一方面，俄罗斯联邦立法对其北极地区具体构成、名称、边界等进行界定，从国家层面为俄罗斯提供了管理和控制其北极地区范围内活动的法律依据，有利于维护其在俄属北极地区领土和海域的主权、主权权利和司法管辖权；另一方面，从国家立法

---

① Указ Президента РФ от 2 мая 2014г. No 296, О сухопутных территориях Арктической зоны Российской Федерации [EB/OL]. http://www.garant.ru/products/ipo/ prime/doc/ 70547984 /#ixzz3b4Y8idDU.

层面明确俄属北极地区具体范围，有利于减少或避免相关领土及海洋划界争议，并在具体条款中使用"发现的和未来可能发现的"表述对领土范围进行界定，为北极潜在权益的享有留有余地和立法依据。①《俄罗斯北极地区发展联邦法案（草案）》通过单项规定赋予联邦政府权力，即联邦政府有权制定划入其北极地区陆地领土范围的区域，最大限度地维护了俄罗斯北极权益，符合俄罗斯的国家利益。② 同时，也为其他北极国家乃至国际社会范围内制定和实施北极地区相关治理规则提供借鉴。

最后，《俄罗斯北极地区发展联邦法案（草案）》对俄属北极地区的法律地位做出了明确界定，在迫切需要法律规则规制的新情势下，顺应了俄发展北极并保持其主导地位的战略目标，也及时回应了俄罗斯国内要求制定联邦北极地区法律的高涨呼声。该草案明确规定俄罗斯在俄属北极地区享有主权、主权权利和司法管辖权，而有关俄属北极地区的构成、名称及其边界在《俄罗斯北极地区发展联邦法案（草案）》总则部分第二款进行了细致规定，并在总则第一款将俄属北极地区相关活动产生的相互关系归于俄罗斯联邦调整的对象范围内，明确俄罗斯联邦北极政策实施的相关主体，以此保证俄属北极地区的相关活动都在俄罗斯可以管控的范围，保护并促进俄属北极地区

---

① общий, второй абзац из "Федеральный законО развитии Арктической зоны Российской Федерации".

② общий, второй абзац из "Федеральный законО развитии Арктической зоны Российской Федерации". В целях подготовки предложений по определению состава сухопутных территорий, входящих в состав Арктической зоны, Правительство Российской Федерации вправе утверждать критерии отнесения сухопутных территорий к Арктической зоне.

的发展。①

(二) 俄属北极地区经济社会发展目标的要求

北极地区蕴藏着极为丰富的石油、天然气等能源以及矿藏资源和种类多样的鱼类资源,有着巨大的勘探和开发潜力,能够为北极国家带来可观的经济利益。俄罗斯北极大陆架蕴藏的油气资源总量约占其大陆架油气资源总量的87.5%,有待开发的矿产资源、鱼类资源更是储量可观,是俄罗斯国内经济的重要来源,关系着俄罗斯国内社会经济的发展,也是在此意义上,俄属北极地区成为俄罗斯战略资源基地。此外,随着北极海冰消融,北方海航道的开发建设也愈加急迫,未来北方海航道的全面通航利用将可能实现,北方海航道相较于传统航线,有着有效缩短航线航程、通航时间长、航运成本低以及较为安全的航运环境等优势,能够为俄罗斯带来巨大的商业价值,并有望成为北极地区联通欧洲、亚洲、美洲等地区开展海上商贸航运的主航线。由此,北方海航道为俄罗斯带来的潜在商业价值、经济利益同样不可小觑。俄罗斯政府在其于2015年颁布的新版官方政策文件《海洋学说》中指出,俄罗斯将会重点增强其在北冰洋大陆架及专属经济区范围内勘探开发自然资源的能力,并为油气资源开采主体以及船舶运输主体提供尽可能的便利。并强调俄罗斯将愿意同其他关切北极自

---

① общий, из "Федеральный законО развитии Арктической зоны Российской Федерации". Настоящий Федеральный закон регулирует отношения между различными субъектами права, складывающиеся в процессе реализации основных целей и направлений государственной политики Российской Федерации на территории Арктической зоны Российской Федерации, направленной на создание условий для комплексного социально-экономического развития Арктической зоны Российской Федерации.

然生态环境的国家开展合作，为北方海航线未来通航提供导航服务，提升水文信息处理能力，加快搜救系统开发建立等。这是俄罗斯政府层面意欲促进俄属北极地区经济社会发展的目标体现。

《俄罗斯北极地区发展联邦法案（草案）》是俄罗斯联邦实现其发展北极地区经济、促进俄属北极地区社会发展目标的必然结果。该草案在总则中即明确指出，本联邦法是调整俄罗斯各权利主体在北极地区为实现"俄罗斯北极地区社会经济综合发展创造条件"的国家政策目标而形成的相互关系。[①] 此外，该法通过国家政策、战略规划、权利赋予、明晰权责、建立北极发展支柱区等多方面内容的规定，保障俄属北极地区社会经济发展的顺利推进。就草案本身而言，该法文本中有多达五处用到"社会经济发展"，如此高频强调，足以窥见该法制定的目标意义所在。国家立法层面的支持是对一国社会经济发展的最有力保障，《俄罗斯北极地区发展联邦法案（草案）》是俄罗斯联邦发展俄属北极地区社会经济目标下做出的战略选择，将深刻影响俄罗斯联邦北极地区未来社会经济的发展进程。

（三）俄罗斯境内外紧张局势的推动

俄罗斯制定《俄罗斯北极地区发展联邦法案（草案）》不仅是基于促进俄罗斯联邦北极地区经济社会的发展和明确俄属北极地区法律

---

① общий, из "Федеральный законО развитии Арктической зоны Российской Федерации": Настоящий Федеральный закон регулирует отношения между различными субъектами права, складывающиеся в процессе реализации основных целей и направлений государственной политики Российской Федерации на территории Арктической зоны Российской Федерации, направленной на создание условий для комплексного социально-экономического развития Арктической зоны Российской Федерации.

地位两个因素的考虑，更是俄罗斯对外面对美欧国际制裁和西方战略挤压、内则面对经济疲软和北极海域开发战略受阻等问题下做出的战略性考量。且俄罗斯联邦境内外紧张局势对前两个因素的形成起到了一定的推动作用，与前两者因素之间存在着紧密联系的内在逻辑关系。

就俄外部局势而言，自2014年3月始，美国和欧盟便对俄罗斯实施了涉及能源、经济、金融、国防等多个领域的国际制裁，随着不断加大的制裁力度，对俄国内经济形成了较强冲击，也损害到俄罗斯联邦对其北极地区权益的维护。此外，美欧制裁也在一定程度上影响到俄罗斯北部疆域的安全，促使俄罗斯提升对其北部疆域安全的防御能力，并可能转向寻求军事强制手段以保护俄罗斯在北极的国家权益，这将不可避免地导致北极出现区域性军备竞赛乃至军事冲突。而国家立法层面的支持作为明确俄属北极地区法律地位和组成部分的有力举措，也将为俄罗斯提升其北部防御能力以及促进俄罗斯联邦北极地区发展奠定法律基础，将发展并维护北极权益上升至俄罗斯国家立法层面，利用政策、法律手段切实予以保障是俄罗斯联邦基于国际情势做出的战略选择。此外，俄罗斯所处不利的地缘政治格局也促使俄罗斯联邦积极发展以能源资源为重点的俄属北极地区社会经济，从而推动俄罗斯联邦立法的进程。由此，《俄罗斯北极地区发展联邦法案（草案）》在俄罗斯面临紧张国际局势的不利局面下制定，以国家安全为主的战略意义凸显。

就俄内部情势而言，因美欧对俄制裁造成的俄罗斯国内经济疲软以及俄罗斯北极海域开发战略受阻是促成《俄罗斯北极地区发展联邦法案（草案）》制定的重要国内因素。俄罗斯作为能源产量大国，石油、天然气等能源开采是其重要的经济收入来源，而美欧经济制裁对俄罗斯北极地区油气开发项目造成消极影响，从而影响到俄罗斯开发北极海域的项目进展，加之国际油价下调的原因，大量国际石油公司决定退出俄罗斯北极海域油气资源开发项目，对俄罗斯国内经济形成了较大冲击，俄罗斯恢复其国内经济、促进北极地区社会发展势不容缓，北极发展战略关乎俄罗斯国内经济的稳定，更关涉俄罗斯的未来。更好开发利用俄罗斯联邦北极地区油气、矿产等能源资源，振兴俄罗斯国内经济，减轻美欧制裁对其产生的不利影响，维护其北极利益，制定并出台一部北极地区联邦法势在必行，《俄罗斯北极地区发展联邦法案（草案）》以促进俄罗斯联邦北极地区社会经济发展为重点目标，彰显了俄罗斯在其经济发展受阻的情势下维护俄罗斯北极经济利益的态度和决心，以俄罗斯联邦北极地区社会经济发展为主的战略意义凸显。

一、以发展交通系统、开发利用能源资源为重点的俄"北极发展支柱区"经济态势

"北极发展支柱区"项目建设是俄罗斯促进其北极地区经济发展的重要战略性举措。俄属北极地区交通系统、能源开发领域的重点建设，能够在未来有效地激发俄属北极地区经济潜力，并在此基础上推动俄罗斯北极航道的开发利用并维护其能源大国地位。阶段化有序推进的支柱区建设必将推动俄属北极地区经济的实效发展。

（一）法案有关俄"北极发展支柱区"经济立法的具体内容

根据《俄罗斯北极地区发展联邦法案（草案）》，建立"北极发展支柱区"是俄罗斯联邦政府用以促进俄罗斯联邦北极地区社会经济发展的主要方式。① "北极发展支柱区"项目旨在实现俄罗斯北极的战略利益和保障国家安全，并规定同时应用俄罗斯联邦现行的地区和行业发展模式和投资方案的实施机制，包括国家—私人伙伴关系原则。② "北极发展支柱区"作为关乎俄罗斯联邦北极社会经济发展的综合性项目，从其建立到切实发挥作用都有该立法的明确保障。

（二）以北极航道为重点建设的俄属北极运输系统的发展

根据《俄罗斯北极地区发展联邦法案（草案）》，"北极运输系统"是指全年运营的国家运输系统，包括"北方海航道"及其海河船队、航空、管道、铁路和公路运输系统，以及保障北极地区运输的沿岸基础设施。③ 而完善的"北极运输系统"则是保障俄罗斯联邦北极地区国家安全、俄属北极地区能源资源开采以及"北方海航道"通航利用的关键所在。2017年5月，俄罗斯在其公布的《2030年前俄罗斯联邦经济安全战略》中即明确指出，俄罗斯将会把北方海航道和北极

---

① Статья 15. Формирование и прекращение существования опорных зон развития в Арктике из Глава 3. ГОСУДАРСТВЕННОЕ РЕГУЛИРОВАНИЕ В ОБЛАСТИ ЭКОНОМИЧЕСКОГО РАЗВИТИЯ В АРКТИЧЕСКОЙ ЗОНЕ РОССИЙСКОЙ ФЕДЕРАЦИИ из " Федеральный законО развитии Арктической зоны Российской Федерации".

② Статья 3. Основные понятия, используемые в настоящем Федеральном законе из общий, из "Федеральный законО развитии Арктической зоны Российской Федерации".

③ Статья 3. Основные понятия, используемые в настоящем Федеральном законе из общий из "Федеральный законО развитии Арктической зоны Российской Федерации".

地区作为俄罗斯未来经济发展的优先方向，并将积极吸引各方投资，扩大与其他国家的国际合作，全力支持北方海航道的开发建设。①

"北方海航道"作为俄"北极运输系统"的主干线，其未来的全面通航利用对俄罗斯有着重要的经济战略意义。"北方海航道"的开发建设，可追溯至苏联时期，"北方海航道"不仅是连接俄罗斯东西部地区发展的重要走廊，更是俄罗斯北部地区和西伯利亚地区的"生命运输线"，当政政府曾因此对相关海域的航运经营实施垄断。但"北方海航道"的开发利用一直存在诸多掣肘因素，未得到真正全面开发利用。随着全球气候变暖，北极海冰消融速度加快，"北方海航道"开发利用的现实可能性增大。据估计，北极航道每年的适航期已达到五个月之久。由于受到石油价格下跌、全球经济低迷、美欧经济制裁等因素的影响，自2014年开始，"北方海航道"过境货物通行量严重减少，延缓了"北方海航道"的开发建设进程。

俄罗斯政府深刻认识到"北方海航道"对其国内经济及安全的重要意义，并通过积极建造航行破冰船，提高"北方海航道"的通航能力。随着"北方海航道"通航能力的提高，俄罗斯北极运输系统也将会产生重大变化，并深刻影响俄属北极地区未来社会经济的发展。

（三）以能源资源开发为重点领域的俄属北极经济潜力

《俄罗斯北极地区发展联邦法案（草案）》将发展能源基础设施列入"北极发展支柱区"项目建设的"优先项目清单"，表明俄属北极地区能源资源的勘探开发同"北方海航道"建设，都对俄罗斯北极

---

① Стратегия экономической безопасности Российской Федерации на период до 2030 года. http://gosplan.org/wp-content/uploads/2017/05/Strategiya-ekonomicheskoy-bezopasnosti-2030.pdf.

地区社会经济的发展具有举足轻重的战略意义。北极地区蕴藏着极为丰富的油气、矿产等资源能源，而近年来随着北极海冰的逐渐消融，开采蕴藏于北冰洋海底的资源能源的时机日益成熟。

俄罗斯联邦北极地区所拥有的油气资源约占到北极油气资源总量的58%，仅西伯利亚西部大陆架所蕴藏的油气资源总量便占到北极地区油气资源总量的32%，俄罗斯联邦北极其他地区则占北极地区油气资源总量的26%。① 俄罗斯北极大陆架、专属经济区蕴藏着丰富的油气资源，且其位于北极地区的大陆架面积约占俄罗斯大陆架总面积的70%左右，仅俄罗斯北极地区尚待开采的油气资源总量约占世界油气资源总量的20%左右。② 油气产业是俄罗斯国内经济发展的重要支柱性产业，依靠油气资源产业获得的经济收入能够占到俄罗斯财政收入的一半左右。③ 因此，俄罗斯经济对油气资源有着严重的依赖。

但随着俄罗斯传统油气资源储量的日益枯竭，尤其是俄罗斯西西伯利亚油区资源储量的逐年下降，俄罗斯逐渐调整其能源战略方向，重新探寻油气资源勘探开发的替代区域，重点为俄罗斯北方及其北极海域大陆架所蕴藏的油气资源。2017年8月31日，俄罗斯总理梅德韦杰夫曾在俄内阁会议上明确表示，2025年前，俄罗斯政府将为俄北极大陆架区域开发以及推动俄属北极地区社会经济发展提供超1600亿卢布，约合27.5亿美元的资金支持。④ 由此，《俄罗斯北极地区发展

---

① 王淑玲、姜重昕、金玺：《北极的战略意义及油气资源开发》，《中国矿业》2018年第1期，第20—26、39页。

② 海文：《俄在北极大陆架发现新油田》，《中国海洋报》2017年7月4日，第4版。

③ Gurbanova Natalia：《论俄罗斯北极油气资源开发对俄罗斯经济的积极影响》，《经济视角》2017年第3期，第101—108页。

④ 李慧：《俄罗斯拟为北极石油开发筹资》，《中国能源报》2017年9月4日，第7版。

联邦法案（草案）》的制定有着恰合时宜的经济战略意义，可以更好地利用油气资源开发这个经济引擎，带动俄罗斯北极地区社会经济的发展，充分发挥以能源资源开发为重点领域的俄属北极经济潜力。

（四）阶段化有序推进的俄属北极地区经济发展的未来态势

《俄罗斯北极地区发展联邦法案（草案）》针对"北极发展支柱区"项目建设规定分为规划、目标设定、财政拨款和实施四个阶段，分阶段地逐步推进北极支柱区建设，以促进俄属北极地区社会经济的有序发展。[①] 阶段化有序推进的"北极发展支柱区"建设将主要从"俄罗斯联邦北极地区国家政策""国际双边、多边合作"以及"俄外交政策转变"三个方面体现俄属北极地区未来社会经济发展的良好态势。

1. 注重发挥立法手段在北极发展综合性行动中的关键作用

根据《俄罗斯北极地区发展联邦法案（草案）》，"俄罗斯联邦北极地区国家政策"是指基于北极地区的地理位置和对俄罗斯联邦地缘政治利益的意义，俄罗斯联邦国家权力机关目标明确的综合性行动，包括法律、经济、行政和其他有影响的方法，旨在保障北极地区社会经济综合发展的制度、组织和法规条件。[②] "俄罗斯联邦北极地区国家政策"与阶段化有序推进的"北极发展支柱区"项目建设有着辅

---

① Второй пункт из Статья 15. Формирование и прекращение существования опорных зон развития в Арктике из Глава 3. ГОСУДАРСТВЕННОЕ РЕГУЛИРОВАНИЕ В ОБЛАСТИ ЭКОНОМИЧЕСКОГО РАЗВИТИЯ В АРКТИЧЕСКОЙ ЗОНЕ РОССИЙСКОЙ ФЕДЕРАЦИИ из "Федеральный законО развитии Арктической зоны Российской Федерации".

② Статья 3. Основные понятия, используемые в настоящем Федеральном законе из общий из "Федеральный законО развитии Арктической зоны Российской Федерации".

车相依的内在逻辑联系，前者决定着后者的进展方向，后者影响着前者的变更调整，有着相互影响作用的紧密联系。

2. 国际双边、多边合作将在俄北极社会经济发展中扮演更重要角色

俄属北极地区蕴藏有丰富的油气、矿藏等能源资源，但囿于多种因素影响，勘探开发进程缓慢，进而需要寻求与其他国家在技术、资金、设备等多方面的国际双边、多边合作，来加快俄属北极地区社会经济的发展进程，维护俄罗斯在北极地区的国家利益。除此之外，俄罗斯欲减轻美欧制裁对其北极地区社会经济发展所造成的不利影响以及维护俄罗斯北极地区国家安全、应对北极发展新形势下保护北极地区生态环境平衡的挑战，开展同其他国家间的国际双边、多边合作乃其必然选择。同时，各相关方着眼于共同利益开展不同领域的国际合作，也是缓和北极地区国际关系的一种有效方法。

2017年3月30日，俄罗斯总统普京曾在第四届国际北极论坛上明确表示，俄罗斯对就北极地区事项开展合作持将积极开放的态度，并愿意为有利于北极发展的国际合作提供一切便利条件，并表示所有国家都有参与北极行动的权利。俄罗斯在其《关于俄罗斯联邦北极地区陆地领土总统令》《2020年前及更远的未来俄罗斯联邦在北极的国家政策原则》等相关政策文件中，均提到要扩大在北极地区开发自然资源的国际合作力度。

3. 趋于缓和的俄外交政策为俄北极社会经济发展创造有利环境

北极地区虽拥有着储量可观的能源资源，但北极极其脆弱的自然生态环境决定了北极地区只能采取和平的开发方式，一切武力冲突都将会给北极地区造成难以恢复的生态灾难，也将严重阻碍北极地区的社会经济发展。北极国家间的领土争端和海洋划界争议以及资源争夺

是其在北极地区的冲突焦点。随着北极国家间对北极环境的正确认识和国际合作成为国际社会主流的国际趋势,北极国家间已达成和平开发利用北极以及运用外交、法律和政治手段和平解决北极地区国家间争议的共识。以北极理事会为代表性的北极合作协商机制即是在北极国家共同努力下的北极外交政策转变的结果。面对亟待发展北极地区的国内需求和紧张的国际形势,俄罗斯的外交政策也趋于缓和,最早在解决与挪威关于巴伦支海的划界争议时,在经过长达40年的谈判协商的基础上,充分运用外交手段,并最终在2010年就巴伦支海签署划界协议,从而使得存在多年的争议获得解决。

俄罗斯对其他国家参与北极资源开发及北极治理持开放态度,并积极开展同其他国家的涉北极事项的国际合作,则是俄罗斯外交政策转变的另一显著表现。无论是在北极资源开采、航道的开发利用,还是在促进北极地区社会经济发展方面,俄罗斯都需要借助其他国家在资金、技术、设备等方面的援助,这便决定了俄罗斯转变外交政策积极谋求同其他国家合作的必然性。纵观俄近几年在外交层面同其他国家开展的北极合作不难发现,俄趋于缓和的外交政策为其北极地区社会经济的发展创造了有利的国际国内环境。

二、以"零投放"原则为核心标准的俄北极生态保护态势

"零投放"原则是俄罗斯北极生态保护立法的开创性体现,是对北极地区生产经营者及其他主体提出的较高标准,为其他北极国家设立环境标准做出了示范性做法。俄罗斯联邦赋予其北极国家机关执行北极生态保护立法的权限,为俄罗斯联邦立法的落实提供了保障。同

时,"零投放"原则也会对未来北极地区经济发展产生一定影响,但高标准、重惩罚、严执行将是俄属北极地区生态社会发展的未来趋向。

(一)"零投放"原则的确立缘由和生态保护立法的具体内容

"零投放"原则是在考虑北极地区较为脆弱的自然生态环境和较为极端的自然气候条件的基础上确立的一项生态保护原则。这一原则的确立是为规范在北极地区进行的资源勘探开发等其他活动,避免对北极生态环境造成严重的破坏,从而维护北极地区的可持续发展。

俄属北极地区生态保护立法是以"零投放"原则为核心标准,贯彻国家严格管理的方式进行北极地区生态环境保护,以实现"俄罗斯联邦北极地区的发展",即实现北极地区合理、持续、合法的变化过程。而这一变化过程的特点则是使北极地区的社会发展,经济、自然资源利用和环境保护,以及国际合作等其他领域过渡到全新和完善的状态。据此,生态环境立法是俄属北极地区发展的重要一环,对俄属北极地区的未来发展至关重要。[1]

(二)"零投放"原则对俄属北极地区经济发展的影响

"零投放"原则是针对俄属北极地区生态环境保护提出的一项较

---

[1] Статья 3. Основные понятия, используемые в настоящем Федеральном законе из общий из "Федеральный законО развитии Арктической зоны Российской Федерации": «Развитие Арктической зоны Российской Федерации» – процесс целесообразных, непрерывных, направленных закономерных изменений во времени, характеризующихся переходом Арктической зоны в качественно новое, более совершенное состояние в сфере социального развития, экономики, природопользования и защиты окружающей среды, международного сотрудничества, иных видов деятельности на территории Арктической зоны.

高标准的环境保护要求，但却深刻影响着俄属北极地区的经济发展。"零投放"原则对俄属北极地区生产经营者的生产作业积极性、域外主体参与北极开发的吸引力以及对国际双多边合作在北极地区的开展等方面都会产生一定的影响。

1. 俄属北极地区生产经营者生产作业积极性

"零投放"原则对俄罗斯联邦北极地区生产经营者生产作业的高标准，在一定程度上会打击生产经营者的积极性，阻碍俄属北极地区的经济发展。但这种经济不利影响的发生只是暂时性的，长远来看，"零投放"原则是符合俄属北极地区经济长期可持续发展目标的。

生产经营者以及资源勘探开发者在迫于"零投放"原则的高要求下，会转向寻求生产作业技术的创新与提高，以降低生产作业成本，维护其经济收益的稳定性，从而促进俄属北极地区经济的长期发展。另外，"零投放"原则的设立会使得部分高污染、高投入、缺乏创新技术的生产作业者被迫离开该片区域，保留部分竞争力较强、技术先进的生产经营者，一定程度上避免了趋利的生产经营者及资源开采者过分涌入该片区域进行过度开采，对北极脆弱的生态环境造成不可恢复的永久性损害。北极地区经济的长期发展离不开该区域生态环境的良好状态，在此意义上，"零投放"原则的确立有利于俄属北极地区经济的长期可持续发展。

2. 域外主体参与北极开发的吸引力

北极地区蕴藏量丰富的能源资源以及航道航运利益对北极域内外主体都有着较强的吸引力，尤其是北极域外国家，更是希望能够参与到北极开发的过程中，谋求相应的北极权益。而俄罗斯联邦立法所设定的"零投放"原则无疑是对进入其北极地区进行生产作业和资源开采的主体更为严格的限制，如果相关主体无法达到这一"门槛"，便无法进入俄属北极地区开展相关作业活动。但笔者认为，俄罗斯联邦立法设定这一高门槛，实则只是基于北极地区极为脆弱的自然生态环境而意欲保护俄属北极地区生态平衡与环境的可持续发展。由前文可知，俄罗斯对以中国为代表的域外国家参与北极开发持积极地开放态度，因而该"零投放"原则并不是俄罗斯对待参与国家的要求，而是针对可能对俄属北极地区生态环境造成一定不利影响的任何主体而言。事实上，"零投放"原则的确立，也并不会削减北极开发对域外主体的吸引力；相反，该原则的设定会吸引更多有能力、有资金、有技术的，并对北极生态环境关切的域外主体参与到北极地区的可持续开发当中，进而带动俄属北极地区经济的长远发展。

3. 在俄属北极地区开展的国际双边、多边合作

囿于俄罗斯国内经济疲软和受困于欧美国际制裁的形势下，俄罗斯发展其北极地区需要积极开展同其他国家或地区的国际双边、多边合作，以为其北极地区社会经济发展提供资金、设备、技术等层面的支持。"零投放"原则虽对其合作主体在北极地区进行经济或其他活动设定了限制，但却并不会因此阻碍更多域内外国家愿同俄就北极开发展开合作。"零投放"原则符合北极地区生态环境的要求，更是在维护俄北极权益的基础上对"人类命运共同体"理念的践行，符合全人类的共同利益。"零投放"原则的认可与遵行更是反映了一国对北极乃至全球环境的责任担当，因而会赢得大多数国家的赞成和接受，并会因而吸引更多域内外主体就北极开发开展同俄罗斯之间的国际双边、多边合作，在维护全人类共同的北极生态权益的同时，使各自的北极权益得以保障。而在北极地区开展的针对北极开发事项的国际双

边、多边合作都将在一定程度上促进俄属北极地区社会经济发展。

（三）高标准、重惩罚、严执行的俄属北极地区生态社会发展的未来趋向

对资源能源储量丰富的北极地区而言，资源开采所带来的经济效益而促成的北极地区经济发展犹如"引擎推动力"，而保护北极地区极其脆弱的生态环境所带来的生态效益而促成的北极地区生态社会发展则为"引擎持久力"，实现北极地区社会经济环境的可持续发展则需要"北极发展引擎"持续长久地推动前进。而"自然资源利用、自然和生态保护"则是北极地区社会经济综合发展的重中之重，只有以"生态环境保护"为重点的"北极发展引擎"才能促使北极地区的综合"发展"满足合理、持续、合法的变化过程，最终实现北极地区的社会发展，经济，自然资源利用和环境保护，以及国际合作等其他领域过渡到到全新和完善的状态。根据《俄罗斯北极地区发展联邦法案（草案）》及前文阐析，我们可以发现，高标准、重惩罚、严执行将成为俄属北极地区生态社会发展的未来趋向，保护俄属北极地区的生态社会良好发展将势在必行。

一方面，确立生态环境保护的"高标准"是俄属北极地区生态环境脆弱、难恢复特点下的必然要求。储量丰富的能源资源使得北极地区渐成为世界上的"热点地区"，对该区域的资源勘探、航道开发以及科学探索从未停止且已有愈演愈烈之势，但北极地区生态系统具有高度的脆弱性，且该地区生态系统遭破坏后恢复具有长久性，正因为开发热度与其承受能力存在着近似"反比"的关系，制定较高标准的限制对北极地区的生态环境保护才显得格外重要。前文提及的"零投

放"原则的确立,许可证的较短有效期以及专门的环保标准等都是俄罗斯联邦对其北极地区经济或其他活动设定的"高标准",旨在保护俄属北极地区脆弱的生态环境。此外,随着全球气候变暖加剧,北极开发愈加热烈,对北极生态环境的保护更是刻不容缓,在北极地区开展经济及资源勘探开采等其他活动必将受到越来越多的"高标准"的制约。

另一方面,"重惩罚"既是对违反"高标准"的惩戒,也是对环境造成损害后的补救措施,更是保护北极地区生态环境的事后保障。单纯依靠制定"高标准"的特别准则和生态要求并不能有效地对进入北极地区的生产经营者和资源勘探开发者等活动主体的行为进行规范,还需要一套严格的惩罚措施对违反相关准则的主体进行必要的惩罚以及对造成的环境损害进行及时的补救,且较为严格地惩罚措施可以起到一定的警示作用,有助于维持该区域的规则约束力。根据《俄罗斯北极地区发展联邦法案(草案)》,北极地区的经营者必须全额赔偿因其活动破坏环境导致的损失,包括环境污染、土壤贫瘠、损坏、毁坏,自然资源的不合理使用,自然生态系统功能递减和遭破坏。① "全额赔偿"即是对环境损害主体的较为严厉的惩罚措施。此外,根据俄罗斯联邦法的要求,如果经营者的支柱区项目对环境造成了消极影响,则该经营者需要研究、制定和执行生态生产检查计划,并且要定期记录和保存生态生产检查的结果。这些措施虽为事后措

---

① Статья 20. Природопользование, природоохранная и экологическая деятельность в Арктической зоне из Глава 4. ГОСУДАРСТВЕННОЕ РЕГУЛИРОВАНИЕ В ОБЛАСТИ ПРИРОДОПОЛЬЗОВАНИЯ, ПРИРОДООХРАННОЙ И ЭКОЛОГИЧЕСКОЙ ДЕЯТЕЛЬНОСТИ В АРКТИЧЕСКОЙ ЗОНЕ РОССИЙСКОЙ ФЕДЕРАЦИИ из " Федеральный законО развитии Арктической зоны Российской Федерации".

施，但是却必不可少，且对北极地区生态环境的长期稳定起到了关键的威慑示范作用。

此外，"高标准""重惩罚"的实际落实和作用地有效发挥离不开相关执法主体的执法体制保障，以俄罗斯联邦自然资源和生态部[①]等其他俄罗斯联邦政府部门为主的执法主体为俄属北极地区生态环境的保护起到了坚实地执法保障作用。"高标准""重惩罚"的立法规则只有在得到相关执法主体切实有效地执行，俄罗斯联邦立法的宗旨目标才能真正实现，才能真正实现保护俄属北极地区生态环境的现实意义。而俄罗斯联邦立法赋予这些执法主体的执法权力更是保障其履行职责的必要举措，相关执法主体的执法权责在本节第二部分已有详细阐述，在此便不再赘述。执法体制保障将是未来俄罗斯保护其北极地区脆弱的生态环境的必然之举，并将同"高标准""重惩罚"等特征共同成为未来俄属北极地区生态保护立法的必然趋向。

三、中国参与俄属北极地区经济社会发展的机遇

《俄罗斯北极地区发展联邦法案（草案）》相关进程显露出的俄罗斯发展其北极地区社会经济的战略目标，将为中国参与北极开发以及北极治理提供切合时宜的战略机遇期。中国将利用自身实力以经济、能源开发等领域为切入点，在促进俄属北极地区社会经济发展的同时，维护自身北极权益。同时，中国也将继续倡导和坚持"人类命运共同体"理念，并借助俄罗斯生态保护的举措，推动更多北极域外

---

① Министерство природных ресурсов и экологии Российской Федерации.

国家参与到北极治理的进程中。

(一) 增强中俄两国政治互信，奠定双边大国关系政治基础

2019年6月5日，中俄元首决定将两国关系提升为"新时代中俄全面战略协作伙伴关系"，这是中俄关系保持健康稳定发展的重要表征。中俄双方在共同的努力下双边合作日渐增多，并涉及经济、政治、文化多领域多层次，而中俄北极合作更是中俄双边合作的重要组成部分，亦是中俄双边大国关系建设的重中之重。新时代中俄全面战略协作伙伴关系为两国北极合作提供了良好的政治基础。建立在互利共赢、高度互信基础上的新时代中俄全面战略协作伙伴关系，是两国开展北极双边合作的重要基石。中俄北极合作的顺利进行离不开两国国内政策环境的支持。仍处于草案讨论阶段的《俄罗斯北极地区发展联邦法案（草案）》是俄罗斯在国家立法层面的一项具有重大意义的战略性举措，旨在促进俄属北极地区社会经济的综合发展，该联邦立法草案明确了同北极域内外国家开展国际合作的重要性，为中俄就北极事项开展国际合作促进北极地区社会经济发展提供了合宜的俄罗斯国内政策环境。①

就中国而言，中国作为北极"重要利益攸关方"始终以积极的姿态参与到北极生态环境保护、北极治理以及促进北极地区社会经济发展的相关合作项目之中，中国秉持"互利共赢"原则，在维护北极国家主权和主权权利、支持北极国家合理北极权益诉求的基础上，维护

---

① 《俄罗斯北极地区发展联邦法案（草案）》中将"俄罗斯联邦北极地区的发展"界定为北极地区合理、持续、合法的变化过程，这一变化过程的特点是北极地区的社会发展，经济，自然资源利用和环境保护，以及国际合作等其他领域过渡到到全新和完善的状态。并提到就教育层面同其他国家开展国际合作。

自身的北极权益。而中国国内良好的政策支持则是中国参与北极开发的坚实保障，正在进行中的"一带一路"倡议合作项目以及国务院新闻办公室于 2018 年 1 月 26 日发布的《中国的北极政策》白皮书，则为中俄提供了在现阶段以及不远的将来就北极事项开展更多合作项目的重要推动力量，并为确保未来中俄北极合作的顺利进行提供了有力的国内政策保障。

"一带一路"倡议为中俄北极国际合作开启新篇章、迈进新征程的重要历史转折点，中俄北极国际合作在"一带一路"倡议下，获得了充足发展，并取得了丰硕成果，合作领域涉及基础设施建设、能源、经贸、金融、人文等诸多领域，创造了可观的经济收益，有力地促进了俄属北极地区的社会经济综合发展。此外，由国家发展改革委、商务部、外交部等多个政府部门联合负责的"一带一路"倡议下的"丝绸之路经济带"和"21 世纪海上丝绸之路"也成为新时期中俄北极国际合作的重要平台，专项政策支持下的"一带一路"倡议必将在中俄两国政府的共同努力下得到建设性地落实。俄罗斯对中国"一带一路"倡议持积极支持态度，并在沟通谈判的基础上达成了包括北极资源开发、北极航道建设在内的等多项北极事项合作协议，并取得了一些阶段性成果。中国应充分利用中俄两国现阶段国内良好的政策支持环境，继续深化同俄罗斯的北极合作，拓宽中俄北极合作的广度和深度，促进中俄两国经济社会的共同发展，促进各自北极权益的维护。

《中国的北极政策》白皮书中明确指出，北极问题已不再只是北极国家之间或者北极区域范围内的问题，而是涉及北极域内外国家和国际社会整体利益的全球性事项，关乎全人类的共同生存与发展。并明确中国是北极事务的积极参与者、建设者和贡献者。中国参与北极事务的有效途径即为开展同北极域内外国家的多领域合作,中国将在北极建立多层次、全方位、宽领域的合作关系,在气候变化、科研、环保、航道、资源、人文等领域进行全方位的合作,继续贯彻合作共赢的原则。① 这表明了中国同北极国家开展北极合作的态度和决心,对未来中俄北极合作的开展将是一个难得的机遇。

  白皮书还明确了中国参与北极事务的五项政策主张,其中,作为优先方向和重点领域的北极科考活动,中俄之间有着深厚的合作历史,未来也必将加强在此方面的共同合作。保护脆弱的北极生态环境更是中俄合作的利益基础,也是俄罗斯联邦立法明确列于重点优先项目清单的事项,保护北极生态环境,俄罗斯需要借助中国的力量,同时,北极生态环境的保护也有助于全球环境的稳定,益于全人类共同利益的维护。白皮书并明确指出,中国将参与北极航道、油气矿产等非生物资源、渔业资源、旅游资源等资源的开发和利用,由此可见,中俄之间合作有着广泛的利益基础(即中国参与北极事务的主要政策主张)。此外,在白皮书中,中国强调了将会注重保护北极居民和土著人群体的利益,并将致力于维护北极地区的和平与稳定,从而有力地减消了俄罗斯当局对同中国开展北极合作的顾忌,增强了两国的合作意愿。《中国的北极政策》白皮书为中俄北极合作提供了有利的政策环境和政策支持,对中俄正在合作建设的项目起到了有力的推动作用,是中俄两国应抓住并利用的机遇期。

---

① 《中国的北极政策》,中华人民共和国国务院新闻办公室,2018年1月26日,http://www.scio.gov.cn/zfbps/32832/Document/1618203/1618203.htm。

(二）以经济助力为切入点积极参与北极航道能源开发建设，推动中俄北极合作

仍处于草案讨论阶段的《俄罗斯北极地区发展联邦法案（草案）》立法宗旨之一即为促进俄属北极地区经济发展，而囿于其国内经济实力有限，不能为其勘探开发北极资源能源、开发利用北极航道等北极开发事项提供充足的资金及完备的科研设备等，因而寻求同他国的北极合作成为俄罗斯开发其北极地区的最佳途径。而中国作为"重要北极利益攸关方"，一直在积极探求同北极国家之间开展涉北极事项的国际合作，俄罗斯联邦立法对中国来说，无疑是一个能够参与到北极开发的际遇，而以资金、设备、人员等为依托的经济助力更是中国参与北极开发的最佳切入点。

北极地区虽蕴藏着丰富的能源资源，但开发难度大，对亟待发展国内经济开发北极的俄罗斯来说是一个严峻的挑战。俄罗斯发展北极地区经济需要谋求同他国的国际合作，中国参与北极开发也必须借助同北极国家的务实合作，中俄北极合作对两国来说是一个共赢选择。

作为中俄航道建设合作的重点项目，"冰上丝绸之路"是中国开展海上合作，构建开放型经济的重要探索。同时，"冰上丝绸之路"建设也是中俄两国在共同开发和利用包括北极航道在内的海上通道层面达成的突破性合作意向。海上通道的建设，尤其是北方海航道进一步的开发和利用将为"冰上丝绸之路"沿线国家的经贸往来提供通行便利，打开通往欧亚国家的"新丝路"。以海上通道建设为基础，经贸合作为重要内容的"冰上丝绸之路"将充分发挥航运、能源贸易及经济价值，从而在积极响应"一带一路"倡议下构建"冰上丝绸之

路"沿线各国互利共赢新格局。打造"冰上丝绸之路"的重要载体则是北极航道的进一步开发和利用。

2015年,俄罗斯政府出台了《2015—2030年俄罗斯北方海航道的综合发展规划》,在该规划中,俄罗斯将中国视为进一步开发利用北方海航道的最大合作方,对同中国合作开发利用北极航道持积极态度。对此,中国也做出积极回应。在中国国家发展改革委和国家海洋局联合发布的《"一带一路"建设海上合作设想》(以下简称《设想》)中也提到要积极推动共建经北冰洋连接欧洲的蓝色经济通道。[①]并表明中国将以积极的姿态参与北极地区的开发利用。此外,《设想》中还提到,将采取行动积极与21世纪海上丝绸之路沿线各国开展全方位、宽领域、多层次的海上合作,推动建立互利共赢的蓝色伙伴关系,铸造可持续发展的"蓝色引擎"。中国政府愿与北极域内外国家合作开展对北极航道的科学考察,并支持北极国家改善北极航道的通航运输条件。同时,中国层面将鼓励中国企业积极参与北极航道的开发建设及商业化利用。并支持中国企业有序地参与北极能源资源的勘探开发,加强同北极国家的清洁能源合作,竭力为北极地区的能源开发、经济发展以及生态环境做出中国贡献。这是中国为参与北极合作所作出的重要承诺,也是在回应俄方寻求合作伙伴的需求。

此外,中俄两国领导人于2015年5月8日在俄签署《中华人民共和国与俄罗斯联邦关于丝绸之路经济带建设和欧亚经济联盟建设对接合作的联合声明》,涉及多项促进北极地区发展的合作项目,是中俄就北极地区经济发展开展广泛合作的典型例证。而早在2014年5月,

---

① 《国家发展改革委、国家海洋局联合发布〈"一带一路"建设海上合作设想〉》,中国政府网,2017年6月20日,http://www.gov.cn/xinwen/2017-06/20/content_5203984.htm。

中国便同俄罗斯签署了《中俄东线天然气合作项目备忘录》，而这个项目协议的签订，则成为中俄两国在天然气领域开展合作的历史性突破标志。中俄无论是在北极航道建设方面，还是在北极资源开发等领域，都有着共同利益的存在，都有着开展北极合作的互利前提，该合作基础（共同利益）的存在也同俄罗斯联邦立法的宗旨相呼应，为中俄北极合作提供了前提性基础，且中俄互为关键性的合作伙伴。

在中国经济看好，以经济、政治、军事、科技、创新能力为主的综合国力日渐提升的今天，寻求同中国的合作成为北极国家开发北极的重要方式，但基于北极国家内生的排他性和北极国家北极权益的维护，中国参与北极的切入点最适宜为低政治低敏感度领域。中国较强的经济实力与北极国家寻求合作的现实需求相契合，该契合点地正确运用必将会为中国真正参与到北极开发进程发挥关键性的桥梁作用。

（三）倡导"人类命运共同体"理念，保护北极生态环境，实现可持续发展，以大国担当促进中俄合作共赢

在同北极国家开展涉北极事项的国际合作中，中国一直秉持"合作共赢"的原则，而"合作共赢"这一理念亦是中国所首倡的"人类命运共同体"理念的核心，更是北极域内外国家之间国际双多边合作得以顺利开展的重要原因。同时，"人类命运共同体"理念的提出也体现了中国作为重要的"北极利益攸关方"积极参与北极开发和北极治理的大国担当，是中国负责任大国形象的重要体现。北极地区由于其生态环境所具有的高度脆弱性和遭受损害后恢复的长久性，决定了北极地区生态环境保护的必要性。并且，北极地区生态环境的稳定与否牵涉北极地区乃至全人类的生态环境安全，北极地区生态环境保护

已不再只是区域性问题,而是事关全人类共同利益的全球性事项。保护北极地区生态环境与中国所倡导的"人类命运共同体"理念有着共同的初衷和一致的目标,即保护全人类同呼吸共命运的地球家园。

随着全球气候变暖北极海冰加速消融,北极开发进程将不可避免地前移,与此相应,对北极地区的生态环境保护形势也愈加紧迫,在此保护北极地区生态环境的国际形势下,中国所倡导的"人类命运共同体"理念将向北极国家及国际社会展示中国参与北极地区环境保护的诚意,消减北极国家对包括中国在内的域外国家所持的怀疑和排斥心理,为中国参与北极事务添加助力。在此意义上,北极地区生态环境保护的紧迫形势和俄罗斯联邦立法的出台,契合中国所倡导的"人类命运共同体"理念,中国处在一个北极地区较为开放包容的发展机遇期。

在俄罗斯将北极地区生态环境保护纳入其联邦立法,对域外国家持开放欢迎态度的北极合作机遇期,中国应继续推进同俄罗斯在环境保护和气候变化应对方面的合作,中国作为世界上最大的发展中国家,有担当也有能力去完成根据国际法原则和相关国际条约所承担的包括节能减排在内的相关义务。北极生态环境脆弱,在被大规模开发之前,需要完善北极的环境污染检测机制、环境损害应急机制和环境损害后的补救机制,而这些环保机制的建立需要俄罗斯联邦对其投入巨大的资金、设备、科研人员等的支持,中国作为最大的发展中国家,经济实力获得了一定提升,能够在这些方面对俄给予最大能力的帮助,从而助力俄罗斯联邦北极地区生态环境的保护,更好地实现俄罗斯联邦立法的目标。从中俄合作而言,通过以中俄环境保护和气候变化合作为基础,并以能源资源勘探开发合作为重点,进而寻求两国在北极航道开发利用乃至非传统安全领域的国际北极合作，全面拓展中俄北极合作的领域范围和合作深度。

四、结语

俄属北极地区经济社会的发展对俄罗斯有着重要的安全、经济、生态、政治等多层面的战略意义，明确俄属北极地区的法律地位、促进俄属北极地区的经济发展和生态保护将是俄发展北极的必然举措，该草案的最终通过也将为期不远。草案中以交通系统、能源资源为重点的俄"北极发展支柱区"经济发展呈现阶段化有序推进的特征；而以"零投放"原则为核心标准的俄北极生态保护则显现出高标准、重惩罚的未来趋向。俄属北极地区经济社会发展态势下的中俄北极合作将进入一个重要的战略机遇期，中国应充分利用两国国内利好的政策环境，以航道建设、能源勘探开采为参与北极开发的关键切入点；并将继续倡导"人类命运共同体"理念，以负责任的大国形象积极参与到俄属北极地区的生态环境保护行动中，以切实行动彰显中国贯彻"互利共赢"理念，维护全人类共同利益的态度和决心，促进中俄北极合作进程，维护两国的北极权益。

思想与社会

当代俄罗斯社会的系统性危机及其解决之道

[俄] 彼得·雅科夫列维奇·崔特基洛夫　李振文 译*

摘　要　普京当政以来,俄罗斯的国家建设虽然取得一定成绩,但是正陷入系统性的危机之中。这种趋势主要表现为:经济持续低迷,实体经济部门长期停滞;社会领域问题突出,特别是贫困人口增加、教育投入严重不足,退休金改革引起民愤;官僚之风盛行,冗官严重,行政效率低下。要克服这种系统性危机,首先要树立能被大多数人民接受的国家发展目标,而不能依靠西方自由资本主义的制度和观念。西方社会发展模式在很多方面与俄罗斯文明的基本价值观背道而驰,因此不可能推动俄罗斯的实际发展。要解决俄罗斯当前的危机,避免情况的进一步恶化,应该从经济、法治管理和社会人文方面采取系统性的变革。

关键词　俄罗斯　社会危机　自由主义　系统性变革

---

*　彼得·雅科夫列维奇·崔特基洛夫（Пётр Яковлевич Циткилов）,俄罗斯南联邦大学哲学与社会政治学院教授,历史学博士。主要研究领域为俄罗斯社会问题、社会政策与社会史。李振文,历史学博士,复旦大学历史学系博士后。

引　言

苏联剧变不仅导致了伟大的联盟国家的解体，而且摧毁了数个世纪以来俄罗斯的欧亚文明共性。在包括俄罗斯在内的许多后苏联国家，形成了低效、混杂的社会体制模式。它们的目标不是创造和建设，而是不断出口原材料，向外国公司出售包括企业、土地资源、大型基础设施在内的重要资产等。结果近30年来，独联体国家在最重要的领域内非但没有发生积极变化，反而出现了停滞。

20世纪90年代，俄罗斯和大多数独联体国家面临的一个悲惨现实是，丧失了部分经济和政治主权。由于激烈的车臣战争和缺乏行之有效的垂直政权，俄罗斯联邦受到极大的削弱。直到2000年普京开始执政，才遏止了俄罗斯国家的破坏进程，车臣共和国境内也终于偃武休兵。在此过程中，俄罗斯当局在一定程度上维持了军事工业综合体，也巩固了国家武装力量的战斗力。普京执政时期批准通过了一系列重要的规范性文件，建立起全国统一的垂直政权，实现了一定水平的有效管理。正如学者所言，普京总统"能够恢复国家的宪政权力，保障国家的统一"[①]。如此才克服了俄罗斯联邦显著的解体危机。

21世纪初，俄罗斯实现了一定程度的社会稳定，大多数阶层也获得了某种财富充盈。但是这并不是通过挖掘国家的经济潜力和人民的建设性劳动来实现的，而是因为出售原料资源而导致的财政收入迅速

---

① Системарушится, а дальшебудетвотчто．Сергей Глазьев, 5 мая 2019 год. URL: https://www.youtube.com/watch?v=UDvZJl3pVAs-01. 08. 2019.

增长。1986—1998 年间世界市场的石油价格为每桶 10—15 美元,而 2000—2007 年间则达到了每桶 90 美元。① 因此,未经国民辛苦劳动而得到的资金不断充实国家预算。

普京统治初期,他的政策对于维护俄罗斯国家起到了积极作用。但也应该承认,这种政策一开始并不具备明确的战略路线,也没有提出能够被大多数人民理解和接受的清晰的未来愿景。俄罗斯政治精英希望建立"主权民主",也即在全球化的世界中构建独立自主的俄罗斯资本主义制度,但这并未成为现实。因为当今世界是以美国为首的西方工业发达国家为主导,他们根本不期待一个独立自主的俄罗斯。在这方面,没有哪个国家愿意顾及俄罗斯的利益及其地缘政治诉求。因此,当友好国家(如塞尔维亚、利比亚)的主权遭受北约侵略时,俄罗斯的保护行为软弱无力,很多时候甚至半途而废。同理,俄罗斯当局对叙利亚、乌克兰顿巴斯人民的援助也是矛盾的,并不总能一以贯之、力挺到底。总之,当俄罗斯在国内问题上,特别是在财政银行领域还保留依附性的政策时,它就不可能推行独立自主的对外政策。

一、俄罗斯社会的系统性危机及其表现

苏联解体后,俄罗斯的社会体制在最近若干年越来越明显地陷入系统性的危机状态。一些社会学调查也证实了这一点。根据莫斯科卡耐基中心和独立民调机构列瓦达中心在 2017 年夏季联合调查的数据,

---

① Руслан Хасбулатов: 20 лет правления Владимира Путина. Экономические достижения, нерешенные задачи и опасные тупики // Независимая газета, 9 сентября 2019 г. URL: http://www.ng.ru/ideas/2019-09-09/5_7671_anniversa-ry.html? utm_referrer = https%3A%2F%2Fzen.yandex.com-20.11.2019.

支持国家实行"坚决而全面的变革"的俄罗斯人占比为达42%，而在2019年夏季占比达到59%。① 也就是说，大约60%的俄罗斯人希望国家能有系统性的变革。

当今俄罗斯社会体制的危机状态主要表现在以下方面：（1）经济持续低迷，实体经济部门长期停滞；（2）社会领域问题突出；（3）官僚主义、推诿扯皮的风气增长；（4）缺乏被社会理解和接受的目标方案。

在经济方面，由于国内投资积极性很低、缺乏政治自由等因素，后苏联时代俄罗斯的实体经济难以发展，特别是在机械制造、机床制造、轻工业等领域。2000—2019年的20年内，俄罗斯联邦的年均经济增长只有1.1%。著名经济学家、俄罗斯科学院通讯院士Р. И. 哈斯布拉托夫（Р. И. Хасбулатов）在描述这种结果时痛心地说，"（我们有）顺从的人民、充盈的国库、高素质的专家、取之不尽的自然资源，但就是在这种有利的发展条件下，国家的整个经济政策却出现了彻底的失败"。②

经济效率的一个重要指标，就是高技术产品在出口总额中的比重。在普京治下的俄罗斯，出口结构及其变化在很大程度上是退步的。在1999—2016年的18年间，在俄罗斯的出口中只有矿物原料保

---

① Исследование: почти 60% россиян выступили за решительные перемены в стране // Новая газета. Политика, 6 ноября 2019 год. URL: https://www.novayagazeta.ru/news/2019/11/06/156686-levada-tsentr-pochti-60-rossiyan-vystupili-za-reshitelnye-peremeny-v-strane-18. 11. 2019.

② Руслан Хасбулатов: 20 лет правления Владимира Путина. Экономические достижения, нерешенные задачи и опасные тупики // Независимая газета, 9 сентября 2019 г. URL: http://www.ng.ru/ideas/2019-09-09/5_ 7671 _ anniver-sary. html? utm _ referrer = https% 3A% 2F% 2Fzen. yandex. com-20. 11. 2019.

持增长，其比重增加了 29 个百分点。① 时至今日，矿产品依然是主要的出口类型，其在出口总额中的比重不断增长。2016 年矿物产品占到出口总额的 59.2%，2017 年为 60.4%②，而 2018 年燃料能源产品在出口总额中的比重达到了 63.7%③。与之相比，俄罗斯出口的机械、装备、交通工具的总额是极低的，2016—2018 年间它们的比重也只在 6.0% 至 6.5% 之间徘徊。反过来，俄罗斯对这些产品的进口不断增长：2016 年它们占到进口总额的 44.3%，2017 年为 45.6%，2018 年达到 47.3%。④ 这表明了俄罗斯的工业水平十分低下。

技术空白已经成为俄罗斯经济中的严重问题。造成这种局面的一大原因，就是俄罗斯关闭了绝大多数的科学机构。与 1991 年相比，俄罗斯 80% 的科研院所和实验设计机构都已经不复存在。⑤ 最近几年，由于国家对科学的拨款减少，预算单位的科学工作者急剧缩编，2013—2016 年间他们的数量减少了四分之一。⑥ 俄罗斯在科学领域的

---

① Батманов Д. И., Капкаев Ю. Ш. Проблемы деиндустриализации в российской экономике // Вестник Челябинского государственного университета, 2017, № 2. Экономические науки. Вып. 56. 58-64.

② Динамика внешней торговли России в 2010-2017 годах, 18 марта 2018 г. Внешняя торговля России. http://russian-trade.com/reports-and-reviews/2018-03/dinamika-vneshney-torgovli-rossii-v-2010-2017-godah/-15.08.2018.

③ О состоянии внешней торговли Российской Федерации в 2018 году. Срочные информации и справки по актуальным вопросам. Федеральная служба государственной статистики РФ. URL: https://www.gks.ru/bgd/free/-B04_03/IssWWW.exe/Stg/d04/35.htm-19.11.2019.

④ Динамика внешней торговли России в 2010-2017 годах, 18 марта 2018 г. Внешняя торговля России. http://russian-trade.com/reports-and-reviews/2018-03/dinamika-vneshney-torgovli-rossii-v-2010-2017-godah/-15.08.2018; О состоянии внешней торговли Российской Федерации в 2018 году. Срочные информации и справки по актуальным вопросам. Федеральная служба государственной статистики РФ. URL: https://www.gks.ru/bgd/free/B04_03/-IssWWW.exe/Stg/d04/35.htm-19.11.2019.

⑤ Батманов Д. И., Капкаев Ю. Ш. Указ. статья, с. 61.

⑥ За три года в России уволено 25% научных работников // Новости сибирской науки. СО РАН, 16 мая 2017 г. http://www.sib-science.info/ru/ras/nauch-nykh-15052017-10.01.2019.

联邦预算支出在 2015—2016 年间缩减了 367 亿卢布，导致从事研究和涉及的人员数量从 73.89 万人降至 72.23 万人，其中学术研究人员减少了 0.9 万人。① 2017 年俄罗斯学者的数量又减少了大约 3%。② 2018 年的情况依然如此。在全球竞争加剧的情况下，学者的数量应保持增长趋势才对。

俄罗斯二三十年来的去工业化进程，导致如今 97% 的机床依赖进口。③ 在焊接生产、亚麻产品制造等诸多领域，俄罗斯已经丧失了之前的领先地位。俄罗斯所有的现代化装备和消耗品实际上都来自进口。④ 不仅如此，国家仍然没有为实体经济发展创造必要的条件。在这种情况下，俄罗斯要想在最近几年创造数百万个高附加值的工作岗位，无疑是痴人说梦。

也有人对当前经济体制辩护说，无论如何俄罗斯的经济仍在增长。他们有时援引国际货币基金组织的数据证明，按汇率计算，俄罗斯经济在世界经济中的比重从 2000 年的 0.8% 增至 2017 年的 1.8%。⑤ 但是这些数据并没有考虑到通货膨胀、卢布贬值的情况。因此，判断经济状况更加客观的指标是国民购买力（本国货币购买力平价）。按

---

① Россия в цифрах. 2018: Крат. стат. сб. /Росстат. М. , 2018. 522 с. , с. 341, 348.

② Численность ученых России сокращается рекордными темпами. Данные Росстат, декабрь 2018 г. https://pikabu. ru/story/chislennost_ uchenyikh_ rossii_ sok-rashchaetsya_ rekordnyimi_ tempami_ 6440991-06. 03. 2019.

③ Крупнов Ю. Проблема российской экономики лежит в 30 - летнем периоде деиндустриализации. Эксперт VI Московский экономический форум, 3 - 4 апреля 2018 г. https://www. nakanune. ru/news/2018/03/14/22500876/-22. 06. 2018.

④ Там же.

⑤ Доля России в экономике мира в %, 2000 - 2018. А доля России в мировом ВВП за последние четыре года сократилась до уровня начала века, февраль 2018 г. https://newsland. com/community/4765/content/a-dolia-rossii-v-mirovom-vvp-za-poslednie-chetyre-goda-sokratilas-do-urovnia-nachala-veka/6201948. 22. 06. 2018.

照这一指标，2000—2017 年俄罗斯在世界经济中的比重非但没有增长，反而从 3.3%降至 3.1%。①

最近几年，俄罗斯的经济实际上在原地踏步，政治精英甚至未能保证国家具备必需的最低发展速度。对此，许多俄罗斯人都有切身体会，即便远离经济行业的人也逐渐意识到这一点。正如俄罗斯著名的演员和导演弗拉基米尔·孟绍夫公正地指出："即使要积极评价经济和政治状况，那么也只能说我们（国家）止步不前，这甚至可以称得上某种萧条。"②

系统性危机的另一个表现是在社会领域，特别是贫困问题。在 20 世纪 90 年代，俄罗斯的贫困人口达到了巨大的规模（接近 4000 万人）。由于世界能源原材料价格上涨的有利环境，到 2012 年，俄罗斯的贫困人口降低到 1540 万人。③ 当然这一切根本不是因为经济生产力的提高。而最近几年，贫困人口数量不断增加。到 2018 年初，俄罗斯的贫困人口增至 2030 万人。④ 而这些只是官方数据，仅包括收入低于最低生活标准的人口。但是这种货币计算法根本不能算是有理有据。我们必须考虑到一些被剔除的因素，以便确定俄罗斯人民在实际生活中损失的社会福利。如果一个人或一个家庭对商品和服务的消费没有达到社会公认的标准，那么他们就应该被列为贫困人口。俄罗斯国民经济与国家服务研究院社会分析与预测研究所的专家按照这种方法计

---

① Там же.

② Владимир Меньшов высказался о многолетнем правлении Путина. Из интервью журналисту Константину Сёмину, ноябрь 2019 год. URL: https://zen.yandex.ru/media/presentanalytics/vladimir-menshov-vyskazalsia-o-mnogoletnem-pravlenii-putina-5dd141ad012fbd6197675b2d-18.11.2019.

③ Названо число нищих в России 2018. Данные озвучены на съезде «Единой России», декабрь 2017 г. https://shabdua.livejournal.com/5878296.html-12.12.2018.

④ Там же.

算发现，俄罗斯的贫困发生率达到 24.8%—25.2%（大约 3600 万人），也即几乎是官方数据的两倍。①

当今俄罗斯社会系统性危机的一个表现，就是教育投入持续不足。近年来，原本已经不足的教育预算支出仍在减少。2013 年，俄罗斯联邦教育预算支出占国内生产总值的比重为 3.9%，2014 年降为 3.8%，2015—2017 年再降至 3.6%。② 不仅如此，即便按照最乐观的预测，未来数年（2020—2024 年）教育经费大约仅占国内生产总值的 3.7%（误差为 0.02%—0.01%）。而俄罗斯国民经济与国家服务研究院的专家认为，要发展俄罗斯的教育制度，教育预算支出占国内生产总值的比重应该提高到 4.4%—4.6%。③ 因此，在当前社会体制框架下，要保证对教育的正常拨款是不可能的。而在发达国家，教育才是科技进步和工业发展的最重要驱动力之一。

付费医疗领域的扩展也是世事窳败的例证，而且它出现在大多数国民的实际收入下降的时候。在俄罗斯，公共服务的成本不断上涨，医药制品和其他必需品也是价格腾贵。税收和收费的范围增加了（出台了楼房修缮税④，增加车辆强制险费用，越来越多的联邦道路转为

---

① Фаляхов Р. А. Бедность в России: десятки миллионов за чертой. Эксперты: в России не 20, а более 35 миллионов бедных, 09.05.2018 г. https://www.gazeta.ru/business/2018/05/09/11745109.shtml-12.01.2019.

② Экспертный семинар РАНХиГС «Управление и экономика образования». Клячко Т. Л. Национальный проект образование - фп «современная школа» и фп «учитель будущего» - экономические вопросы, 4 октября 2018 г. М.: РАНХиГС, 2018. 21 с., с. 3. URL: https://fobr.ru/wp-content/up-loads/2018/10/natsproekt-i-fp.pdf-09.12.2019.

③ Тамже, с. 9-10.

④ 鉴于俄罗斯存在大量房龄数十年、磨损严重的公寓楼房，根据修订后的《俄罗斯联邦住宅法》，从 2013 年起，居住在公寓楼房的俄罗斯人必须为楼房大修支付费用，即整栋楼房的维修和翻新费用由每个房主分摊。此举引起民众的反对。——译者注

收费道路等)。"工作岗位最优化"① 政策则由于不同领域的状况恶化而经常无果而终。在科学和教育领域,研究院所、实验室被废除,教研室被合并,研究方向被转变;在医疗领域,成千上万家诊所关门歇业;在紧急事务部门,高度专业化的人才被缩减,紧急情况(比如大型火灾)下的救援能力随之降低。

2018年10月3日,俄罗斯联邦委员会批准了《俄罗斯联邦关于养老金分配和支付问题的法律修正案》,2019年1月1日,该法律正式实施。这项法律开启了俄罗斯新一轮的退休金改革,大大提高了国民的退休年龄②。根据各种社会学调查的数据,时至今日俄罗斯人仍然坚定反对这项改革。比如独立公共调查机构社会文化调查所(АКСИО)在2019年夏季针对俄罗斯所有联邦区做了一项调查,参与问卷的有8.5万人,结果表明,只有5%的国民在一定程度上支持这项改革,而83%的受访者对此持负面态度。③

现在退休金改革已经实施,与改革筹划者的期望相反的是,在劳动市场上,包含临近退休者在内的劳动力数量不增反减。改革者的一个主要理由就是增加国内对工作岗位的需求,但在实际中事与愿违。许多俄罗斯人的愤怒还不是因为提高退休年龄这件事本身,而是因为

---

① 工作岗位最优化是雇主提高经济效益、增加利润的一种方式,通过在保障雇员的安全、时间、舒适度和工资的同时,降低资源消耗和总体成本,提高劳动生产率,以实现积极因素与消极因素的最佳平衡。——译者注

② 根据该法令,从2019年分阶段启动退休金改革;到2028年俄罗斯男性退休年龄将由60岁提高到65岁,到2034年女性退休年龄将从55岁提高到63岁。——译者注

③ АКСИО - 8. Отпадает народ от государства. Результаты исследования общественного мнения жителей России о пенсионной реформе, 10 июня-10 июля 2019 г. // Суть времени, 2019, 21 августа, с. 12.

退休的目标年龄段过高（特别是对于男性）①，而且提高的幅度过大。因此可以明显看出，这项改革的真正动机是将俄罗斯当前低效的经济发展模式（基本依靠原料）的主要成本让国内民众承担，而且首先让临近退休年龄的人承担。

越来越多的俄罗斯联邦公民，特别是年轻人失去了对未来的信心。大学生们经常不知道自己的技能是否有用，许多在职人员被迫按照自己的劳动合同期限安排全年的生活。正如俄罗斯高等经济大学社会学系经济社会学教研室 T. M. 马列娃教授所言，在当今俄罗斯，实际上任何一个家庭都可能失去所有收入，或者收入低于最低生活标准。②

因此，毫不奇怪，认为国家没有前途的俄罗斯年轻人越来越多。根据全俄民意调查中心在 2018 年 7 月发布的数据，几乎三分之一（31%）的俄罗斯年轻人希望永远离开这个国家。跟 2017 年相比，这一数字增加了 6 个百分点。③ 而根据列瓦达中心在 2019 年 2 月公布的社会调查结果，在 18—24 岁的俄罗斯年轻人中，有 41% 的人希望移民到国外常年居住。④ 这再次证明了俄罗斯当今系统性的衰败状况。

几乎无所不在的官僚主义化也加剧了俄罗斯社会的危机趋势。因

---

① 俄罗斯男性的人均寿命只有 67.5 岁，远低于女性的 77.4 岁，而男性的退休年龄反而比女性高 2 岁，所以男性受影响更大。——译者注

② Малева Татьяна: «Мы окажемся в ловушке низких доходов», 30 августа 2015. http://economytimes.ru/kurs-rulya/tatyana-maleva-my-okazhemsya-v-lovush-ke-nizkih-dohodov-07.02.2019.

③ Эмиграционные настроения россиян-2018. Данные ВЦИОМ. 2 июля 2018 г. https://wciom.ru/index.php?id=236&uid=9187-15.01.2019.

④ «Левада-центр»: о желании эмигрировать из России заявил 41% моло-дежи. Исследование «Левада-центра», 4 февраля 2019 г. https://www.novaya-gazeta.ru/news/2019/02/04/148936-levada-tsentr-o-zhelanii-emigrirovat-iz-rossii-zayavil-41-molodezhi-06.03.2019.

此，所谓的优化环境和提高效率只是虚幻的进展，实际情况通常是每况愈下。在很大程度上这是因为官僚结构不合理，不重要领域内的官僚数量不断增长。与此同时，许多管理者的专业水平在下降，他们试图通过接连不断的检查、增加额外证明、争夺评级指标、编写大量报告和其他文件等方式来掩盖自己的无能。结果成千上万的人偏离了主要的事务，陷入了紊乱状态，降低了实际的工作效率，并且常常扼杀了创造力。

统计数据也证实了当代俄罗斯如何因官僚主义而不堪重负。1981年，苏联的政治阶层（политический класс，即各类党政官员和军官，约40万人）占到总人口（2.7亿人）的0.15%；而2000年俄罗斯1.45亿人口中有各类官员近120万人，占0.8%。到了2009年，俄罗斯的政治阶层占到了总人口的2%以上，也即在总人口降低的情况下政治阶层人数达到了300万人。① 如果将大型公司的国有管理人员计算在政治阶层之内，那么可以有理由说，2017年俄罗斯官员的总数达到560万人。而在1991年，作为加盟共和国的俄罗斯境内，从共和国一级到区一级的公职人员约有100万人，其中在中央管理机构工作的共有12万人。② 因此按照权威专家的意见，现在俄罗斯早已经冗官严重，官员数量超出全世界有效管理标准的一倍。③

---

① Чиновники перегрузили Россию, 19. 03. 2009 г. URL: https://www.gazeta.ru/politics/2009/03/19_a_2960575.shtml-15.02.2019.

② Армия столоначальников. Зачем России столько чиновников? Василий Семчера, д. э. н., экс-директор НИИ статистики Росстата. За какие заслуги зарплата? // Аргументы и факты, 2017, 05. 07., № 27.

③ Там же.

二、俄罗斯为何不能走西方自由资本主义的道路

俄罗斯联邦拥有巨量的自然资源、广袤的领土，有被共同历史命运团结起来的人民，以及特殊的文明认同（与东西方文明并驾齐驱）。因此国家的目标不能只是模仿性的，不能让俄罗斯社会以顺从的追随者身份加入与自身传统、精神和价值观格格不入的社会体制。但实际上，后苏联时代俄罗斯的统治精英狡猾地躲在去意识形态化的论调背后，以某些自由主义口号为幌子，不断地、系统性地将资本主义消费社会的意识形态概念和价值观灌输到民众的头脑中。俄罗斯科学院通讯院士、莫斯科大学社会学系教授 Н. И. 拉平正确地指出，资本主义在社会文化领域的表现就是自由主义。① 但应该补充的是，当今社会中我们接触的自由主义，已经不是以前民族国家的传统自由主义，而是全球自由主义，后者的目的不是巩固国家，而是为了削弱国家体制、消除许多国家功能。

因此，如果说自由主义的最初含义是捍卫自由利益、捍卫某个国家的民族资本和私人所有者的权利，那么有理由认为，当今的全球自由主义已经是伪自由主义。② 因为对于全球自由主义而言，跨国利益比国家利益更具优先性。

20 世纪末苏联解体的地缘政治悲剧沉重打击了俄罗斯，在此之后，自由主义，准确地说是新自由主义思想"凯歌行进"，席卷了包

---

① *Лапин Н. И.* Социетальная социология. Узловые проблемы и программа курса // Социс, 2001, № 8, 112–129 с., с. 112.

② *Циткилов П. Я.* Наступление глобализма на православие и современная Россия // Социально-гуманитарные знания, 2019, № 4, 200–217 с., с. 204.

括俄罗斯联邦在内的许多国家。与此同时，自由资本主义社会制度的严重矛盾和缺陷污点被故意忽略了。这套制度的原则、经济和价值取向已经在俄罗斯流行了超过四分之一世纪，但是并没有给大多数人民带来特别的好处。它的主要目标——追求消费主义、发财暴富、个人主义——并不能被当今大多数社会阶层所接受。相反，俄罗斯资本主义社会体制已经进入系统性的危机。

因此，我们的社会，以及对国家命运负有责任的政治和知识精英，可能应该寻找另一条克服系统性危机的非自由主义道路。首先，我们应该确立基本发展目标。为此，必须要深入了解我们国家的历史，将俄罗斯自我意识的精神原则置于优先地位。如果没有真理和正义的价值诉求，我们将无处可去。我们的目标应该是建设以社会公正为主导的、保障所有公民和每个人和谐发展的社会。这是一个伟大的目标，整个人类社会也必将走上这条道路。如果以此目标作为俄罗斯战略发展的路线，那么它也能成为一系列旨在改革俄罗斯社会的综合措施的基础。毫无疑问，这将增强我们克服不利局面的能力，有助于解决系统性危机。

西方国家的统治精英和金融集团在冷战中战胜苏联之后，认为自己的社会制度不仅是无懈可击的，而且是"唯一可靠"的。他们竭力推广自己的理论概念、信息、认知和其他社会意识，试图让许多国家的大多数民众坚信，除了资本主义，或者更体面地说，除了自由主义社会体制之外已经别无选择。时至今日他们仍然致力于此。

实际上，资本主义社会体制存在着一系列固有的弊端：社会不公正，精英派系化，企图消除原初集体（первичные коллективы）①之间的永久竞争，自私自利的个人主义，国家间的矛盾和战争风险居高不下。所有这些都会让广大民众摒弃这一社会制度。为了避免事态如此发展，大资本的代表与其在权力机构中的同盟者一起联合知识精英，采取一些预防性的措施，包括：首先，在工业发达国家构建相对富裕安宁的对外展示橱窗；其次，在意识形态方面持续不断地宣扬资本主义社会体制的优越性；最后，为了巩固西方价值观的吸引力和普适性形象，从信息和认知方面系统性地改造世界各国的社会舆论；等等。

许多西方国家在社会经济上的相对富裕安宁，主要建立在不公平的资源再分配的基础上，即宗主国压榨经济附庸国的资源。全球金融杠杆掌握在盎格鲁-撒克逊人手中，更加剧了这一点。西方国家的统治阶级倾注了大量的财政资源，用于在理论上论证和在意识形态上发展一整套实证性的世界建设思想，证明资本主义制度的独特性。为此他们构造出一些理由，即以"最新"的资料为基础，解释这种制度的"文明优越性"，并且通常用一些对普通民众有吸引力的词汇来称呼它，比如"自由社会""民主社会制度""技术社会"等。他们断言，正是这种制度能保证人的真正的成长、自由，以及民主社会和技术进步。

现在我们分析一个流行观点，即促进技术创新的似乎主要是资本主义制度。正如美国国防部副部长M. 格里芬所言，美国在冷战中战

---

① 苏联杰出的教育心理学家安东·马卡连柯（A. C. Макаренко，1888-1939）将集体分为原初集体（первичные коллективы）和次生集体（вторичные коллективы），前者指能够直接进行人与人之间的交流与合作的集体，包括家庭、朋友、班级等，后者是指由前者组成的更加广泛的集体，比如学校、企业等。——译者注

胜苏联纯粹是因为技术优势。① 应该承认，苏联后期确实有某些技术落后，但这只是苏联失败的诸多因素中的一个，毕竟它是与整个联合起来的西方作斗争。除此之外，技术落后与苏联社会体制的缺陷没有任何关系，而是与这种体制的危机状态有关。而危机可能是所有社会制度都有的特点。既然20世纪20年代末的大危机不能算是资本主义社会制度的判决书，那么80年代末的苏联制度危机也不能视为一种判决。

要列举苏联时代的巨大技术进步，就得占据许多篇幅。苏联经济的重要技术进步包括：在二战期间大量生产当时质量最好的中型（T-34）和重型（IS-2）坦克、轻型战斗机（雅克-3）；在奥布宁斯克启动世界上第一座核电站；第一艘核动力破冰船；第一颗人造地球卫星；世界上首次载人太空飞行；发射了世界上第一个太空站"礼炮一号"和第一个可重复使用的航天飞机"暴风雪号"；生产了当时世界上信息处理速度最快的超级计算机"厄尔布鲁士号"②；等等。因此，可以说，苏联处于世界技术进步的最前沿。

还应该强调，苏联在20世纪80年代的技术落后并不体现在突破性的技术进展减少了，实际上，即便是在危机加剧的条件下，苏联的先进科技仍不在少数。比如，1982年苏联研制成功了世界上载重量最大的飞机安-124（"鲁斯兰号"），1986年苏联的"和平号"空间站

---

① США объяснили победу над СССР и проигрыш России, 4 декабря 2019 г. URL: http://www.politonline.ru/interview/22894794.html?utm_source=yxnews&utm_medium=desktop&utm_referrer=https%3A%2F%2Fyandex.ru%2Fnews 05.12.2019.

② 在1991年俄罗斯"民主胜利"之后，"厄尔布鲁士号"超级计算机项目的经费停止了。该项目领导人弗拉基米尔·奔特科夫斯基（Владимир Пентковский）来到美国，成为"奔腾-Ⅲ"的首席设计师，其中使用了"厄尔布鲁士号"的主要技术成就。参见：Великиесвершения СССР. URL: https://cont.ws/@lapsha71/779365-06.12.2019 。

发射升空；1989年苏联军队获得了世界上第一架四代半多用途重型战斗机苏-30①；等等。

苏联在技术上的落后体现在科研成果的应用较为缓慢。许多科研机构由于经济危机的影响而没有建立起现代化的实验室和试验基地。1984年在俄罗斯最高苏维埃会议上，苏联科学院副院长Ю. A. 奥夫钦尼科夫就已经指出了这一点。②除此之外，在技术领域存在的不利因素是，能够迅速检验新技术效能的工业联合公司在苏联几乎完全空白。正是它们与国有企业之间的协同，才在二战期间和战后将新技术成功地运用到最重要的经济领域和军事工业综合体之中。但是从20世纪60年代开始，苏联工业中的合作部门基本上已经停止了。

今天，西方国家的统治阶级在全球范围内形成了一整套对社会舆论的信息—认知处理的强大机制，其目的是在人们的意识乃至潜意识中，巩固自由主义意识形态和"西方自由社会"的优势地位。而这种信息处理的稳定性和系统性会对广大民众产生一种效果，即他们常常会相信自由主义思想就是真理。结果在许多人那里，自由主义几乎莫名其妙地被视为终极真理。同时在社会意识中巩固了民众对西方社会的简单化理解，似乎他们代表了必然走向自由、民主和消费社会的进步运动。在这种情况下，人们往往不考虑时代的具体历史特性，也不考虑这种社会体制中的精英主义和明显的社会不公。而且如果有任何人认为，当代自由主义社会发展模式的普适性只是一种虚妄，它的社会和精神道德存在缺陷，那么他的论据通常会被西方认为是"原始教

---

① 苏-30战斗机按照苏式标准属于四代半，按照美式标准则属于三代半。——译者注
② Стенограмма заседания девятой сессии Верховного Совета РСФСР десятого созыва (подлинная), 5 декабря 1984 г. // Государственный архив Российской Федерации (ГА РФ). Ф. А-385. Оп. 13. Д. 4916. Л. 135.

条主义",是"对自由文明社会的威胁"。

这一切都不足为奇。实际上,(西方的)全球化战略是以"软实力"的形式实施的。正如武汉大学俄罗斯乌克兰研究中心的刘再起教授所言,西方仍在千方百计地试图"将自己的文明作为其他国家的行为典范,在其他国家和地区推行西方价值观、意识形态和社会体制,并努力使西方文明成为全世界的共同文明"。[①] 西方资本主义的社会体制及其统治精英,利用大量入资源,试图在俄罗斯联邦巩固当前混杂的社会结构,其主要目的只是为了模仿西方和装点门面,而不是推动俄罗斯的实际发展。正因为如此,当代俄罗斯社会的系统性危机愈演愈烈。

三、俄罗斯应实行符合本国历史传统的系统性变革

如果没有设立俄罗斯人民可以理解和接受的目标,就不可能科学地认识俄罗斯社会的真实状况,也不可能思考出推动国家走向创造的方法。俄罗斯最近30年来的发展历程表明,在缺乏被历史证明的、创造性的国家目标和强大的精神纽带的情况下,要想在社会经济、国家管理乃至对外政策方面取得稳定的成绩是极其困难的。如果人民不知道是为了怎样的宏伟目标,不理解国家向何处转变,那么社会就不可能有效发展。

总的来说,什么才是俄罗斯发展的主要目标?我认为,这一目标应该是建立一个公正的国家,它拥有强大的经济、发达的社会领域、

---

① Лю Цзайци. "Мягкая сила" в стратегии развития Китая, 15 июня 2009 г. URL: http://www.polisportal.ru/files/File/puvlication/LZ_soft_power.pdf-08.10.2019.

丰富的精神世界观、创造性的思想，能够使人们团结一致并实现每一个社会成员的和谐发展。这正是人类演变的非自由主义模式的应有之义。

但是，在当代俄罗斯统治精英和知识精英中，存在着其他强有力的观念。他们认为，俄罗斯除了西方资本主义发展制度之外不可能有别的选择。而且对于一些有影响力的俄罗斯精英而言，带有福利主义倾向的资本主义发展模式，即福利国家，同样是不可取的。比如，俄罗斯财政部金融研究所所长В.С.纳扎罗夫在2018年夏季接受《新报》的采访中直言不讳地宣称，福利国家毫无疑问是后工业社会发展的障碍。"这意味着高额的税收，会破坏经济增长的一项基本条件，特别是对于赶超发展的国家而言有弊无利。而且这会加剧人民的依赖思想和财政不平衡，进而吓走投资者。不断膨胀的国家支出将攫取社会资源，而这无疑是发展的阻碍。"① 看来这位尊敬的所长并不想说，最富有的人本来就应该缴纳高额税款，而这并不会阻碍经济增长。真正阻碍经济的，是俄罗斯缺乏廉价的信贷，金融主权不足。至于民众的依赖思想，对于还有许多贫困人口、大多数公民只有可怜的薪水和退休金的俄罗斯而言，这种说法至少是不恰当的。而且，国家支出日益膨胀的真正原因在于俄罗斯国家的反福利特征，在于官僚机构的低效，在于巨大的浪费和昂贵的公共关系项目。今天的主要问题不是降低成本，而是通过遏制腐败和发展实体经济来显著增加收入。而这也是福利国家的标志。

俄罗斯的历史经验表明，只有强大而有效率的、代表大多数人民

---

① С Назаровым пообщалась «Новая Газета», и донесла до нас проникновенные слова пророка «нового мирового порядка» https://ss69100.live-journal.com/2725356.html-30.06.2018.

利益的国家，才能保护自己的文明和文化特色，阻止全球精英的破坏性意图。如今，这些精英拥有巨量的资金，发行高利贷，试图统一世界，将国家私有化，意图摧毁之前的生活方式，包括家庭的传统基础。

20世纪后期著名的东正教思想家、都主教约翰（俗名伊万·斯内乔夫）写道，必须恢复神圣罗斯（Святая Русь）人民（俄罗斯人、乌克兰人、白俄罗斯人）的精神力量和统一文明的共性，正是他们在历史上将欧亚大陆的众多民族团结起来。与此同时，他特别强调俄罗斯人民的团结作用，他认为俄罗斯的使命就是成为罪恶的全球霸权的最大障碍，誓死捍卫上帝的真理。①

20世纪末21世纪初俄罗斯杰出的思想家A. A. 季诺维耶夫相信，俄罗斯人团结起了欧亚大陆东北部各民族，这些民族在文化和精神上有自己的历史使命，他们有能力阻止伟大的俄罗斯缓慢地滑入深渊。他对神圣罗斯的人民、三位一体的俄罗斯人民寄予特别的期望，认为他们有意志恢复昔日的团结和伟大。他指出："俄罗斯人民是伟大的民族，在某种程度上也是人类历史上独一无二的民族，要摧毁这样的民族并不容易。"② 当然，他所谓的摧毁并不是指肉体上的杀害，而是指对俄罗斯人的精神谋杀，是对其灵魂的摧残。

在2019年11月举办的一次学术会议上，我们邀请到了一位研究

---

① Митрополит Иоанн (Снычев). Одоление смуты. Слово к русскому народу. СПб.: Царское Дело, 1995. 352 с.; Родиться русским есть дар служения. С владыкой Иоанном, митрополитом Санкт-Петербургским и Ладожским беседует главный редактор газеты "Завтра" Александр Проханов. http://www.golden-ship.ru/knigi/8/ioann-snichev_OS.htm-21.11.2018.

② Александр Зиновьев о России и русском народе. Комментарий А. А. Зиновьева на заседании Интеллектуального Клуба (Клуб Н. И. Рыжкова), г. Москва, 2005 год. URL: https://www.youtube.com/watch?v=s7bbQJOEtEs-06.11.2019.

俄国家庭的中国学者。有人问他:"您为什么要研究俄罗斯,研究俄国家庭的发展?"他回答说:"通过研究家庭、研究俄罗斯人民经济生活的特点和日常习俗,才能理解俄罗斯心灵的起源、俄罗斯思想和俄罗斯精神的意义。"而我们呢?难道我们开始忘记自己的优良传统和伟大成就,并试图疯狂地糟践自己的历史吗?难道我们不是正准备在"西方导师"面前屈膝逢迎吗?我们是不是应该从这种梦魇般的迷恋中醒来,用心感受伟大的俄罗斯文化和不屈的俄罗斯精神?

俄罗斯历史的过往,以及最近30年艰难而悲惨的经历证明了,以消费主义、追求暴利、虚伪和双重标准为基础的资本主义社会发展模式在很多方面与俄罗斯精神背道而驰,不符合俄罗斯欧亚文明的基本价值观。因此,要克服当前俄罗斯社会的体制性危机,应该寻找系统性变革的道路。百年之前杰出的思想家和神学家 С. Н. 布尔加科夫写道,"科学与良心的声音一致认为,为了共同的福祉,资本主义经济应该转变,要么转向不断强化的社会控制,要么转向社会主义"。[①] 布尔加科夫的思想值得赞扬,同时还应该承认,如果采取一系列综合举措,建立对经济制度和权力的实实在在的社会控制,推动国家走向社会主义,那么就有可能从根本上变革资本主义经济方式,并对当前俄罗斯实行系统性的改变。这些举措大致可以分为三块,分别是经济方面、管理与法律方面和社会人文方面。

其中,经济方面的系统性措施应该包括以下几点。

---

① Булгаков С. Н. Христианство и социализм // Булгаков С. Н. Христианский социализм: [сборник] [Вступ. ст., с. 5 – 24, сост., подгот. текста, примеч. В. Н. Акулинина]. Новосибирск: Наука: Сиб. отд-ние, 1991. 347 с., с. 225. (Споры о судьбах России).

（1）确保在国家规定的期限内（最多大约三个月）将海外资产交还给俄罗斯管辖。如果不履行这项决定，这些资产将会被国有化。

（2）建立专门的国家机构，负责监管与归还海外资产和其他（比如非法所得的）资产相关的程序。

（3）实行累进征税制。

（4）将中央银行国家化①，并对跨境资本流动实行金融监管，同时为实体经济建立起廉价的信贷体系。

（5）确立国家的对外贸易垄断。

（6）建立有实权的国家机构，采取系统性的措施，对国内经济活动设立指导性而非指令性的规划。该机构应采取必要的措施，为发展国内生产和实施新型工业化创造条件。

（7）在保护私有财产的同时，通过法律设立一套标准，对于超过该标准的资产、资本和储蓄，则废除其继承权。

（8）采取自愿措施，将大型私有公司和企业改制成国有企业，同时保留之前的所有者对它们的管理权。

（9）对国家具有重要战略意义的大型私有企业，应该实行国有化；如果这些企业中有外国所有者参与，则国家应该通过较长的支付期限赎买这些资本。

---

① 俄罗斯央行履行国家机构的职能，其法定资本和所有财产都属于联邦。但与此同时，俄罗斯央行是苏联解体之后根据西方国家的模式建立的，具有相对独立的法律地位，可以独立于其他国家机构而行动，其黄金储备和财产都由自己独立支配。如果没有法律规定，俄罗斯央行可以不清算国家的债务，同样俄罗斯国家也可以不必偿还央行的债务。因此，从理论上说，即便俄罗斯央行掌握黄金储备，国家仍然可能破产。俄罗斯经济危机爆发后，卢布暴跌，一些人认为俄罗斯央行实际上依附于美联储，便呼吁将其国家化。——译者注

（10）采取自愿措施，将中型私营公司、企业转变为工业、农业和其他领域的合作化联合企业，同时保留之前所有者对它们的领导权。

（11）国家通过税收和其他方式，惠及各种形式的合作社（农业、工业、贸易和其他领域）和小微生意。

（12）建立国有公司，为公民建造经济适用房。要恢复苏联时期的一项政策，即各类企业和机构要强制性地为自己的工作人员建造住房。

管理与法律方面的系统性措施应该包括以下几点。

（1）俄罗斯联邦的法院实行选举制。

（2）恢复俄罗斯科学院学术机构之前的地位，大幅提高其预算拨款，首先是加大对基础研究的资助。2019年9月有一份针对俄罗斯科学院院士、通讯院士和教授的调查，说明了2013年科学院改革的结果：大多数参与调查的学者（占64%）认为，"最近六年以来俄罗斯科学界的状况恶化了"。俄罗斯科学院远东分院的学者们对这项改革的评价最低，那里百分之百的受访学者都持批判态度。而在乌拉尔分院，负面评价率为95%；在语文与历史分部，负面评价率为94%。[①]

（3）采取综合举措，促进社会的去官僚化。包括：缩减

[①] Итоги реформы РАН глазами ученых. Президент Российской академии наук Александр Сергеев рассказал об итогах опроса о результатах реформы РАН, 1 октября 2019 г. URL: https://www.interfax.ru/russia/678745-12.12.2019.

重复的管理机构，将负责各种检查、监管和委派行为的分支机构的人员压缩到最低，同时部分地废除这类强制检查，在评价劳动者的工作、学生的知识方面抛弃大量形式化的指标（比如评级等）。

（4）废除俄罗斯联邦居民的双重国籍制度。明确在一定期限之内（六个月）让人们决定自己的国籍属性。

（5）禁止官员和公众人物（政治家、高薪记者、著名艺术家）及其家人在国外拥有资产和大笔财产。

（6）对各种所有制形式的机构和企业设立一套薪资规范标准，确保普通员工和高级管理人员的薪资比例被限定在一定范围之内（比如1∶5或1∶7）。有例可循，比如在日本，最低薪资标准与顶级经理人的薪资之比不能超过1∶8。① 因此，我国高级管理人与普通员工的薪资比例应该更低。

（7）建立地区性的人民权力机关（具有管理权、代表权或监督权），各类企业、机构等团体都可以直接向该机关派遣自己的代表，同时对他们具有罢免权。

（8）临时禁止大资本家及其代表参与选举，废除对市政活动的某些资格筛选；确保观察员有权对选票综合处理中心计算的投票进行重新计票；对于被揭发有投票舞弊、故意歪曲选举报告和其他违反选举法的人，应设立相应的审前拘留的标准。

---

① Из выступления зав. лабораторией Института психологии РАН, доктора психологических наук А. Н. Занковского на программе «Точка зрения» телеканала Красная линия, 7 октября 2016 г. URL: htts://www.youtu-be.com/watch?v=ddtZ_TXh7es-10.10.2016.

人文社会领域的系统性措施包括以下几点。

（1）当局应该积极与宗教团体、首先是俄罗斯东正教会开展协作，培养人民的精神性、传统家庭价值观、忘我为国服务的情感，培养仁爱、谦虚和无私的精神。

（2）保留国家统一考试作为评价学生知识的辅助手段，在高校中恢复专业人才学位（специалитет）①，使其成为高等教育的一个基本形式。

（3）从当局、东正教会、学术团体、社会组织中选出代表，与媒体组成地区性的协作委员会，其职能包括评审媒体是否遵循伦理、道德和其他新闻活动准则，并有权暂停媒体机构的工作。

（4）根据家庭孩子的不同，分阶段实施家庭工资制度（система семейной зарплаты）。这有助于提高生育率，解决人口减少的问题。

（5）对于有孩子的俄罗斯年轻家庭，国家要增加他们孩子上幼儿园的补贴（把现在给第一个孩子的补贴比例从20%提高到50%，给第二个孩子的补贴比例从50%提高到70%，给第三个孩子的补贴比例从70%提高到100%）。

---

① 专业人才（специалитет）是俄罗斯大学中一种传统的教育形式，是为了给某些专门领域培养具有独立工作能力的人才。这种类型的大学生至少应该学习五年，不仅接受大学基础教育，而且获得未来工作所需的更深入的专门知识。学生毕业后，获得该领域的专业人才（специалист）学位，比如医生、经济师、律师、经理人等。与本科教育不同，专业人才教育的期限更长，更适应劳动力市场和未来职业发展，毕业之后可以直接攻读副博士学位，但是需要付费。——译者注

（6）对于居家或依靠打零工养育几个孩子的母亲，国家要采取措施为其提供补贴，逐渐使这样的家庭转为单一收入。正如著名的家庭问题专家 А. И. 安东诺夫所言："有些家庭专门由母亲养育几个孩子，这样的家庭的补贴比重应该大大提高，同时给母亲发放工资，比如说，其工资应该接近幼儿园老师或中学教师的平均水平。这种措施也将改善年轻一代的社会化。"①

（7）国家要实施系统性的信息政策，在俄罗斯联邦公民的社会意识中确立家庭价值观、养育子女观的优先地位。

以上措施绝非详尽无遗，它们只是为我们提出系统性变革的某种愿景和方向。毕竟，要解决俄罗斯的系统性危机，要将缓慢的退化转变为创造，并建设更加公平的社会和更明确代表人民利益的政权，就必须实行系统性的变革。当然，为此也需要实现政治自由。现在理智的、为国负责的统治精英不可能意识不到，如果不采取这些措施，就很难走出系统性的危机。如果这种危机持续得不到解决，那么俄罗斯爆发大规模民众抗议的风险将会越来越高，统治阶层可能丧失对国家的管控，俄罗斯的国家主权也可能失去某些重要职能。

---

① Антонов А. И. Институциональный кризис семьи и семейно-демографических структур в контексте социальных изменений и социального неравенства // Научный интернет-журнал 《Семья и демографические исследования》. 31. 03. 2014. URL：https：//riss.ru/demography/demography-science-journal/5273/-18. 02. 2019.

四、结语

在我们生活的这个时代,国家的未来取决于每一个人的立场,取决于每个人捍卫国家利益的日常努力。思想家 A. A. 季诺维耶夫在生平最后一次采访中说:"一切都取决于我们,取决于我们的个人参与。如果我们每个人和所有人都不再为国家利益工作,那么国家将会被彻底摧毁。当今世界的局面是,国家的命运取决于我们的个人决定,取决于我们每一个人。有时,某些看起来甚至微不足道的小事,会对我们的未来做出贡献。这种情况就像战争之初,需要寸土必争。现在我们需要为我们国家今后数十年、上百年所能赢得的一切而努力拼搏。"①

因此,现在我们不能对国家正在发生的事情漠不关心。如果广大的俄罗斯同胞没有意识到系统性变革的必要性,那么推动国家复兴和走上创造性发展道路则是天方夜谭。当然,仅仅是意识到这一点也是不够的。重要的是,所有为俄罗斯的未来感到担心的公民们都应该竭尽所能,用知识和技能推动国家进步,阻止俄罗斯状况的进一步恶化和可能的国家解体。

---

① Александр Зиновьев о России и русском народе. Комментарий А. А. Зиновьева на заседании Интеллектуального Клуба (Клуб Н. И. Рыжкова), г. Москва, 2005 год. URL:https://www.youtube.com/watch? v=s7bbQJOEtEs-06. 11. 2019.

学术信息

东北亚学术讲坛

2020年9月24日,清华大学公共管理学院教授、国际发展与全球治理研究所所长楚树龙教授,以"中美关系和美国政治的发展变化"为主题,回顾了中美建交以来中美关系的发展情况,并对当下中美关系的紧张状态进行了解读。[①] 10月16日,复旦大学外文学院姜宝有教授,主讲"韩国语句法阐释框架的方法论构建——从句法分析方法到句法阐释方法",从韩国语中的助词、语尾等各个成分细致分析了韩国语句法中的内涵,同时将其与中文做比较进行了详细的阐述。[②] 11月5日,复旦大学特聘教授唐世平在闻天楼西报告厅主讲"什么是(好的)社会科学?"。唐世平教授以三个自然科学理论的例子引入,带领大家思考何为真正的科学。[③]

博士研究生高端讲坛

2020年9月26日,暨南大学国际关系学院院长张振江教授以

[①]《楚树龙教授访问东北亚学院并主讲"东北亚学术讲坛第25讲"》,https://snea.wh.sdu.edu.cn/info/1064/4970.htm。

[②]《姜宝有教授主讲"东北亚学术讲坛第27讲"》,https://snea.wh.sdu.edu.cn/info/1064/5123.htm。

[③]《唐世平教授主讲"东北亚学术讲坛第30讲"》,https://snea.wh.sdu.edu.cn/info/1064/5251.htm。

"新冠疫情与中国外交"为题主讲第一期博士生高端讲坛,张教授分别从疫情下国际环境及其判断、新冠之"机",以及中国外交的未来展望三个部分来进行讲解。① 9月27日,华中师范大学外国语学院教授池水涌以"韩国当代文学的文学伦理学批评"为主题进行讲座,池教授通过《项链》和《哈姆雷特》等作品展示了文学伦理学批评的具体应用。② 10月17日,信息工程大学徐万胜教授以"安倍缘何长期执政:制度规定与政治生态"为主题,从日本首相频繁更迭角度出发,全面地解读了日本首相选举的制度规定与政治生态,清晰地向与会者展现了日本首相选举的过程。③ 10月24日,延边大学《东疆学刊》主编,汉语言文化学院马金科教授围绕着比较文学、比较文学研究方法论,从中韩两国的研究情况出发,梳理了中韩两国古代文学的研究状况。④ 10月31日,中国人民大学国际关系学院副院长黄大慧教授以"近十年来日本的对华认知与政策"为主题发表了精彩的演讲。黄大慧教授指出,中日关系目前最大的问题是民间关系脆弱,并从国际比较视角阐述了日本民众对华认知近十年的变化。⑤ 11月7日,上海国际问题研究院副院长、杨剑研究员以"深海、极地、外空、网络等新疆域的全球治理"为主题进行演讲,杨剑指出中国对"人类命运共同

---

① 《张振江教授主讲2020年山东大学东北亚学院博士研究生高端学术讲坛第一期》,https://snea.wh.sdu.edu.cn/info/1041/4982.htm。
② 《池水涌教授主讲2020年山东大学东北亚学院博士研究生高端学术讲坛第二期》,https://snea.wh.sdu.edu.cn/info/1041/4984.htm。
③ 《徐万胜教授主讲山东大学东北亚学院博士研究生高端论坛第三期》,https://snea.wh.sdu.edu.cn/info/1041/5130.htm。
④ 《马金科教授主讲山东大学东北亚学院博士研究生高端论坛第四期》,https://snea.wh.sdu.edu.cn/info/1041/5181.htm。
⑤ 《黄大慧教授主讲山东大学东北亚学院博士研究生高端论坛第五期》,https://snea.wh.sdu.edu.cn/info/1041/5202.htm。

体"思想对于开创新疆域治理的新未来不仅具有理论意义,更具有实践意义。① 11月26日,韩国嘉泉大学亚细亚文化研究所所长朴真秀教授以"东亚的文明交流与翻译"为主题进行演讲。朴真秀教授围绕着东亚的文明交流与翻译,用《小王子》的翻译为例,以翻译的视角探查文化在东亚的传播和接受过程。②

2020海右博士生云论坛东北亚学院分论坛

为落实"学术兴校"战略,发挥科研育人作用,在疫情下继续加强校内外研究生学术交流,并庆祝山东大学建校一百二十周年,山东大学东北亚学院以"百年变局下的中国、海洋与世界"为主题,主办山东大学东北亚学院海右博士生云论坛,并分为国际政治、世界史与亚非语言文学三个分论坛。11月14日,2020海右博士生云论坛东北亚学院专场之亚非分论坛成功举办;③ 11月18日,国际政治分论坛成功举办。④ 来自早稻田大学、复旦大学、吉林大学、山东大学等高校的数十名博士生在云端进行了广泛深入的学术交流。

11月14日,华东师范大学历史系教授、博士生导师、华东师范大学周边国家研究院副院长姚昱教授以"1949—1950年中美对抗形成

---

① 《杨剑研究员主讲山东大学东北亚学院博士研究生高端论坛第六期》,https://snea.wh.sdu.edu.cn/info/1041/5266.htm。

② 《朴真秀教授主讲山东大学东北亚学院博士研究生高端讲坛第七讲》,https://snea.wh.sdu.edu.cn/info/1064/5384.htm。

③ 《2020海右博士生云论坛支持计划东北亚学院专场之亚非分论坛成功举办》,https://snea.wh.sdu.edu.cn/info/1041/5359.htm。

④ 《2020海右博士生云论坛支持计划东北亚学院专场之国政分论坛成功举办》,https://snea.wh.sdu.edu.cn/info/1064/5351.htm。

中的苏联因素"为主题主讲博士生云论坛世界史分论坛。姚昱教授通过分析美、苏等国的档案及史料记载，指出苏联在中美关系演变中起到了非常重要的作用。① 11月14日，中共中央对外联络部原副部长于洪君教授以"中美关系——战略博弈七十年"为题主讲博士生云论坛国际政治分论坛，于洪君教授介绍了新中国成立之时中美关系的背景，分阶段介绍了中美关系的发展脉络，并结合2020年美国大选对当前中美关系形势进行总结。②

知识讲堂

2020年10月13日，山东大学东北亚学院举行第五期知识讲堂，活动邀请德国杜伊斯堡-埃森大学李远教授通过腾讯会议平台就中欧合作议题内容进行分享。李远教授围绕中国与欧盟合作的历史、特点、前景三方面展开介绍，并结合当下国际形势推测未来中欧合作发展前景，做出了精彩丰富、严谨客观的知识分享。③ 11月13日，由中国社会科学院学部委员、中国社会科学院世界经济与政治研究所研究员余永定教授主讲"'双循环'和中国发展战略调整"，余永定教授结合中国对外贸易的历史和现状，提出了自己的诸多洞见。④

---

① 《姚昱教授主讲山东大学东北亚学院"海右"博士生云论坛世界史分论坛》，https://snea.wh.sdu.edu.cn/info/1041/5342.htm。

② 《于洪君教授应邀主讲山东大学东北亚学院"海右"博士生云论坛国际政治分论坛》，https://snea.wh.sdu.edu.cn/info/1064/5341.htm。

③ 《德国杜伊斯堡-埃森大学李远教授做客东北亚学院第五期知识讲堂》，https://snea.wh.sdu.edu.cn/info/1064/5183.htm。

④ 《中国社会科学院余永定教授主讲东北亚学院第六期知识讲堂》，https://snea.wh.sdu.edu.cn/info/1027/5299.htm。

成功举办"第五届中华复兴论坛：应对变化的世界"

2020年12月5日，由山东大学国际问题研究院、山东大学东北亚学院主办，威海市社会科学联合会合作举办的"第五届中华复兴论坛：应对变化的世界——中国面临的新国际环境"在威海成功召开，来自国内外170余名专家学者与青年学生参会。本次会议设置了"应对变化的国际环境""国际局势变化特征与应对""疫情与国际合作"三个议程。与会专家学者围绕当前国际形势变化、疫情与国际合作主题，进行了热烈的讨论，并取得了良好的效果。①

成功举办"当前海洋安全形势分析会"

2020年11月28日，由山东大学国际问题研究院与山东大学东北亚学院主办的"当前海洋安全形势分析会"在威海举行，会议设置了"东北亚海洋安全与中国海洋安全""南海海洋安全与中国海洋安全""印太海洋、北极海洋安全与中国海洋安全"三个议程，紧扣当前国际海洋热点问题，落脚于中国海洋安全维护，取得了丰硕的成果。②

---

① 《"第五届中华复兴论坛：应对变化的世界——中国面临的新国际环境"在威成功召开》，https://snea.wh.sdu.edu.cn/info/1064/5411.htm。

② 《"当前海洋安全形势分析会"暨"海洋研究共同体倡议"在山东大学建校120周年之际成功举办并达成》，https://snea.wh.sdu.edu.cn/info/1064/5380.htm。

"'一带一路'倡议与'新南方'政策背景下：第三方市场合作"研讨会

2020年11月19日，由山东大学东北亚学院与韩国产业研究院共同举办的"'一带一路'倡议与'新南方'政策背景下：第三方市场合作"研讨会顺利召开。与会学者围绕"'一带一路'背景下中韩第三方市场合作：特征与展望""新南方政策与第三方市场合作：挑战与机遇"等两个议题广泛深入研讨。[①]

"2020年度国际形势研讨会"暨"世界知识论坛2020"在京举行

2020年11月14日，庆祝山东大学成立120周年系列会议"2020年度国际形势研讨会"暨"世界知识论坛2020"在北京举行。会议邀请了来自中国社会科学院、中国国际问题研究院、清华大学、北京大学等单位的多位专家出席。会议分为三个单元，分别为"2020年的中国外交、周边安全、南海形势和海洋合作""美国问题、全球安全形势、日本和东南亚形势及对外关系""国际经济治理、俄罗斯、欧洲、中东、非洲、拉美形势及其对外关系"，各位专家学者从当前国际形势的视角，就各个议题中的关键问题进行了深入的讨论与交流。[②]

---

① 《山东大学东北亚学院与韩国产业研究院共同举办〈"一带一路"倡议与"新南方"政策背景下：第三方市场合作〉研讨会》，https://snea.wh.sdu.edu.cn/info/1064/5349.htm。

② 《"2020年度国际形势研讨会"暨"世界知识论坛2020"在京举行》，https://snea.wh.sdu.edu.cn/info/1064/5325.htm。

"2020国际经济治理圆桌论坛"在京举办

2020年11月15日,"2020国际经济治理圆桌论坛"在北京举行,会议由山东大学国际问题研究院主办。中国社会科学院学部委员、山东大学国际问题研究院院长张蕴岭教授致开幕词,并与应邀出席论坛的国内知名专家学者一起围绕国际经济治理前沿议题进行了深度研讨。中国社会科学院、国家发展与改革委员会、商务部、中国人民大学、山东大学等单位的十余名专家出席论坛。[①]

东北亚学院代表队获
第二届全国高校国际组织菁英人才大赛一等奖

2020年12月6日,由浙江大学主办的第二届全国高校国际组织菁英人才大赛决赛于线上举行。由东北亚学院吕紫烟、巩浩宇、杨奕萌、宋欣蔚、杨晏乙等五名同学组成的代表队以综合第一的优异成绩荣获大赛一等奖,巩浩宇同学荣获大赛最佳风采奖。参赛队伍以"全球贫困治理中的中国智慧:以中挝版索村与象龙村合作治贫项目为例",通过搜集资料、调查研究等方式提交高质量案例提交评审,得到了大赛评委会的高度认可。[②]

---

① 《"2020国际经济治理圆桌论坛"在京举办》,https://snea.wh.sdu.edu.cn/info/1064/5326.htm。

② 《东北亚学院代表队获第二届全国高校国际组织菁英人才大赛一等奖》,https://snea.wh.sdu.edu.cn/info/1064/5420.htm。

"东亚历史与数字人文"新文科前沿讲坛

2020年11月2日，由东北亚学院、东北亚历史与文献研究中心主办的"东亚历史与数字人文"新文科前沿讲坛于威海校区成功举办。东北师范大学副校长、国务院学位委员会学科评议组成员、历史文化学院韩东育教授作了主旨演讲。与会师生积极互动，热烈讨论，对新文科视野下的学术研究有了更加深刻的领悟。①

东亚区域新局势与韩国文学研究学术研讨会

2020年10月31日，中国外国文学学会朝鲜—韩国文学研究分会2020年年会暨"东亚区域新局势与韩国文学研究学术研讨会"在山东大学东北亚学院举行。大会由中国外国文学学会朝鲜—韩国文学研究分会主办，山东大学东北亚学院承办，以云端会议的形式召开。会议的主题为"东亚区域新局势与韩国文学研究学术研讨会"。来自中国社科院、延边大学、复旦大学等十余所国内高校与科研机构的六十余位专家学者出席会议，百余人云端参会。②

---

① 《东北亚学院举办"东亚历史与数字人文"新文科前沿讲坛》，https://snea.wh.sdu.edu.cn/info/1064/5208.htm。

② 《中国外国文学学会朝鲜—韩国文学研究分会2020年年会在山东大学东北亚学院召开》，https://snea.wh.sdu.edu.cn/info/1064/5212.htm。

成功举办山东社科智库沙龙
深化山东与日韩多层次合作的对策研究专家研讨会

2020年10月18日,由山东省社会科学界联合会、山东财经大学主办,山东大学国际问题研究院承办的山东社科智库沙龙专家咨询研讨活动在线上举行。本期沙龙围绕深化山东与日韩多层次合作这一主题,组织省内外知名专家开展调查研究和学术研讨,力求依托山东省与日韩的多层次合作,全面提升山东省中小企业发展能力、推动自贸实验区机制建设、深化服务贸易试点等内容提出可行性对策建议。[①]

(崔明旭整理)

[①] 《我院成功举办山东社科智库沙龙——深化山东与日韩多层次合作的对策研究专家研讨会》,https://snea.wh.sdu.edu.cn/info/1064/5126.htm。